Christa Knauf

Ich hab's geschafft!

Mein Weg zur Selbsthilfe

W0230741

In dankbarer Liebe denke ich an Aloys,
den edelsten und wertvollsten Menschen,
der mein Leben gerettet und verändert hat,
als für mich schon fast alles verloren schien
und der mir half,
mein Leben wieder lebenswert zu machen.

Christa Knauf

»Ich hab's geschafft«

Mein Weg zur Selbsthilfe

Bernardus 2010

Impressum

©2010

by Bernardus-Verlag
Alle Rechte vorbehalten
Titelgestaltung: Druck & Verlagshaus Mainz
GmbH unter Verwendung von Foto der Autorin

BERNARDUS-VERLAG

Büro: Abtei Mariawald
52396 Heimbach/Eifel

Tel.:   0 24 46 / 95 06 15
Fax.:   0 24 46 / 95 06 15

ZENTRALE:

BERNARDUS-VERLAG
IN DER VERLAGSGRUPPE MAINZ

Süsterfeldstraße 83
52072 Aachen

Internet: http://www.verlag-mainz.de
E-Mail: bernardus @verlag-mainz.de

DRUCK

Druck & Verlagshaus Mainz GmbH
Süsterfeldstraße 83
52072 Aachen

ISBN-10: 3-8107-9316-7
ISBN-13: 978-3-8107-9316-4

Inhalt

Start in eine ungeahnte neue Welt

„Dem Phönix gleich, aus eigener Asche auferstanden, verjüngt und voll neuer Lebenskraft", ja, so war ich meiner Vergangenheit entflohen. Weit spannte ich meine Arme aus, hüpfend floh ich über meine Grenzen hinaus. Je besser es mir gelang, umso mehr wusste ich den Menschen zu geben. Losgelöst von einer diffusen, unaufhaltbaren und zeichnenden Krankheit mit nicht erklärbarer Ursache. Unsicherheit mit quälenden, nagenden an mich geklammerten Ängsten und Sorgen hatte von nun an keine Chance mehr mich zu belasten oder niederzudrücken.

Und es gab noch ein weiteres bewegendes Ereignis zum richtigen Zeitpunkt für mein zukünftiges Leben, das noch eine andere unverhoffte Tür öffnete. Mein Therapeut Dr. Aloys Hoverath führte mich in seine große Selbsthilfegruppe ein. Ich war voller Spannung. Plötzlich und unerwartet stand ich – bisher unsicher und eher zurückhaltend – im „Rampenlicht".

Wie ein Lauffeuer muss wohl die Nachricht durch die Sporthalle geeilt sein, Aloys möchte Christa persönlich vorstellen, über deren Gesundungsprozess während der letzten drei Monate er in dieser Gruppe wiederholt berichtet hatte.

Diese fremden und doch so netten, warmherzigen Menschen kamen auf mich zu und hielten mir ihre Hand zur Begrüßung entgegen. Und plötzlich war ich von ihnen umringt. Völlig unkompliziert stellten sie sich mit ihren Vornamen vor – wie in einer großen Familie. Wie ein Goldregen sprühte mir aufrichtige Freude und Anteilnahme entgegen.

Freude begleitete mich, als ich herumging ... Sprachlose, fragende, ja respektvolle Gesichter waren auf mich gerichtet – und zu meiner eigenen Verwunderung fühlte ich mich plötzlich in solch einer großen Gesellschaft wohl. Liebevolle Aufrichtigkeit strömte mir entgegen – und mit ihr eine neue Erfahrung. Sie alle machten mir den Start in eine ungeahnte Neue Welt so leicht, dass ich zu meinem eigenen Erstaunen nicht die geringsten Anzeichen dafür verspürte, den Boden unter meinen Füßen zu verlieren. Ich wurde nicht nervös und unsicher in ihrer Gegenwart, wie es früher war. Nein, stattdessen musste ich innerlich sogar leicht über mich schmunzeln, wie sehr ich mich verändert und gefestigt hatte. „Aloys, was hast du mit mir gemacht?!" – Ich fühlte mich wie neu geboren.

Mit einem Lied des Lobes und des Dankes wusste ich plötzlich strahlend zu erzählen und zu erklären, was mit mir geschehen war. Und die Menschen um mich herum sprühten vor Interesse und Neugierde. Hier fühlte ich mich richtig verstanden.

Dann zeigte Aloys der verblüfften Gruppe verschiedene Röntgenaufnahmen meiner deformierten Gelenke. Niemand konnte es fassen, dass das ein Teil *meiner* Krankheitsakte sei. Denn so wie ich vor ihnen stand – im Glück und mit großer Zuversicht, einfach unfassbar. Das hieß aber längst nicht, dass ich mich jetzt und für alle Zeit auf meinen Lorbeeren ausruhen durfte! Oh nein, ganz sicher nicht. Aber ich habe in meiner größten Verzweiflung die Chance bekommen, mein wahres Selbst zu finden. Und meine Träume durften lebendig werden, womit ich nicht mehr gerechnet hatte. Meine Fragen wurden beantwortet, die bisher ungelöst geblieben waren. Wodurch? Ich folgte meiner Intuition und die Hoffnung vertrieb all meine Ängste. Denn ich kam in eine kostbare Zeit, die mir über meine Misserfolge hinweghalf. Und nur dadurch konnte ich meiner Bestimmung folgen.

„Christa, du machst uns Mut"

Und jetzt durfte ich meine neu gewonnenen Erfahrungen mit diesen vielen Menschen teilen, es war eben schon unglaublich und einfach wahr, was Aloys' Therapie an diesem desolaten und von einem furchterregenden Krankheitsbild gequälten Menschenkind Christa bewirkt hatte:

Stabilisierung und Schmerzlinderung.

Und immer wieder wollte die umringende Schar, dass ich von meiner Vergangenheit erzählte. Hoffnungsvoll antwortete der eine oder die andere: „Das klingt ja wie ein Wunder." – „Christa, was musst du in deinem Leben alles durchgemacht haben.", wiederum andere sagten: „Christa, du machst uns Mut."

Und je mehr wir uns an den darauf folgenden Samstagen kennen lernten, desto häufiger hörte ich den Nachsatz: „Hast du schon einmal darüber nachgedacht, über deine Veränderungen durch Aloys und seine Behandlungsmethoden zu schreiben?"

Und im gleichen Augenblick befand ich mich bildhaft winzig klein vor einem riesigen Berg stehen. Irgendwie fühlte ich mich jetzt einfach überrumpelt.

„Christa, du kannst den Menschen Zuversicht und Hoffnung schenken und sie auf ihre eigenen Selbstheilungskräfte und Eigenverantwortlichkeit aufmerksam machen. Erzähl' ihnen deinen Leidensweg und wie du zu deinem neu gewonnenen Leben gekommen bist. Schließlich gibt es so viele Suchende und Verzweifelte auf dieser Welt. Du brauchst dich nur in unserer Sporthalle umzuschauen. Diese Hilfesuchenden kommen zum Teil von weither angereist. Aloys ist für sie, wie wir es alle persönlich erlebt haben, ihre allerletzte große Hoffnung."

Als ich meine Umgebung endlich in Augenschein nehmen konnte, glaubte ich nicht in einer großen Turnhalle zu sein als vielmehr in einem riesigen Lazarett, denn an den Rändern dieser großen Halle lagen auf blauen Turnmatten verteilt viele Menschen, ob jung oder alt, männlich oder weiblich. Vor ihnen saß jeweils eine behandelnde Person, um sie herum wissbegierige Zuschauer. Plötzlich stehen diese Menschen mit Aloys auf ihren Trampolinen. Gemeinsam hüpfen sie nach der von Aloys bereits in den achtziger Jahren speziell ausgewählten und erarbeiteten *Trimilingymnastik* auf ihren weichen Minitrampolinen.

Nach der Trimilingymnastik geht Aloys wieder der Fußreflexpunktbehandlung nach und erklärt seine systematische Vorgehensweise.

Dr. Aloys Hoverath berichtet über Teile seiner Forschungsarbeit

Aber an diesem meinem ersten Samstag in der Turnhalle, zu der auch so viele neue Menschen von weither angereist waren, hörte ich Aloys plötzlich sagen:

„Heute möchte ich mit dem wichtigsten und schönsten Wendepunkt in meinem Leben beginnen: **1983** beschloss ich, aufgrund meiner austherapierten Erkrankung, mich zunächst intensiv mit dem Aufbau des menschlichen Körpers und seinen Funktionen zu befassen, um dann gezielt für medizinische Laien einfache Behandlungsmethoden zu erforschen, mit denen sie Krankheitsursachen möglichst frühzeitig erkennen und eventuell auch ohne Medikamente selbst gefahrlos durch Aktivierung und Stärkung der Selbstheilungskräfte beheben könnten, wenn möglich in Zusammenarbeit mit naturheilkundigen Ärzten, Heilpraktikern oder Physiotherapeuten.

Unter anderem testete ich auch die von Frau Marquardt etwa Mitte des 20. Jahrhunderts in den USA erlernte und seit etwa 1965 in Europa verbreitete Fußreflexzonenmassage.

Damit erreichte ich zwar oft eine wirkliche Anregung der Organe und ein körperliches Wohlbefinden, aber ich konnte bei kranken Menschen keine Krankheiten beheben.

Als ich jedoch statt der Fußreflexzonenmassage nach vorher durchgeführter Entschlackung systematisch Fußreflexnervenpunkte des Zentralnervenssystems – Gehirn und Wirbelsäulenbereich

– und auch des übrigen Nervensystems drückte, erkannte ich schließlich, dass stechende Fußreflexpunkte unter anderem auch die Schaltstellen sind um Krankheitsursachen zu erkennen und zu beheben. Und so wurde es schließlich mein allergrößtes Glücksgefühl, als ich mit Hilfe meiner Gesundheitsforschung die Gehirn-, Nerven- und Energieschaltstellen fand, um auf einfachste Weise ohne Medikamente und ohne Röntgenaufnahmen, computer- oder kernspintomographische Untersuchungen oder andere teure Aufwendungen selbst Gehirnfunktionsstörungen und andere Funktionsstörungen, die z. B. bisher bei Autoimmunkrankheiten zur Umpolung des Immunsystems geführt hatten und schon jahrzehntelang medizinisch nicht erkannt und behoben werden konnten, zu erkennen und gefahrlos zu beheben.

Zusätzlich konnten mehrfach auch noch die durch die Autoimmunkrankheiten bereits entstandenen Beschwerden behoben oder gelindert werden.

Diese Entdeckung war so unvorstellbar und unglaublich, weil mit ihrer Hilfe auf einfachste Weise vielfach ein vollkommen durcheinandergeratenes Körpergleichgewicht des Menschen selbst durch medizinische Laien nach kurzer Einweisung, auch bei vorher falsch gestellter Diagnose, gefahrlos ohne Medikamente wieder hergestellt werden konnte.

Das war vorher seit Jahren bzw. Jahrzehnten bei diesen Patienten schulmedizinisch aufgrund der in meinen Aufzeichnungen beschriebenen undurchschaubaren Gehirnvorgänge nicht möglich gewesen.

Darüber hinaus konnten meine Schüler und ich das Gehirn und das Selbstheilungssystem auch noch anregen, die neu einbezogenen bzw. bis dahin ungenutzten Gehirnnervenzellen und Gehirnnervenleitungen durch eine abgestimmte Behandlungskombination und entsprechendes Gehirntraining – wie bei einem Kleinkind – neu zu erlernen. Dabei ist zu berücksichtigen, dass

• Krankheitsursachenerkennung
• Krankheitsursachenbehebung
• Behebung von bereits aufgetretenen Beschwerden

durch entsprechende Regulationstherapie und die dazu nötigen Voraussetzungen kein örtlicher, sondern ein ganzheitlicher Vorgang ist, was ich in meinem Buch genauer erklären werde.

Es ist so wichtig, dass zur Ursachenerkennung und vielfach Behebung von Autoimmunkrankheiten, Gehirnfunktionsstörungen, chronischen Volkskrankheiten und anderen Krankheiten durch Behebung von Störungen im willkürlichen und unwillkürlichen Nervensystem durch *systematische* Fußreflexpunktuntersuchung und -behandlung des Gehirns, des Nerven-, Hormon- und Zellenergiesystems und des Blutkreislauf- und Lymphgefäßsystems richtig vorzugehen ist.“

An den Füßen eines Kursmitgliedes zeigte Aloys uns die entsprechende Vorgehensweise.

„Dazu auch eine kurze wichtige Erklärung zur **Einteilung des Nervensystems**:

1. Neben der **körperbereichsbezogenen anatomischen Einteilung** in das

14

- **Zentralnervensystem** (Gehirn- und Rückenmarksnerven) und das
- äußere (periphere) Nervensystem gibt es noch

2. die **funktionelle Einteilung** in das
- **willkürliche** (somatische, sensible, animale) **Nervensystem,** das unserem Willen unterworfen ist, zum Beispiel bei Kopf-, Arm- und Bein-, Rumpf-, Körper- oder Augenbewegungen oder Urinlassen und Stuhlgang und das

- **unwillkürliche** (vegetative, autonome) unserem Willen entzogene **Nervensystem**
- **Sympathikus und Parasympatikus einschließlich des wichtigen Nervus Vagus**.

Das **unwillkürliche Nervensystem** arbeitet unbeeinflussbar von unserem Willen selbstständig. Die Nerven des vegetativen, unwillkürlichen Nervensystems regulieren zum Beispiel die Funktionen von Augen, Tränen- und Speicheldrüsen, Herz, Puls, Blut- und Lymphgefäßsystem, Lunge, Atmung, Verdauungsorgane, Stoffwechsel (z. B. über Enzyme aber auch über das Hormonsystem) usw., Blase, Wasserhaushalt und Entschlackung und koordinieren die unzählbaren Körperfunktionen unter Einbeziehung des willkürlichen Gehirn- und Rückenmarknervensystems.

In diesem Zusammenhang wurde auch der negative beziehungsweise positive Einfluss der Psyche und der negative Einfluss von geistigem und körperlichem Stress und außergewöhnlich hoher Temperatur und Luftfeuchtigkeit auf das vegetative Nervensystem erkannt.

Das unwillkürliche Nervensystem wird noch unterteilt in:

· das sympathische Nervensystem „**Sympathikus**", der allgemein die Aktivitäten des Organismus steigert, z. B. Puls, Blutdruck, Atmung, Verdauung usw. und

· das parasympathische Nervensystem „**Parasympathikus**" inklusive „**Vagus**", der für die Erholung des Organismus sorgt.

Beide Systeme sind aufeinander abgestimmt und passen sich der augenblicklichen Situation an."

Zu unserem besseren Verständnis zeigte Aloys uns die entsprechenden Reflexpunkte an den Füßen.

„Und zur äußerst wichtigen Körperentschlackung erforschte ich **1984** auch äußerst erfolgreich wichtige, *vom Körper maßstabgetreu auf die Füße übertragene* Fußreflexnervenpunkte der *Hauptlymphmündungen* in die rechte und linke Schlüsselbeinvene zur Erkennung und Behebung von Hauptlymphmündungsblockaden.

Diese Behebungen sind so wichtig, weil auch in solchen Blockierungsfällen das Selbstheilungs- und das Immunsystem, welche z. B. die Körperheilkräfte aktivieren, Erreger bekämpfen und Gifte unschädlich machen usw., immer mehr geschwächt werden und m. E. die Ursache für viele Krankheiten sind.

Sehr dankbar bin ich auch über die schon **1986** erforschte und mit großem Erfolg eingesetzte äußerst kostensparende Behandlung der Fußreflexpunkte, die *nicht maßstabgetreu vom Körper*

16

auf die Füße übertragen sind. Sie eignen sich zur schnellen und einfachen Behebung von Gelenkbeschwerden, *ganz besonders von Kniegelenkbeschwerden* – speziell beim Auf- und Absteigen von Treppen und bei Bergwanderungen – die teilweise bereits seit Jahrzehnten nicht behoben werden konnten. *Diese Reflexpunkte entsprechen normalerweise Augenreflexpunkten bzw. Ohrreflexpunkten.* So sind zum Beispiel die Augenreflexpunkte auch äußerst wichtige Indikatoren für Kniebeschwerden und ihre Ursachen. Mit ihrer Hilfe habe ich schon über tausend Knieoperationen verhindern können.

Und das bedeutet, dass die Menschen vielfach durch Selbsthilfe bis ins hohe Alter gesund und fit bleiben könnten."

Welch ein begnadeter und bescheidener Mensch schenkte und lehrte uns sein großes Wissen.

Aus meiner Behandlungszeit mit Aloys wusste ich, das dies längst nicht seine gesamten erfolgreichen Erforschungen waren.

Von diesem Samstag an wurde auch ich eine interessierte, wissbegierige und fleißige Schülerin von Aloys und zu meiner großen Verwunderung zur „Vorzeigepatientin" für viele kranke, noch suchende Menschen und für alles, was man mit Disziplin und Ausdauer erreichen kann.

Hinter meiner Krankheit verbarg sich ein Geschehen, das nicht nur auf ein Gelenk oder ein Organ begrenzt war. Aber aus meinem winzigen Gedanken des Vertrauens und des Glaubens geschahen Wunder über Wunder.

Dann hörte ich an meiner Seite eine liebe Stimme, es war Maria, die durch Aloys ihre jahrelange

Schwerhörigkeit in sehr gutes Hören hatte eintauschen dürfen. Sie sagte mir: „Aloys ist mit seinem Forschen und Wirken von unermesslichem Wert, den du, Christa, nur allzu deutlich widerspiegelst." Innerlich war ich gleich wieder sehr gerührt – danke, danke lieber Gott, ich weiß es sehr wohl zu schätzen – und zu Maria sagte ich: „Es ist mir Gott-sei-Dank sehr, sehr bewusst, denn ich würde sonst sicherlich nicht hier stehen, oh Maria." Tief bewegt schloss ich sie in meine Arme und wieder stiegen tiefe Freude und Liebe in mir hoch. Meine Seele schrie vor Dankbarkeit zum Himmel. Es fiel mir schwer meine Tränen zu unterdrücken und am liebsten wäre ich zu Aloys gelaufen, um ihn selig dankend in meine Arme zu schließen. Dieser Mann hat es verdient, immer, immer wieder!

Aber ich bekam auch im Gegensatz dazu einen kleinen Vorgeschmack von Zweiflern zu spüren, die ihre Nasen über meine innerlichen und äußerlichen Veränderungen rümpften. Ja, sie ließen mich ihre Skepsis spüren. Sie wollten es irgendwie nicht so recht glauben.

Genauso wie ich hatten auch sie sich vorher wenig oder sogar überhaupt nicht mit den Gesundheitsmethoden von Aloys befasst. Leider gaben sie mir das etwas schmerzliche Gefühl, dass sie mich als eine von ihnen selbst weit Entrückte abstempelten. Dabei war ich ihnen näher als jemals zuvor. Ich sah ihre Körper und dachte immer nur, was sie daraus machen könnten, bevor es zu spät ist. Stattdessen lernte ich das Wort *Toleranz* neu zu definieren und, dass jeder für sich selbst die Verantwortung trägt. Ich bedauerte nur ihre nichtwissenden Vorbehalte.

Ich jedoch war überglücklich, meiner eigenen inneren Führung gefolgt zu sein und damit eine große Entscheidung getroffen und danach gehandelt zu haben, ohne dabei in die Fußstapfen eines anderen getreten zu sein. Es ist leicht, auf vielbegangenen Pfaden zu laufen, welches keine Mühen kostet. Ich jedoch suchte meinen eigenen Weg, bis ich ihn gefunden hatte, und voller Überzeugung auch weiterhin beschreite.

Aloys kann mit gutem Recht stolz auf mich und seine große ganzheitliche Arbeit an mir sein. Ich erlangte die Fähigkeit über mich selbst hinauszuwachsen, ein Potenzial, das wohl schon lange in mir schlummerte, das ich jedoch zum Schluss, als der Höhepunkt meiner Krankheit offensichtlich erreicht war, wie vieles andere nahezu aufgegeben hatte. Und all meine Träume schienen ausgeträumt.

Doch zum Glück hatten meine geheimen Sehnsüchte aus vergangenen Zeiten mich nicht verlassen. Meine innewohnenden Kräfte entfalteten sich wie ein bunter Schmetterling. In meiner Ganzheit wurde eine Art von Stabilität und Stärke geschaffen, die zu einem Teil meiner Persönlichkeit wurden und meine Handlungen fortan beeinflussten. Und meinem Mann und mir wurde plötzlich und so einfach, nach all den vielen Jahren des gemeinsamen Suchens, ein Sprungbrett zu größeren und noch wunderbareren Offenbarungen eröffnet.

Ein riskantes Wagnis

Doch bevor ich diesen großen Moment erleben durfte, nämlich allein und mit ungewohnter Stärke und Gelassenheit in diese große Sporthalle zu Aloys und den vielen unbekannten gesunden und kranken Menschen zu treten, war eben vieles ganz, ganz anders. Und gerade einmal drei Monate vorher, bis zu jenem großen Augenblick am fünften Dezember 1996, an dem ich meinen ersten Anlauf zu Aloys gewagt hatte, war alles noch völlig undenkbar gewesen.

Im Nachhinein – so erscheint es mir heute – lief plötzlich eilig und erwartungsvoll eine unglaubliche Führung und Leitung vor mir her, die mir meinen Weg bereitete. Und ebenso auch den entscheidenden Entschluss, nach den vielen Jahren des vergeblichen Suchens und Hoffens das riskante Wagnis einzugehen, mich im Oktober 1996 spontan nach Alternativen zur Schulmedizin umzuschauen.

Allerdings fiel ich dann zuerst einmal in ein tiefes Loch. Was war denn so plötzlich mit mir los? Ausweglosigkeit, pure Ausweglosigkeit erfüllte mich. Wie ein verstopftes Rohr begann ich meinen Verstand wieder durchgängig zu machen, leer zu fegen, um mich dann ins Neue, Unbekannte hineinzubegeben. Oder anders gesagt, ich spürte ein tiefes Verlangen, in eine – meine – innere Einsamkeit zu versinken, um zu einem Stillstand, einer tiefen inneren Ruhe zu gelangen. Bloß nicht mehr denken – einfach meinen Geist ausschalten.

Und in dieser Stille und dem demütigen Ausharren und In-mich-hinein-Horchen, fand ich dann den Zugang zu meiner so leise in mir wohnenden Stimme zurück. Es war so überaus wichtig für mich, dass ich die Zeit zum Stillsein fand. Sie wurde wesentlich und zum Rückgrat meines Lebens.

Obwohl mein Körper so von Schmerzen geplagt und so unaufhaltsam, hoffnungslos zerstört dalag, erklang in mir dann irgendwann ein neues Lied von Mut und Vertrauen und dem Wiederaufstehen. Also richtete ich mich erneut aus dem Sumpf der Verzweiflung und der Schwäche auf, weil ich immer wieder glaubte, dass mein unaufhaltsam kritischer werdendes Leiden mit den einfachsten Mitteln seine Lösung finden würde.

Ja, und ich rappelte mich wie so viele Male erneut auf, mit dem kleinen Unterschied, dass ich augenblicklich mein Suchen in der schulmedizinischen Welt beendete. Wieder einmal spürte ich, dass ich intuitiv bereit war, etwas zu verstehen und anzunehmen, obwohl mein Verstand dabei stutzte. Aber musste ich alles mit dem Verstand erfassen?

Meine Zeit lief

Ja, und dann war ich bereit, in einer Lebenssituation, in der solches scheinbar unmöglich erschien, große Schritte vorwärts zu setzen, um somit etwas völlig Neues und Umwälzendes zu empfangen. Wie ein Puzzle fügte Aloys dann Teilchen für Teilchen von Körper, Geist und Seele zu einem harmonischen ganzheitlichen Funktionieren zusammen. Ich vertraute ihm und mir selbst und glaubte an diese Heilkraft, die in ihrer Einfachheit meine Selbstheilungskräfte anregen und meine Funktionsstörungen regulieren konnte.

Auf diese Weise bekam ich mein einst so fröhliches Leben aus Kindertagen in gereifter Fül-

**le und dem kostbaren inneren Reichtum und
die Liebe in meinem 46. Lebensjahr zurück.**

Denn als junges und lebensfrohes achtjähriges
Mädchen hatte ich seinerzeit meine Gesundheit
und die unbeschwerte Schönheit meines Daseins
durch eigenes Verschulden nach kindlicher Art
gegen die Einschränkung meiner Gesundheitsqualität auf viele wertvolle Lebensjahre hin eintauschen müssen.

Meine starke Gedankenkraft und somit freie
Entscheidung hatten mich dazu getrieben. Sollte
ich es darum Schicksal nennen? Liegt darin die
Erfurcht allen Seins?

Fortan litt ich körperlich und seelisch durch
all meine Schmerzen, Beschwerden und entsprechenden Hindernisse. Plötzlich war dieses kleine
Mädchen chronisch krank. So beschrieb es das
Krankheitsbild. Meine körperliche Beeinträchti-
gung, das Spüren des Nicht-Heilseins, das Aushalten meines Zustandes, mein höchstes kostbarstes
Gut, ich hatte es zu einem bestimmten Augenblick in meinem Leben verloren – freiwillig?

> *„Wenn dein Weg sich gabelt,*
> *weiß dein Herz die Richtung"*
>
> Jochen Mariss

Ich musste so handeln und standhalten, weil sich
nämlich nach langen 38 Jahren durch mein hoff-
nungsvolles, kraftvoll zupackendes Festhalten im
Glauben und an meinem Leben, für mich – und
nur für mich – eine Tür öffnete, nein, nach und
nach, so wie ich sie leicht öffnen konnte, immer

mehr Türen, die sich aber gleich wieder hinter mir schlossen, die Vergangenheit vergänglich machten.

Mit neuer Kraft und einem neuen strahlenden Licht erfüllt und umgeben, zog ich in ein neues Leben hinein. Die daraus vollzogene Neuentwicklung lässt mein Heil-Werden sichtbar erscheinen. Bekam ich doch für meinen spontanen und gefahrvollen Leichtsinn aus meinen Kindertagen eine wundervolle Belohnung, ein unbezahlbares Geschenk – einen unermesslichen Reichtum! Dieses besondere Geschenk fiel mir in jenem Augenblick zu, als ich vor Aloys stand zu einem Zeitpunkt, als für mich schon fast alles verloren schien. Seine persönlich an mir mit großem Zeitaufwand praktizierten natürlichen Behandlungsmethoden lösten in mir eine Revolution aus. Darüber hinaus bekam ich eine weitere große Chance, mit diesem einzigartigen, wundervollen, unermüdlich hilfsbereiten und liebenswerten Menschen einen Teil meines neuen Weges und viele Begebenheiten lernend mit ihm zu teilen. Ich wurde offen für das, was die Zukunft für mich bereithält, und rüstete mich für die Überraschungen, die das Leben bringt.

Aloys Hoverath,

ein Leidensweg wird zur Aufgabe

Mit Aloys stehe ich nun seit einigen Jahren an der „Front" und sehe, wie hilflos, hoffnungslos und vielmals schon austherapiert die Menschen ratsuchend ihre letzte Chance in Aloys mit seinen Behandlungsmethoden finden. Niemals zuvor habe ich einen so begnadeten Menschen erlebt, der mit seinen Händen, seinem durchdringenden logischen Menschenverstand ganzheitlich die schöpferische Heilkraft auf die allernatürlichste Art und Weise anwendet. Helfen und Heilen brachten ihn nach dem stattgehabten schwerwiegenden Einschnitt in seine eigene gesunde Lebensqualität auf einen zunächst vom Ursprung her alt bekannten Weg, den er durch viel Fleiß, große Freude und tiefgreifende Erforschung mit großem Zeitaufwand weiterentwickelte. Durch einen winzigen Samen der Liebe und menschliche Hilfsbereitschaft verändert Aloys viele, viele Menschenleben.

Das Rüstzeug zu dieser großen Aufgabe und Botschaft hatte Aloys, der am 26. Februar 1926 geboren wurde, in den harten Kriegsjahren und seiner bitteren Gefangenschaft in Sibirien, die ihn für seinen weiteren Lebensweg geprägt haben, erhalten. Endlich in Freiheit studierte er nicht – wie von seinem Vater gewünscht – Medizin, sondern entschied sich für das Fach Chemie, das ihn weit mehr interessierte. Der Student Hoverath hatte es eilig, absolvierte in unglaublicher Schnelligkeit das Studium und promovierte in ungewöhnlich

24

kurzer Zeit. Anschließend war er bis zu seiner Pensionierung mit 65 Jahren (1991) als Chemiker und Hauptlaborleiter für die Qualitätskontrolle der Ruhrkohlelieferungen von Kohle und Koks an die Stahlindustrie verantwortlich.

Sein Leben nahm 1982 einen gravierenden Wendepunkt. Eine Prostataoperation mit schweren Komplikationen hatte für sein weiteres Leben verheerende Folgen: Nach viermonatigem Krankenhausaufenthalt – anstatt der versprochenen fünf Tage – wurde Aloys nach mehreren Operationen mit schwersten Entzündungen und völliger Inkontinenz in gegenseitigem Einvernehmen mit seinen Ärzten entlassen. Da keine Hilfe mehr zu erwarten war, versuchte er es nun mit alternativen Heilmethoden in Deutschland, Holland, Österreich und der Schweiz. Innerhalb eines Jahres kostete ihn dieser ebenfalls erfolglose und nicht durch die Krankenkasse bezahlte Versuch zigtausend DM.

Aloys erkannte, nachdem er sich von dem Gefühl der Ausweglosigkeit befreit hatte, im schulmedizinischen Bildungsgang und der Forschung eine entscheidende Lücke, die er gerne schließen wollte. Denn all die Umstände der voreiligen Operationen, krankmachenden Medikamente, einseitigen Symptombehandlungen im jeweiligen Fachbereich und die Konfrontation mit soviel Elend, auch bei anderen kranken Menschen, weckten bei Aloys den Ehrgeiz, den Körper besser verstehen zu lernen. Aus der Not geboren wandelte sich der Chemiker zusätzlich zum gewissenhaften, äußerst erfolgreichen Forscher auf dem Gebiet der gefahrlosen gesundheitlichen Selbsthilfe.

Ein Pionier war geboren

Aufgabe und Botschaft ·

Die Grundlagen für ein neues und vernünftiges kostensparendes Gesundheitswesen hat Aloys ohne jegliche finanzielle Unterstützung seit den Jahren 1983/84 unermüdlich und immer kostenlos in Selbsthilfegruppen, Vorträgen, Medizinkongressen, Fernsehen, Kursen bei Kranken und Schwerstkranken, denen die Schulmedizin teilweise schon seit Jahrzehnten nicht helfen konnte, gefahrlos und äußerst erfolgreich erforscht, erprobt und in Vorträgen, die auch im Fernsehen übertragen wurden, verbreitet.

Bereits 1984 stellten sich bei Aloys die ersten großen Heilungserfolge ein. Seit 1985 bezog er auf die dringenden Bitten vieler hilfloser schwer- und autoimmunkranker Patienten hin auch die Autoimmunkrankheiten und verschiedenartigste andere schwere Erkrankungen äußerst erfolgreich in seine Behandlungen mit ein – sowohl innerhalb als auch außerhalb seiner neu gegründeten Selbsthilfegruppen.

Wie ein Flächenbrand verbreiteten sich in Stadt und Land unter den medizinischen Laien und Naturheilpraktikern die Behandlungsmethoden von Aloys.

Täglich bekommt er viele Rückmeldungen und telefonische Hilferufe, die Dankesbriefe lassen seine Akten überquellen. Immer mehr Menschen wurden auf diese Behandlungsmethoden aufmerksam und sie erkannten sehr schnell, dass die Trimilingymnastik und die Fußreflexpunktnervenbehandlung, die Aloys immer weiter erforschte, durch Fleiß und Ausdauer ihre Früchte trugen.

Jedoch schlug ihm oft ein harter Wind auf seinem neu gewählten, dennoch sehr erfolgreichen Weg entgegen. Vorurteile und Hindernisse hat Aloys aus Liebe zu seinen Mitmenschen geduldig und gelassen ausgehalten. Eine tiefe Überzeugung, seine Forschungen und Erkenntnisse ließen ihn geradlinig und fleißig seinen Weg zielgerichtet – teilweise gegen den Strom und stets uneigennützig – weiter beschreiten.

Bereits 1989 unterbreitete Aloys (Dr. rer. nat. Aloys Hoverath) seine Forschungsergebnisse dem Gesundheitsministerium. Im Januar 1990 bot Aloys dem Arbeits- und Gesundheitsminister Dr. Norbert Blüm persönlich, schriftlich zur Überprüfung, seine wirksamen, Kosten sparenden Behandlungsmethoden für ein neues Gesundheitswesen an. Leider war die damalige Zeit nicht reif, während Aloys meines Erachtens *seiner* Zeit längst weit voraus war.

Positive Dankesbriefe von Dr. Norbert Blüm und dem damaligen Bundeskanzler, Dr. Helmut Kohl, ließen Aloys ermutigt weiterforschen und erfolgreich weiter behandeln (der Briefwechsel liegt im Original vor).

Der „Trimilin-Papst" im Fernsehen bei Jürgen von der Lippe

Im April 1989 führte Aloys erstmals im deutschen Fernsehen das weichgefederte *Trimilin®* der Firma Heymans vor. Aloys wurde seit seinem ersten Fernsehauftritt bei Jürgen von der Lippe plötzlich überregional „Trimilin-Papst" genannt. Er erarbeitete die ganzheitliche Bewegungsmethode *Trimilingymnastik* auf einem weichen Minitrampolin, die nach Erfahrung in seiner Selbsthilfegruppe in gesundheitlicher Hinsicht von keiner anderen Bewegungsmethode auch nur annähernd erreicht werden kann. Neben der Entschlackung mit der von Aloys erforschten Entblockierung der Hauptlymphmündungen in die rechte und linke Schlüsselbeinvene durch seine Fußreflexpunktnervenbehandlung sorgen die einzelnen sorgfältig von Aloys zusammengestellten Übungen ergänzend zum gezielten Aufbau aller Muskeln, zur Muskelentspannung und zur Bindegewebsentschlackung des gesamten Körpers.

Aus Aloys' langjähriger Erfahrung erreicht diese systematisch aufgebaute Trimilingymnastik u.a. folgende Gesundheitserfolge:

- Verlangsamen des Alterungsprozesses
- Verbessern des Immunsystems
- Verbessern des Stoffwechsels
- Anregen der Verdauung und Gewichtsabnahme
- Abbau von Verspannungen
- Verbessern der Körperhaltung

- Vorbeugen von Krampfadern
- Vorbeugen von Gefäßablagerungen
- Stabilisieren des Sehvermögens
- Verbessern der Inkontinenz (bes. bei Frauen)
- Erfolgreiche Mitbehandlungsmethode zur 1987 erstmalig erforschten Behebung der verschiedensten Autoimmunkrankheitsursachen
- Stabilisieren von Gelenken, Rücken, Bandscheiben und Gelenkknorpel
- Gute, körperfreundliche Versorgung, Entsorgung und Entgiftung
- Herzschonende Aktivierung des Herz-Kreislaufsystems
- Beste Aktivierung des Lymphgefäßsystems zur Entschlackung und Entgiftung!
- Kräftigen der Muskel-, Knorpel- u. Knochensubstanz (Osteoporosevorbeugung)
- Verbessern des Gleichgewichts, der Reaktionsfähigkeit und Fitness
- Entwickeln motorischer Fähigkeiten, Koordinations- und Gedächtnistraining
- Gymnastik für Behinderte, sogar Blinde, und nach Herzinfarkt (siehe Trimilin-VIDEO)
- Hilfreiche Mitbehandlung z.B. auch bei Mukoviszidose usw.
- Schonendes Aufbautraining nach Krankheit und Verletzung
- Körperfreundliches Kraft- und Ausdauertraining für alle Sportler

Diese großen Gesundheitserfolge wären nach Feststellung und Meinung der vielen Schwerstkranken – und auch meiner eigenen – ohne Einbeziehung der Trimilingymnastik nicht möglich gewesen. Weitere Rückmeldungen von zahlreichen überzeugten Anhängern aus allen Bundesländern Deutschlands, dem europäischen Ausland, den medizinischen Bereichen und Bereichen der Naturheilpraktiker, Therapeuten und von denen, die es werden wollen, bereiten Aloys sehr viel Freude und schenken ihm Energie und Tatendrang.

Sein größter Wunsch und sein größtes Ziel wäre eine Zeit, in der sich jedes Familienmitglied für die Gesundheit seiner Angehörigen hilfreich einsetzt. Das Ausharren, die Geduld und die Liebe, die Aloys jedem Menschen hilfreich entgegenbringt und in all den Jahren treu gesät hat, diese reiche Saat geht auf.

Anfragen von Ärzten und Professoren, was sie selbst für ihre Gesundheit tun können, häufen sich. Außerdem bitten sie Aloys um Vorträge in ihren Kliniken. Und sie empfehlen ihren austherapierten Patienten, bei Dr. Hoverath zu lernen. Denn seine Behandlungsmethoden sind oftmals ihre letzte Chance. Und sie geben dem Heilungssuchenden ein Stück Verantwortung für seine Gesundheit zurück.

Das Forschungsziel war es daher, zur Erhaltung beziehungsweise Wiedergewinnung der Gesundheit eine möglichst ganzheitliche, einfache Behandlungskombination zu finden, die bei Krankheiten das einmalige, nicht zu ersetzende Selbstheilungs- und Immunsystem aktiviert, wodurch *Funktionsstörungen aller Art* und vor allem *Gehirnfunktionsstörungen* gebessert werden können.

„Heilen ist oft kein örtlicher, sondern ein ganzheitlicher Vorgang."

Große Geschehnisse und Empfindungen

Ja, somit erklären sich auch die Zeit und der Beginn meines Schreibens, um das ich in all den Jahren doch immer wieder so dringend gebeten wurde. Ich fühlte mich einfach noch nicht im Stande, über mich und meine großen Geschehnisse und Empfindungen zu berichten. Die vielen Türen, die sich mir so unverhofft geöffnet hatten, musste ich erst einmal neugierig auf meinem Weg der „kleinen hüpfenden Schritte" durchschreiten und für mich selbst verstehen und leben lernen. In gleicher Weise gehörte insbesondere auch die Begegnung mit der beeindruckenden Person des Dr. Aloys Hoverath dazu, dass so etwas in der heutigen Zeit möglich sein kann!? Seine menschliche Wärme und Hilfsbereitschaft und seine stets liebevoll weit geöffneten Arme, ja sie begrüßen den Hilfesuchenden, holen ihn da ab, wo er steht, um ihn ein Stück seines Weges hilfreich und lehrreich zu begleiten. Ich empfinde tiefen Respekt für das mir entgegengebrachte Vertrauen und die große Verantwortung vor dieser mir zugedachten Aufgabe.

Nach menschlichem Ermessen brauchte ich wohl sehr viel Zeit – aber was heißt das schon?

Auch die Zeit braucht ihre Zeit

Außerdem war ich in der Schule nie die Vorzeigeschülerin gewesen. Ich war zwar fleißig und strebsam, korrekt und sauber, wie man über mich zu sagen pflegte, doch eine besondere Begabung zum Schreiben – nein, die glaubte ich nicht zu haben. Eher hatte ich den Eindruck, manche Themenstellungen kaum richtig verstanden zu haben, und stieß bis zu meiner Pubertät im Fahrwasser der Lehrer eher auf Kollisionen. Vielmehr war ich durch die unverhofften akuten und chronischen Gesundheitseinbußen eher blockiert und gebremst und ein Mädchen mit wenig Selbstvertrauen. Aber dieses Mädchen bewahrte sich seine Träume, trotzdem irgendwann einmal eine gute Sportlerin und Lebensschülerin zu werden.

**Danke Aloys, du hast vieles
hiervon möglich gemacht!**

Bevor ich nun überhaupt weitererzähle – und mich vielleicht auch einige Male wiederhole – möchte ich mich bei Aloys, einer so wertvollen, ungeheuer tatkräftigen, lebensbejahenden und praktisch veranlagten Persönlichkeit, aufs tiefste bedanken.

Ich konnte und kann dir, Aloys, mit gutem Recht mein vollstes Vertrauen schenken, weil für jeden erkennbar ist, dass auch du selbst das tust, was du mir bzw. deiner großen Anhängerschar und deiner Selbsthilfegruppe und den Menschen aus nah und fern immer wieder ans Herz legst:

· Du bist so freundlich, liebevoll, voller Begeisterungsfähigkeit.
· Du besitzt einen wundervollen Sinn für Humor.
· Deine Lehren überzeugen.
· Deine Behandlungen geben die Gewissheit, dass der Körper mehr leisten kann, als man je erwartet.

32

- Du weckst die Selbstachtung und Selbstheilung.
- Deine Lehren machen Mut und – was noch wichtiger erscheint:
- Du gabst mir die Möglichkeit, durch deine mir zur Verfügung gestellte, unermesslich kostbare Zeit, meine körperliche, geistige und seelische Stabilität zurück zu gewinnen und mich in einer ganz neuen Haltung dem Leben gegenüber zu stellen.

„Im Sinne dieses Wunderns nenne ich mein Heilwerden ein Wunder", wie es Marja Huibers-Boeren in ihrem Gedicht ausdrückt.

> *In mir bleibt*
> *ein äußerst starkes WUNDERn*
> *über den Prozess den ich*
> *in mir selber erfahren durfte*
> *Weil mein Körper*
> *Schritt für Schritt*
> *meiner mentalen*
> *emotionalen und spirituellen*
> *Veränderung*
> *gefolgt ist*
> *Im Sinne dieses WUNDERns*
> *nenne ich mein Heilwerden*
> *ein WUNDER*
>
> Marja Huibers-Boeren

Hier erzähle ich, Christa, die niemals zuvor die Kraft und die Fähigkeit besaß, die mich heute erfüllt. Es ist überwältigend und all diese Möglichkeiten bauen meine Tatkraft auf, vor allem jedoch, dass Aloys sowohl sein Vertrauen als auch seine hoffnungsvolle Zuversicht in mich setzt. Für seine erfolgreich erforschten ganzheitlichen Gesundheitsmethoden, die für fast jeden Laien ohne medizinische Vorbildung erlernbar sind, danke ich der göttlichen Führung und Aloys aufs Tiefste. Niemals zuvor bin ich auch nur annäherungsweise einem Menschen begegnet, der so begnadet und von einer Ruhe und Liebe durchzogen in tiefster ehrlicher Verantwortung, unbeirrt ständig forschend, selbstlos und kostenlos, anderen Menschen zur Verfügung steht. Oft noch ergriffen über dieses große mir zugeteilte Geschehnis und das jetzt leicht zu öffnende Schloss zum WUNDERN mit all seinen auf mich einströmenden Erlebnissen, brauchte ich diese *meine Zeit*.

Folgenschwerer Fahrradsturz in der Kindheit

Meine Lebensqualität war abrupt unterbrochen

*Einsamkeit ist der Weg,
auf dem das Schicksal
den Menschen zu sich führen will.*

Hermann Hesse

Die Schule war gerade zu Ende. Die Wärme des Sommertages bestärkte mich in meinem kindlichen Frohsinn und Übermut. Stolz auf mein erstes neues Fahrrad reihte ich mich in die lärmende, fröhliche Kinderschar ein. Die strahlende und blitzende Sonne spiegelte sich in außergewöhnlich hellem Licht in all ihren Facetten auf der vor mir liegenden Straße wieder. Spiegelglatt glänzte sie wie ein großes Weltenmeer vor meinen Augen. Ich fühlte mich irritiert. Ich war wie verzaubert von diesem Anblick und so konnte dieser wirklichkeitsfremd anmutende Moment etwas Gewagtes in mir freisetzen. Es packte mich eine große Lebenslust und erhabene Energie, meinen Mitschülern zu imponieren und zu beweisen, wie genial mein Einfall besonders jetzt in diesem Augenblick erschien – das grelle Licht verlieh dem kleinen Mädchen eine unbändige Kraft und damit ein Losgelöst-Sein aus seiner Wirklichkeit.

Die Fahrt in eine Sackgasse, die dann zur Umkehr und Einsamkeit führen sollte, lag vor dem Mädchen, nur erahnen konnte es dies natürlich nicht. Zu schön war der Tag – und die Schule endlich aus. Das viel zu grelle Licht verzauberte dieses fröhliche und nichts ahnende Mädchen auf seinem Fahrrad.

Munter reihte ich mich in die fröhliche Kinderschar ein, trat kräftig in die Pedale und fuhr dann mit den anderen Kindern lärmend und unbeschwert die Straße hinunter. Mein genialer Einfall, den ich nicht nur spontan verwirklichte sondern mich dabei auch noch verkehrswidrig verhielt, nahm seinen Lauf. Dabei wollte ich doch einfach nur meinen Vordermann auf seiner rechten Seite überholen. Ein *unfallträchtiger* Gedanke. Gedacht – getan. Der nichts ahnende Vordermann zieht sein Rad vor Schreck nach rechts und das war es auch schon.

Es war geschehen – mein Leben war abrupt unterbrochen. Gott sei Dank war dem Vordermann, der den Unfall nicht verschuldet hatte, nichts geschehen. Ich jedoch stürzte mit der rechten Kopfseite und Körperhälfte auf die Bordsteinkante und lag bewusstlos unter meinem Fahrrad auf dem Bürgersteig. In mir war es dunkel, unendlich und lange dunkel.

Wie konnte ich in meiner Ausgelassenheit und Torheit auch nur erahnen, dass ich mit meinen gerade einmal acht Lebensjahren in diesem Augenblick Abschied von einer fröhlichen und unbefangenen Kindheit nahm, und dass dieser Vorfall die gesamte Entwicklung meines Lebens – zuerst als Kind, später als Jugendliche und schließlich als Erwachsene – und den Umgang mit mir selbst und meiner Umwelt beeinträchtigen und prägen würde? Von jetzt auf gleich hatte ich meinem Körper und meinem Leben neue Akzente gesetzt.

Im Rettungswagen wachte ich kurz auf. Besorgte Blicke riefen immer wieder aus weiter Ferne meinen Namen: „Christa, Christa, aufwachen, hörst du uns?" Für eine kurze Zeit blickte ich im Krankenhaus in eine neue fremde Umgebung. Schneeweiß gekleidete maskenhaft wirkende Menschen schauten auf mich herab, arbeiteten wie tausend fleißige Ameisen an mir. Und wieder das Licht, ein sehr grelles, viel zu helles Licht über mir, ich ängstigte mich. Dann fiel ich wieder in einen unaufhaltsamen tiefen Schlaf zurück. Benommen und immer noch sehr schläfrig wachte ich dann zu meiner großen Verwunderung in meinem Elternhaus wieder auf.

Zeit und Raum waren mir verloren gegangen. Einzig und allein – und wohl zum ersten Mal in meinem Leben – nahm ich meinen schmerzenden Körper bewusst wahr. Hier und da erspürte ich nach und nach kleine und größere Verbände. Mein Gesicht, mein Kopf, alles fühlte sich so heiß und ungewohnt an. In Schmerzen gehüllt und erschöpft lag ich einfach auf dem Sofa.

Benommen, sprachlos und schläfrig nahm ich die besorgten und traurigen Gesichter meiner Eltern und kleinen Geschwister wahr. Erst wagten sie mich gar nicht anzurühren. Als ich aber ansprechbarer wurde, streichelten sie mich zaghaft und vorsichtig. Die Hand meiner Mutter strich liebevoll und sanft über meinen Kopf. Was dachte sie in diesem Augenblick? Sicherlich war sie auch ärgerlich über mein fehlerhaftes und unsinniges Verhalten. Ratlos und traurig sahen mich ihre fragenden mit Tränen gefüllten Augen an. Dennoch spürte ich ihre Liebe. Sie, die doch sonst so streng und energisch sein konnte und sich wenig Zeit für Liebkosungen nahm, was sie später so sehr bedauerte und entschuldigte. Aber nun, nun hielt sie ihr Mädchen, ihre älteste kleine Tochter verzweifelt in ihren Armen. Wie sollte es weiter gehen? Ihr Herz brannte vor Schmerz. Auch für meine Mutter war plötzlich die Zeit stehen geblieben.

Die grelle blendende Sonne, dieses helle Licht und mein Fahrradsturz kamen langsam in mein Bewusstsein zurück. Ein tiefer Schreck durchfuhr mich. Warum war meine Freude, die strahlende Sonne mit ihrem grellen Licht so plötzlich in Tristesse und in Schmerz umgeschlagen? Etwas Schlimmes musste geschehen sein.

Übermut und Sich-beweisen-Wollen hatten mein Gestern ausgelöscht. Etwas Unbekanntes Neues kündigte sich an. Offensichtlich hatte ich durch mein Imponiergehabe eine gesunde und heitere Kindheit gegen das Suchen nach dem Wieder-Heil-Werden und dem Wiedererlangen jener verlorenen schönen Zeit eintauschen müssen.

Und es gab kein Zurück!

Alle Türen hinter mir waren geschlossen und verriegelt – die unbeschwerte Kinderzeit, vergangen und vorbei. Um mich herum war einfach alles anders geworden, merkwürdig ruhig und befremdlich. Still war es plötzlich auch im ganzen Haus.

In den folgenden Tagen besuchten mich besorgte Nachbarn und Verwandte, sie kamen und gingen. Mitleidige Gesichter schauten auf mich herab. Egal, ob sie neben mir saßen oder standen, sie wirkten plötzlich alle so groß, so frei und weit von mir entrückt. Ich lag danieder und wohlgemeinte Aussprüche wie: „Christa, das wird schon wieder werden.", oder: „Bleib schön still liegen, dann wirst du schnell wieder gesund.", strömten auf mich ein.

Was war denn nur geschehen und was war nur mit mir los? Leise liefen heiße Tränen über mein schmerzendes Gesicht. Liebende und warme Hände unterbrachen oftmals ihren Lauf. Doch der eine oder andere Tränenstrom ließ oftmals meine Ohrmuscheln wie verborgene Seen überlaufen.

Wenn meine Eltern sich im Flüsterton unterhielten, schnappte ich einmal das Wort „Schutzengel" auf. Stimmt, wo war mein Schutzengel eigentlich in jenem Augenblick, als der verbotene Gedanke meiner Grenzüberschreitung aufkam? Hatte er einfach nur still zugesehen? Außerdem war ich doch ein gesegnetes Kind und von tief gläubigen Eltern umgeben. Jeden Morgen, bevor ich zur Schule ging, wurde ich von meiner Mutter gesegnet. Darüber hinaus bekam ich wohlgemeinte Worte mit auf den Weg, wie: „Sei nett und freundlich und grüße immer die älteren Menschen." Abends beteten wir vor dem Einschlafen gemeinsam mit meinen zwei Schwestern unter anderem auch den Abendsegen aus Engelbert Humperdincks Oper Hänsel und Gretel: „Abends, wenn ich schlafen geh, vierzehn Engel bei mir stehn, ... zwei zu meinen Häupten, zwei zu meinen Füßen, ..." Ja, und wo waren die vielen Schutzengel zu jenem Augenblick? Und gesehen hatte ich auch noch nie einen, immer nur auf den kleinen bunten Bildern, die sich in meinem Gesangbuch so ansammelten. Oder – so denke ich heute – hatten sie mich vielleicht sogar vor noch schlimmeren Gefahren bewahrt? Jedenfalls musste ich mich dieser neuen Lebensschule mit all ihren notwendig gewordenen Hindernissen wohl von nun an mutig stellen. Und ein ungewisser Lebenslauf kündigte sich an – eine ganze Kette von Veränderungen sollte mich von nun an begleiten.

In den folgenden Wochen hörte ich von draußen oft fröhlich lärmende Kinder, sie spielten ohne mich weiter. Zurückgezogen konnte ich durch den plötzlichen Einbruch, der ein Gefühl des Ausgegrenzt-Seins vermittelte, nur ausharren und standhalten. Unser Dorfpfarrer, ein großer Kinder- und Familienfreund, der viele Jahre später im Kreise seiner großen Kinderschar leise diese Welt verließ, besuchte mich sehr oft. Viele lustige Spiele wie Verstecken spielen, barfuss über die Stoppelfelder laufen oder im Heu herumtoben teilten wir Kinder nach den Hausaufgaben voller Freude mit ihm und dadurch natürlich immer in der Sehnsucht lebend, hoffentlich kommt er heute wieder. Nie werde ich nun seine Worte vergessen, die er mir immer wieder sagte:

„Christa, du bist tapfer."

Was meinte er damit, ich sei tapfer? So recht verstehen konnte ich ihn nicht. Vielleicht, dass ich hier still auf meinem Lager aushielt, bis meine Kopf- und die vielen Schürfwunden geheilt waren? Aushalten und still den draußen spielenden, schreienden Kindern fern bleiben müssen? Welch eine Herausforderung für ein sonst so blühendes kleines Mädchen!

Nachdem die äußerlichen Wunden langsam geheilt waren, kehrte ich in die Schule zurück. Anfänglich schien auch alles wie gewohnt zu sein, doch der Schein trog. Langsam schlich sich wie ein böser Zauber etwas Unbekanntes, Unbequemes in meinen Körper, der vor einiger Zeit noch in vollkommener Unbefangenheit und Offenheit, ohne Vorbehalte und Abwehr gelebt hatte. Mein junges Leben – wie ferngesteuert veränderte sich meine Lebensweise, seit ich in jenem Augenblick intuitiv meiner Eingebung folgend, gehandelt hatte.

Geduldiges Standhalten
in meiner gegenwärtigen Situationen

Unsere sonntäglichen Spaziergänge überraschten und überschatteten plötzlich während des ahnungslosen Laufens und Springens mit meinen fröhlichen Geschwistern meine heitere und ausgelassene Stimmung. Wie ein nasser Sack knickte ich auffallend oft hemmungslos und erschrocken zusammen. Unangemeldet traten plötzlich so messerstechende Schmerzen beim Auftreten in meinen Fußgelenken und dem Fersenbereich auf, dass meine Eltern mich unter beiden Armen nach Hause schleppen mussten. Mit großer Sorgfalt und Mühe konsultierte meine Mutter immer wieder unseren Hausarzt oder den Orthopäden, zu dem wir überwiesen wurden, in der Hoffnung, die unkontrollierbaren Geschehnisse meines Körpers zu unterbinden und zu stoppen, um endlich wieder eine heitere Christa aus mir zu machen. Die Verantwortung um meine Gesundheit ließ meine Eltern, insbesondere meine Mutter, nicht müde werden. Sie hörten sich um. Meine Mutter befolgte die Ratschläge und Verordnungen der Ärzte. Sie salbte unermüdlich meine schmerzenden Gelenke, manchmal mit wärmenden, manchmal mit kühlenden Salben oder Packungen. Alles wurde versucht. Aber es half nichts. Stattdessen lernte ich geduldiges Standhalten in meiner gegenwärtigen Situation. Für die Stabilisierung meiner körperlichen Kräfte musste ich Säfte, unter anderem auch Lebertran schlucken. Es schmeckte so eklig, dass ich das Gefühl bekam, ich würde vergiftet. Vielleicht war das die Erklärung meiner frühen Abneigung gegen Hausmittel und Medikamente? Später folgten weitere Ablehnungen und Ängste vor weiteren Vergiftungen.

Nach dem Schulunterricht und den Hausaufgaben lernte ich nun, statt wie gewohnt mit den anderen Kindern zu spielen, physikalische Bäderabteilungen mit ihren penetranten Düften von Badezusätzen und Reinigungsmitteln kennen. Riesige Badewannen warteten auf mich. Das Kribbeln der Stangerbäder auf meiner Haut und meinem gesamten Körper fand ich sehr unangenehm. Vielleicht, weil sie über den elektrischen Strom ihre Impulse gaben. Jedes Mal bekam ich fürchterliche Angst. Doch gehorsam folgte ich den Anweisungen. Außerdem war ich ja zum Gehorsam erzogen – keine *Widerworte* zu geben. Auch ins Moorbad wurde ich gesetzt, in dem ich mich kaum zu bewegen wagte und mein Geruchsinn empfindsam gestört wurde. Ich fühlte an meinem Körper, zwischen meinen Zehen oder Fingern etwas Holziges, Schlammiges und immer war es einfach eklig. Also entwickelte ich wohl zur besseren Überbrückung der langen Badezeit viele phantasievolle Geschichten. Doch meistens erzeugten auch sie doch wieder nur Unbehagen und ängstigten mich. Oftmals hatte ich das Schreckgespenst vor Augen, als käme plötzlich ein Ungetüm aus dem Schlamm heraus zum Vorschein.

Weiter gehörten zur medizinischen Verordnung auch Unterwassermassagen. Ein Masseur führte einen mehr oder weniger harten Wasserstrahl an meinen Armen und Beinen entlang. Er tat mir weh und besonders meine Gelenke, die oft heiß und geschwollen waren, schmerzten. Dann, nach Beendigung eines jeden Bades, kam das unbeholfene Aussteigen aus diesen Wannen. Meine Beine ließen sich nicht mehr wie gewohnt so flott an den Körper heranziehen, um das sonst so leichte, schwungvolle Aufstehen zu ermöglichen. Ungewohnte Schmerzen und steife Gelenke waren das Hindernis. Fortan war ich auf die Hilfe der Erwachsenen angewiesen. Nach dem Bad wurde ich zur Nachwirkung und zum Ausruhen in weiße weiche Tücher gewickelt. Das war das eigentlich Schöne eines jeden Bades, das liebevolle Umsorgt-Sein, ein lächelndes Gesicht – es tat mir so gut, obwohl ich mich auch immer etwas beschämt fühlte und mich leider nur unter Erwachsenen befand.

Seit meinem Unfall hörte ich außerhalb meiner Familie oft die Worte: **„Die kranke Christa"**, und auch über meine Eltern, die in unserem Dorf für ihre Güte und Hilfsbereitschaft sehr bekannt waren, sprach man nun oft den Nachsatz: **„Fingerhuts haben ein krankes Kind."**

Warum musste dieser Satz so viele Male immer wieder an meine Ohren dringen? Ich wollte nicht krank sein, sondern gesund und fröhlich wie die anderen Kinder und meine Bedürfnisse wieder in gewohntem Temperament ausleben. Und doch hatte mich die neue Lebenssituation längst überrollt. In dieser Zeit begannen oftmals neben Schule und den Hausaufgaben für meine Mutter und mich die Reisen durch das „Land der frisch gestärkten, schneeweißen Kittel". Das Allerschönste an diesen Reisen waren dann so ab und zu die Besuche in einer Milchbar. Es gab eine riesige Auswahl an leckeren, frisch gemixten Getränken aus frischen Früchten. Unvergessliche Augenblicke, die meine Seele streichelten und für einen Moment alles vergessen ließen. Eine kurze Zeit der Entspannung – auch für meine so unermüdlich fleißige Mutter. Jetzt durfte ich sie einmal ganz für mich allein haben. Wenige Augenblicke, die es zuließen, unsere Sorgen vor der Tür zu lassen. Gerne nahmen wir uns dann bei den Händen und so gingen wir manchmal plaudernd, manchmal schweigend Hand in Hand durch die Stadt. Wenn wir schwiegen, dachte sie sicher oft über mich nach und darüber, wie es nur weitergehen sollte. Dann, nach einem tiefen Durchatmen, sagte sie oftmals leicht seufzend zu mir: „Ach Christa, glaube mir, wenn ich das Vertrauen zu Gott nicht hätte und meine tiefen Gebete zu ihm, wäre ich oft kraftlos und mutlos, ich wäre ein ganz armer Mensch." Habe ich sie zu jenem Zeitpunkt wirklich verstanden?

Meine kindliche Seele weinte

Mit zunehmendem Alter wuchsen meine innerlichen und äußerlichen Veränderungen. Haltungsschäden traten auf. Wie oft musste ich hören: „Christa, geh gerade, Kopf hoch und Brust heraus!" Die gut gemeinten Worte brachten auf Dauer nicht sehr viel. Wie auch sollte ich meinen resoluten Eltern immer wieder zu verstehen geben, dass ich schon wieder – und wie so häufig unter Schmerzen litt und meine Hüftgelenke und zunehmend auch die Knie- und Fußgelenke mich in ihrer Blockierung beeinträchtigten und ganz tief traurig stimmten. All ihre Mühen und das der Ärzte, meinen kranken Körper in einen gesunden Körper zu verwandeln, schienen irgendwie zum Scheitern verurteilt und ziemlich ausweglos.

Und dann – ach herrje – war da noch jener Orthopäde, der mir zu allem Überfluss für den Nachtschlaf ein Gipsbett verordnete.

In dieser weißen, extra für meinen Rücken geformten und angepassten kalte Schale, die meine Mutter liebevoll mit einem molligen weißen Tuch ausgelegt hatte, sollte ich nun Nacht für Nacht meine Kinderträume träumen und natürlich wieder Haltung und Gesundheit erlangen. Die Schale war aber so hart und steif, dass es Momente gab, in denen ich einfach herausgekrabbelt bin und mich neben diese Gipsschale gelegt habe. Dann atmete ich tief durch und – oh, wie befreiend und wohl dies tat!

Die Sehnsucht nach meinem kuscheligen, weichen Bett überstieg eben meine Vernunft für den Sinn dieser Maßnahme. Irgendwann bemerkte es meine Mutter und in ihrer Fürsorge wurden ihre Kontrollen natürlich verschärft.

Da nichts unversucht blieb, durfte ich nach einer weiteren ärztlichen Kontrolluntersuchung tagsüber einen maßgeschneiderten *Geradehalter* tragen. In dieses feste Lederkorsett musste ich mich unter den strengen, doch gut gemeinten Blicken meiner Mutter jeden Morgen, oft traurig und weinend, hineinzwängen und sie fragen: „Mama, *warum?*" Alles saß so stramm, dass ich zwar die gewünschte aufrechte Körperhaltung erhielt, jedoch in meiner Beweglichkeit unangenehm eingeschränkt war. Beim Bücken zum Beispiel liefen meine Arme und Hände rot an und die Adern quollen sichtbar hervor. Alles in allem wurden meine Schwierigkeiten nicht kleiner.

Viele Male kam dann ein zusätzliches: „Ich kann mich nicht so gut bücken" über meine Lippen. Ein sichtbarer und spürbarer Käfig umschloss mich also. Und dieser „Kampfanzug" wurde jeden Morgen mit einem hübschen Kleidchen getarnt. Äußerlich war ich immer gepflegt und adrett anzusehen, traurig und einsam aber war mein kleines, doch so wichtiges Seelchen.

Wegen meiner Senk- und Spreizfüße und der Verformung beider Großzehengrundgelenke verordnete mir der Orthopäde Einlagen – eine weitere Pflicht und Bürde. Denn diese hässlichen braunen, altmodischen hohen Schnürschuhe, die sicherlich zu den Ladenhütern zählten, sollten mit den darin eingebetteten Einlagen dazu beitrag, meine Körperhaltung zu verbessern. Diese „Schmuckstücke" werde ich in meinem ganzen Leben nicht vergessen. Immerhin war ich elf Jahre alt und mein Sinn für schöne Kleidung erwacht.

Zu dieser Zeit war meine Mutter mit meinem Bruder schwanger. Sie tat mir so leid, weil sie sich für mich bücken musste, um meine hohen Schnürschuhe, die bis über meine Knöchel reichten, zu binden, und das nur, weil mein Geradehalter so stramm gezogen war und er mich somit in meiner „freien Bewegung" einengte.

Meine kindliche Seele weinte und sensibilisierte mich für mein weiteres Leben.

Juvenile chronische Polyarthritis

Längst lag der Fahrradunfall in weiter Ferne und keiner sprach mehr darüber. Was zählte, waren in den darauf folgenden Jahren die augenblicklichen Begebenheiten. Sie ließen mich oftmals wie in einem schweren Panzer meine Kindheit und Jugend erleben.

Eine neue Entwicklung nahm ihren Lauf und ich machte die Erfahrung, dass diese sich das Recht nahm, mich in meiner Ganzheit zu formen und zu verändern. Nach meiner einst so unbeschwerten und ungezwungenen Kindheit bescherte sie mir ein Leben mit immer mehr sichtbar werdenden körperlichen Einschränkungen und dementsprechend auch sichtbaren Veränderungen. Innerlich und äußerlich begann ich meinen eigenen Kampf zu führen. Denn im Gegensatz zu meinen Mitschülern erlahmten meine körperlichen Aktivitäten viel zu schnell und mancherlei Bewegungseinschränkungen waren oft ein weiterer Grund, mich ausruhend zurückzuziehen und dadurch oftmals auch auszuschließen. Durch meine dennoch erwachenden Kräfte, die ich doch auch erproben wollte, erfuhr ich statt Lob eher Zurücksetzungen. Wo ich mich einmal überlegen fühlte, stieß ich immer auf einen Stärkeren.

Fazit: Zurückhaltung – und meine Entscheidung: dort, wo mit Trotz nichts zu erreichen war, begann ich mich von den gleichaltrigen oder älteren Kindern immer mehr fernzuhalten, um bloß keine neuen Erfahrungen von Demütigung und Schwächer-Sein und Enttäuschungen zu erleben.

Mit meinen für Altersgenossen so untypischen Bewegungseinschränkungen und meinem Haltungsbild wurde mein Alltag in der Gemeinschaft somit sehr viel komplizierter. Da die Zeit der Schulpausen und freien Nachmittage oftmals mit Gummitwist oder Kästchenhüpfen und den sonst noch üblichen Kinderspielen ausgefüllt waren, stieg jedes Mal vorher in mir eine immer stärker werdende Beklemmung auf, die mich schon lange vor Unterrichtsende oder vor den Pausen in eine stille Not versetzte. Jedes Mal zeigte es sich, dass ich einer Selbsttäuschung oblag. Die Mitschüler sollten doch nicht gleich spüren, was in mir vorging. Ich wollte mithalten und so gut sein wie sie.

Um die Gelenksschmerzen und meine Bewegungseinschränkungen zu überspielen, nahm ich während der Spreizung beim Gummitwist eine Schrägstellung der Beine ein und drehte dabei den Oberkörper nach vorne, um meinen Mitspieler dabei auch anzusehen. Wichtig war doch nur die Gummibreite und -höhe zum darüber Hüpfen, die ich mit meinem Gegenüber gleich zu halten hatte, da war es doch egal, wie ich stand. Ich lernte erfinderisch zu werden, um mich nicht immer auszuschließen oder mich dem Gespött und Gelächter der Kinder auszusetzen, die es zwar nicht böse meinten, mich damit aber doch verletzten.

Raufereien wie Boxen, Kneifen und Kratzen lösten zwar auch körperliches Weh aus. Doch viel tiefer und verletzender trafen die abschätzigen Blicke oder das Sich-lustig-Machen über meine nicht anders mögliche Bewegungsweise, wie mein langsames Gehen oder erst recht das Laufen in Wettkämpfen. Dadurch wurde ich immer empfindsamer und feinfühliger.

Die Wirklichkeit war oft so demütigend

Alle Spiele, die mit Nachlaufen, Weitsprung, Ballspielen wie Völkerball etc. zu tun hatten, wollte ich so sehnsüchtigst mitmachen. Sie weckten soviel Freude und Kampfeslust in mir, aber auf der anderen Seite wieder dieses entmutigende Sich-eingestehen-Müssen: ich kann ja gar nicht so wie ich gerne möchte. Für die Sportfeste wurden diese Disziplinen besonders geübt, sie standen alle im Zeichen des Sieges.

Gesundheit, Schnelligkeit, Ausdauer und Disziplin durften sich unter Beweis stellen und geehrt werden. Aber für mich blieb als einzige Disziplin die Bewunderung für meine Mitschüler, wie sie so frei und unbefangen und fröhlich in Spielen und Wettkämpfen ihr Können bis zur völligen Erschöpfung und Zufriedenheit unter Beweis stellen konnten, übrig. Wie gern wäre auch ich einmal für eine gute Leistung gelobt worden.

Meine Kinderträume, sie blühten so manches Mal und besonders zu solchen Anlässen wieder stark auf. Hoffnungsvolle Vorstellungen, die auch mich an der Spitze sahen, gelobt, gewürdigt – das war nun aus und vorbei. Stattdessen bekam ich schon mit dem Aufwachen heftige Bauchschmerzen. All die herrlichen und so wunderschönen Gemeinschaftsspiele und Wettkämpfe mussten im Lauf der Jahre immer mehr zurückgestellt werden. Ich wurde zu langsam, schneller müde und die akuten Schübe forderten ihren Tribut.

Einsamkeit schlich in mein begrenztes Leben.

Langsam begriff ich, dass, wenn ich mich leise in mein Schneckenhaus zurückzog, meine Außenwelt gar nicht so sehr Notiz von mir nahm. Und das höhnische Auslachen oder Nachäffen blieb aus, und dies schonte vorübergehend meine kleine und oft weinende Seele. Oh, wie ich mich oft beschämt und gedemütigt fühlte, wenn meine Hüftgelenke wieder einmal so sehr schmerzten und weil sie sich langsam zu X-Beinen entstellten: „Christa, du gehst wieder, als hättest du in die Hose gemacht." Am liebsten hätte ich mich ins Mauseloch verkrochen. Konnten sie denn nicht – nein natürlich konnten sie nicht! – erkennen, wie traurig mich ihre verletzenden Äußerungen machten. Ich legte all die Kränkungen und Enttäuschungen in meinem tiefsten Inneren ab und lernte auszuhalten. Nicht einmal meinen Eltern konnte und wollte ich dies alles in seiner ganzen Wirklichkeit mitteilen, nämlich wie elendig und traurig mich meine Gesamtsituation eigentlich machte, und wie meine Lebensweise längst abhängig von der augenblicklichen Tagessituation meines Krankheitsbildes und dessen plötzlichen Auswirkungen geworden war. Also wuchs ich nach außen hin ziemlich normal auf und es hielt meine Eltern nicht davon ab, mich ohne große Sonderregelungen auch streng und resolut zu erziehen. Wenn ich es mir auch ab und zu etwas verständnisvoller gewünscht hätte, bin ich heute über die nicht so übertriebene Rücksichtnahme mir gegenüber richtig dankbar.

Sie setzten mich nicht als krankes Kind in die Ecke, wenn mir auch ab und zu danach war. Stattdessen wurde ich mit meinen jüngeren Geschwistern schon früh mit der häuslichen Aufgabenverteilung vertraut gemacht. Es gab viele Situationen, in denen meine Schwester Rita die ganze Sache schnell überblickte, jedoch keine Lust hatte, die kleineren Aufgaben zu verrichten, und im Nu verschwunden war oder singend durch das Badezimmerfenster ins Grüne sah, während ich, weil ich nicht so schnell weglaufen konnte, der Blitzableiter war und Ermahnungen entgegennehmen durfte. Beate und mein Bruder waren noch sehr klein und somit von der Aufgabenverteilung verschont. Meiner Mutter oblag einfach zu große Verantwortung, das große Haus und der zu bewirtschaftende Garten, während mein Vater nach der damals üblichen Rollenverteilung fleißig das Geld verdiente. Sie waren beide immer so strebsam und bemüht, dass es uns Kindern gut gehen möge. Für sie gab es kein „sich hängen lassen". Sicherlich hatten sie – insbesondere bei mir, ihrem kranken Kind – große Sorge, wie ich einmal mein Leben bestreiten würde. In den Schulferien bis zu meinem elften Lebensjahr wurde ich zweimal in ein Kindererholungsheim geschickt. Offensichtlich hatte mir die Luftveränderung stets gut getan, dennoch verließ ich meine Familie nur sehr ungern.

Dann kam von ärztlicher Seite der Gedanke auf, meine entzündeten Mandeln könnten die Ursache all meiner gesundheitlichen Probleme sein, zumindest wurde es in Erwägung gezogen. Aber auch diese Entzündung musste ja einen Ursprung haben. Mandeln und Polypen wurden mir mit 12 Jahren von einem auf mich sehr unsensibel wirkenden HNO-Arzt entfernt. Die Mandelentfernung fand unter örtlicher Betäubung statt. Ich erinnere mich heute noch an die Blutspritzer des sehr Kinder unfreundlichen Arztes auf seinem Vergrößerungsglas. Vor dem Eingriff hörte ich seine einleitenden Worte in forschem Ton, die mich sehr erschreckten, wie: „Klappe auf ...", unvergesslich also. Nach der Entfernung der Mandeln wurde ich gefragt, ob ich nun von Puppen oder Autos träumen möchte, weil im Anschluss unter Vollnarkose die Polypen entfernt werden mussten. Natürlich wollte ich von Puppen träumen. Zur Belohnung und Heilung gab es dann Vanilleeis, so viel ich wollte.

Mit 14 Jahren, bevor meine erste medizinische Kur von einem Vierteljahr bewilligt wurde, hatten meine Mutter und ich einen Termin bei einem Amtsarzt im Gesundheitsamt. Ein prägnanter Satz begleitete mich nach den gründlichen Untersuchungen auf meinem weiteren Lebensweg. Dieser Amtsarzt teilte uns nach dem Röntgen meiner Gelenke mit, **dass meine deformierten Hüftgelenke mit dem 21. Lebensjahr erneuert werden müssten.** Jetzt sei ich noch zu jung, weil die künstlichen Gelenke noch keine sehr große Lebenserwartung hätten. *Nein, und nochmals nein!* – innerlich bäumte ich mich auf und eine Stimme schrie in mir: „Ich will nicht, ich will nicht, ich bin nicht bereit dazu!" Augenblicklich fühlte ich eine riesige und abwehrende Kraft in mir aufsteigen. Ich wollte nicht, dass mein Bein von meinem Körper getrennt würde, um es dann mit einem kalten Metall, welches man künstliches Gelenk nennt, wieder mit meinem Körper verbinden zu lassen.

Angst vor einer unsicheren Zukunft wurde augenblicklich für mich eingeläutet.

Dann veranlasste dieser Arzt die eben erwähnte medizinische Kur von einem Vierteljahr in Bad Oeynhausen, wo ich auch weiter zur Schule gehen würde. Dieser Aufenthalt sollte sich prägend auf meine Zukunft auswirken. Außerdem gab der Amtsarzt meiner Krankheit einen Namen: **Juvenile chronische Polyarthritis**

Vertrauen und Zuversicht

Von einer starken Gedankenkraft getrieben, vielleicht wie einst, entwickelte ich wieder einmal meine eigenen Vorstellungen. Innerlich wie äußerlich lernte ich leise – ganz für mich allein –, nicht aufzugeben, sondern an mich zu glauben und in diesem Glauben mit meiner Vision zu leben. Für mich gab es nur diese Lösung, um nicht zu resignieren. Die ersten wankenden Schritte, um mich nicht zu verlieren, wurden dann über die Jahre immer größer und meine oft tief greifenden Gebete schenkten mir immer wieder Vertrauen und die Zuversicht, dass ich eines Tages weit ins Unbekannte würde hinausspringen können. Ja, und *wie* sie erhört wurden!

Zunächst aber hieß es Abschied von meiner lieben Familie zu nehmen. Meine Mutter lag zu jenem Zeitpunkt wegen einer schweren Nierenoperation im Krankenhaus. Nie werde ich den Augenblick vergessen, als der Bus auf dem Weg zum Bahnhof am Krankenhaus vorbeifuhr, in dem sie sich aufhielt. Meine Mutter stand im Bademantel am Fenster, wir winkten uns herzzerreißend und mit Tränen in den Augen zu. Ich hatte große Ängste um sie: „Lieber, lieber Gott, bitte lass mich Mama bald wiedersehen!" Und meine Mutter hatte ihrerseits große Angst und Sorge um mich. Ich spürte, dass sie mich in Gedanken segnete.

Meine Zuversicht und mein Vertrauen wurden stark und unverrückbar. So begannen die konstruktiven Gedanken und Vorstellungen zu wachsen und sich zu entwickeln.

In der kleinen Kurklinik ging alles recht familiär zu. Einige Zimmer waren von schwer gezeichneten Rheumapatienten belegt, die teilweise ihre Betten nicht verlassen konnten, oder im Rollstuhl saßen oder sich mit Gehhilfen fortbewegten. Und zum ersten Mal in meinem Leben wurde ich mit dem Ausmaß dieser heimtückischen, geheimnisvollen Krankheit bei anderen Menschen konfrontiert. Ich stellte mir immer wieder die Frage: warum werden so schön gewachsene Menschen – egal welchen Alters – plötzlich so unaufhaltsam und stetig ihrer Schönheit beraubt, ihre Gliedmaßen oft ganz fürchterlich verformt und auf diese Weise entstellt? Wieso kein Stopp, gab es wirklich kein Entrinnen? Unaufhaltsames und Geheimnisvolles ging in ihren Körpern vor.

Das gleiche beobachtete ich gewissermaßen auch bei mir selbst, denn mein Körper veränderte sich ja auch. Aber durch die vielen ungewohnten Eindrücke beschäftigte ich mich mehr mit den anderen in ihrem Leid und ihrer oft großen Ausweglosigkeit.

Dennoch wurde es eine schöne Zeit. Ich war integriert, niemand lachte mich wegen meiner deformierten und geschwollenen Gelenke oder meines Gangbildes und meiner Haltungsfehler aus. Ich war eine von ihnen. Wir waren eine große Gemeinschaft. Während ich zu Hause und in der Schule nach Anerkennung und Verständnis gesucht hatte und – wie jeder andere gesunde Mensch – akzeptiert und einbezogen werden wollte, war mir in dieser Klinik beides gegeben. Ob Pflegepersonal oder die Patienten, sie gaben mir Raum, mich so zu geben und zu akzeptieren, wie ich sein konnte.

Meine kindliche, pubertierende Seele blühte auf.

Die medizinischen Anwendungen bestanden aus rein physikalischen Therapien wie: Trockengymnastik, Unterwassergymnastik, Unterwassermassage, deren Druck ich auch hier nicht gut aushalten konnte. Also wurde alles dem augenblicklichen Zustand angepasst. Von Zeit zu Zeit kam ein Hypnotiseur ins Haus. Ich empfand das Erlebnis eines Hypnosekurses zunächst beängstigend, nahm aber doch neugierig und mit Spannung daran teil. Wir Patienten saßen in mehreren Reihen eng neben- und hintereinander. Zum ersten Mal hatte ich Kontakt zu einem auf mich geheimnisvoll wirkenden Menschen. Zur Entspannung erfuhr ich etwas über mein „Sonnengeflecht" und wie ich es selbst beeinflussen kann, um meinem Körper und den Gliedmaßen Wärme und Ruhe zu geben.

Allerdings war das mit der Hypnose so eine Sache, ich konnte dem Ganzen irgendwie nicht ganz folgen. Mich irritierten mit meinen 14 Jahren die wunderschönen klaren, strahlenden blauen Augen dieses Mannes und somit entgleiste meine Konzentration ständig, sie wollte nicht bei mir bleiben. Andererseits wusste ich nicht, was geschehen konnte, und war eher nicht bereit, mich auf dieses Abenteuer einzulassen. Schlichte Unsicherheit vor dem Ungewissen, dem absolut hilf- oder gar bewusstlosen, vielleicht auch manipulierbaren Zustand ließen bei mir den hypnotischen Befehl, eine Suggestion, daher nicht zu. In einem anschließenden Gespräch zeigte es sich, dass meine Empfindungen und Vorbehalte von dem einen oder anderen Patienten ähnlich empfunden wurden. Diese Handlung lag einfach fern meiner Vorstellung, für mich nicht fassbar.

Ein sehr misstrauisches, vorsichtiges und beherrschtes Mädchen wuchs in mir heran. Ich wollte Herr über mein eigenes Leben sein und bleiben.

Für mich nicht zu vergessen bleibt besonders eine schwerkranke Patientin. Ihre Zimmertür vor dem Ende des Flures war im Gegensatz zu allen anderen Zimmertüren immer weit geöffnet. Eva war durch ihre schwere rheumatische Erkrankung für immer ans Bett gefesselt. Ihr Körper war regungslos und nur noch Haut und Knochen. Dass es so etwas geben musste? Die Handflächen waren zur Faust verformt, ihre Finger und Hände hatten sich unförmig entwickelt und waren wie andere Körperstellen völlig verkrustet und nässten teilweise. Ihre Beine lagen in einem Tunnel, denn jede kleinste Berührung ihrer Zudecke verursachten fürchterliche Schmerzen. Ihr Körper und somit ihr ganzes Zimmer waren von einem gewöhnungsbedürftigen Geruch erfüllt. Das Gesicht war stets mehr oder weniger stark von Schweißperlen übersät, die ich ihr immer wieder gerne abtupfte. Dann gab ich ihr aus ihrer Schnabeltasse zu trinken, immer nur winzige Schlückchen konnte sie zu sich nehmen.

Das Sprechen wurde immer mehr zu einem Nuscheln, denn sie bekam ihren Ober- und Unterkiefer kaum noch auseinander. Eva hatte ein starkes Bedürfnis zu lesen. Über ihrem Bett hatte sie eine Lesekonstruktion. Zu Anfang meiner Kur blätterte sie noch allein ihre Buchseiten mit einem dünnen Stöckchen. Doch bald darauf war auch dieses nicht mehr möglich. Ich gesellte mich oft zu ihr, um ihre Seiten zu blättern. Leider konnte Eva ihr Bett nie wieder verlassen. Ihre Schmerzen nahmen zu. Die starken schmerzstillenden Medikamente halfen ihr nur noch begrenzt. Sie hielt tapfer aus in ihrem Leid. Bis zu dem Tag, an dem ihre Zimmertür für immer verschlossen blieb.

Weiterhin erinnere ich mich an den 10-jährigen Wolfgang, einen kleinen pummeligen am ganzen Körper aufgedunsenen Jungen. Er konnte sich nur noch mit zwei Unterarmgehhilfen mühevoll und sehr schwerfällig fortbewegen. Seine Gliedmaßen waren kräftig geschwollen und seine Finger zu fast unansehnlich kleinen dicken Würstchen verformt. Was ging nur in den Körpern dieser kranken Menschen vor, sie taten mir so leid. Verglichen mit ihnen ging es mir doch viel besser. Und alle Patienten mussten mehr oder weniger viele Tabletten schlucken oder bekamen zusätzlich auch noch Spritzen.

Ein Wort stand ständig im Raum, es war in fast allen Zimmern zu hören: das Wort „Cortison".

Es verging kaum ein Tag, an dem dieses Präparat nicht genannt wurde. Cortison und immer wieder Cortison und wie schädlich es auch sei und dazu ergänzte sich ein goldig klingendes Präparat, die *Goldtherapie*. Und nach Aussagen der Ärzte und

Schwestern mussten die Verordnungen streng eingehalten werden.

Einige der Patienten klagten über nicht ungefährliche Nebenwirkungen. Was einerseits gegen die Krankheit hilft, kann auf der anderen Seite im Körper auch mehr oder weniger großen Schaden anrichten. Es überstieg mein Verstehen. Auf der einen Seite sollten diese Medikamente doch gesund machen und die heimtückische Krankheit besiegen. Auf der anderen Seite sah ich vor Besorgnis erregte Gesichter und hörte das Klagen über die Nebenwirkungen eben dieser so hoffnungsvoll verordneten Präparate. Überwiegend waren ihre Organe, insbesondere die Nieren, sogar der Magen, auch die Augen, unterschiedlich stark und unangenehm belastet oder auch krank. Ich fand das alles so unverständlich und wollte am liebsten dagegen aufbegehren. Wenn ich auch keinerlei Kenntnisse besaß, so spürte ich dennoch die Besorgnis der betroffenen Patienten und eine gewisse Hoffnungslosigkeit in ihnen aufsteigen.

Diese Begebenheiten prägten fortan ganz entschieden meine Einstellung zu Medikamenten im Allgemeinen. Und ich verankerte sie tief in meinem Bewusstsein. Sollte ich auch einige der Ereignisse selbst vergessen haben, so hat doch jedes seine Spur in meinem Wesen hinterlassen. Ich denke, dass ich durch die traurigen Geschehnisse meiner Kindheit an Empfindsamkeit und Einfühlsamkeit gewonnen habe. Sie helfen und schenken mir heute das nötige Verständnis im Umgang mit meinen Mitmenschen.

Ausbildung zur Kinderpflegerin
in einem Franziskanerkloster

Nach Beendigung dieser langen Zeit der Kur konnte ich es kaum erwarten, wieder im Kreise meiner Familie zu leben. Offensichtlich hatten die physikalischen Anwendungen über einen so langen Zeitraum meinen Körper etwas zur Ruhe kommen lassen, gestärkt und die Weiterentwicklung der Deformationen, insbesondere meiner Finger und Hände, zumindest vorübergehend gestoppt. Ohne weitere große rheumatische Einbrüche, abgesehen von kleineren Schüben, beendete ich meine Schulzeit und verließ nun schon wieder meine liebe und treu sorgende Familie. Doch in meiner Liebe zu ihnen fühlte ich mich ihnen stets sehr nahe. Meine Eltern begrüßten es sehr, dass ich in einer nahe gelegenen Kleinstadt in einem Franziskanerkloster die interne Kinderpflegerinnenschule besuchen konnte. Das könnte der richtige Beruf fürs Leben sein. Reichte der Schliff unserer Umgangsformen vonseiten des Elternhauses nicht aus, bekamen wir während der Ausbildungszeit hier die entsprechenden weiteren Korrekturen. Da ich eine strenge Erziehung gewohnt war, hatte ich nicht so viel zu leiden wie manch eine andere Mitschülerin, die aus der Großstadt kam.

Die Hausordnung war ziemlich streng und zur Erholung oder zum Lernen stand uns zu entsprechenden Zeiten der Klostergarten in seiner himmlischen Stille zur Verfügung. In der Mittagspause bis zum Nachmittagsunterricht zogen die

Schülerinnen, so wie das Wetter es zuließ, mit einer Ordensfrau fröhlich und singend durch „Felder, Wiesen und Auen", wie es so schön heißt, während ich selbst jedoch leider oftmals durch wiederholt auftretende akute Gelenksentzündungen und Schmerzen auf dem Bett liegend immer sofort in einen Tiefschlaf fiel, um für den Nachmittagsunterricht wieder gestärkt zu sein. Ich lernte mir einzugestehen, dass meine körperliche Leistungsfähigkeit und Ausdauer im Vergleich zu meinen Mitschülerinnen doch erheblich schwächer waren. Vor allen Dingen lernte ich, meine Kräfte einzuteilen, was natürlich nicht immer leicht war. Dennoch war ich sehr zufrieden mit mir, auch den praktischen Teil meiner Ausbildung in Familie und Kindergarten zu erfüllen. Während der kurzen Verschnaufpausen bis zum nächsten Unterricht lauschte ich im Klostergarten gern den Chorgesängen des angrenzenden Mutterhauses – dies erfüllte mich stets mit einer tiefen inneren Ruhe und Zufriedenheit und einer nicht erklärbaren Sehnsucht.

Wie gern hätte meine Mutter mich für mein weiteres Leben im Kloster gesehen. Doch im Gegensatz zu ihren nur positiven Erfahrungen erlebte ich, dass unter den Ordensfrauen auch nicht immer die erwartete Harmonie herrschte. Und langsam wurde auch ich erwachsen und lernte zwischen Traum und Wirklichkeit zu unterscheiden.

Erfreulicherweise habe ich meine Internatszeit und Berufsausbildung zur anerkannten Kinderpflegerin einschließlich des Jahrespraktikums trotz kleiner auffälliger Begebenheiten mit gutem Erfolg abgeschlossen. Dieses zu meinem Abschluss gehörende Jahrespraktikum durfte ich auf meinen sehnlichsten Wunsch hin – und somit als Ausnahmefall – auf einer Neugeborenen- und Wöchnerinnenstation absolvieren.

Diese Zeit möchte ich niemals missen, denn irgendwie erfüllte mich ein stilles, tiefes und nicht zu umgehendes Verlangen, mein Berufsleben mit dem Leben überhaupt, das heißt mit dem neugeborenen Menschen zu beginnen.

Es war mein innigster Wunsch, meinem neuen Lebensweg in seiner schöpferischen Vollkommenheit und Ehrlichkeit zu begegnen.

Die Stationsschwester, einschließlich der Hebammen, führten mich, ja ich muss schon sagen, behutsam und sehr liebevoll in mein neues Aufgabengebiet ein. Und darüber hinaus schlossen sie mich sogar auch noch in ihr eigenes Arbeitsfeld, das der Schwestern und Hebammen mit ein. Dadurch lernte ich nicht nur im pflegerischen Bereich alles, was es zu lernen und zu tun gab, selbst auch im medizinischen Bereich wurde ich mit Aufgaben betraut, die eigentlich einer Krankenschwester oblagen. Ich war so erfüllt, ich staunte und lernte viel. Es war etwas Wunderbares für mich und ist es auch heute noch, nämlich das Erblicken eines winzigen neuen Menschen, der in diese unsere und auch seine Welt hineingeboren wird. Ein kleiner und schon so fertiger Mensch, durch so eine reiche von Gott beseelte Liebe bahnt er sich den Weg in diese Welt. Das Eintreffen, das erregte erste Strampeln, das erste

Atmen, der erste Schrei. Mit Tränen in den Augen erlebte ich diese wundervollen Ereignisse. Oft war ich meiner Gefühle wegen dieses unfassbaren Ereignisses nicht Herr und ließ meine heißen Tränen der Rührung immer wieder über meine Wangen laufen, eigentlich sollte es doch niemand merken. Aber diese Christa – sie war schon in jungen Jahren wie ein offenes Buch, ich konnte mich nicht verstecken und ließ mein Herz sprechen. Denn zu sehr nahm ich gerade in dem Augenblick des Geschehens die grenzenlose göttliche Gegenwart deutlich wahr und ich empfand große Ehrfurcht und fühlte mich selbst wie ein kleines Kind. Tief beeindruckt von diesem beinahe unfassbaren Wunder stand ich immer wieder da, um diesen vollkommen entwickelten winzig kleinen Menschen mit seinen ausgebildeten Fingern und Füßchen mit ihren Nagelbettchen und den zierlichen Öhrchen anzusehen. Diese Ehrfurcht gebietende, ehrliche und wundervolle Schöpfung der kleinen Persönlichkeiten ließ mich stets fragend innehalten – wie kann das nur möglich sein? – so vollkommen ausgestattet und fertig und mit all den Eigenschaften, die er in sich trug, diese Welt zu erblicken! Welch ein unfassbares Wunder, *und ich durfte dabei sein!* Und sobald sie ihre Augen öffneten, empfand ich tiefen Respekt vor ihrer Würde und ihrem geheimnisvollen, fragenden und demütigen Blick. Es ging über mein Verstehen hinaus. Diese kleinen Menschenkinder verbargen einen Reichtum, eine Tiefe, eine Weite.

Sie wirkten so voller Geheimnisse – wo kamen sie wohl her? Ich wünschte ihnen so sehr, dass sie an ihrem mitgebrachten Wissen festhielten, wenigstens einen Teil, der aus ihnen zu wirken vermag.

Und ich hatte den Herzenswunsch, ihnen das folgende mit auf ihren Lebensweg zu geben: „Glaubt an euch, bleibt euch selber treu und haltet an der schöpferischen und unendlichen Liebe und dem Vertrauen fest!"

Ja, somit erlebte ich auf der „Station zum Leben" unglaublich bewegende Augenblicke, die mein Herz zutiefst berührten. Wie stolz fühlte ich mich dann, auf meinen Armen den strahlenden Müttern ihr geheimnisvolles Liebstes zu überreichen. Ein göttliches Geschenk, eine geheimnisvolle kleine Seele – hoffentlich eine *glückliche* Seele. Mein stiller Wunsch, diesem Göttlichen in seiner Ganzheit und Vollkommenheit real und ganz nahe zu sein, fand also seine Erfüllung. Ich war meiner Schulleiterin so dankbar, den Abschluss meiner Berufsausbildung am und mit dem neugeborenen Menschen zu vollziehen.

Aber es gab auch Begebenheiten, Endgültigkeiten, die ich erkennen und zu seiner entsprechenden Zeit verstehen lernen sollte. Ja, wir leben, um zu sterben – doch das ist so leicht gesagt. Und so wollte sich mein Bewusstsein diesen unabänderlichen Tatsachen nur sehr widerwillig öffnen. Diese Augenblicke verursachten tiefe Schmerzen auf einer anderen Ebene. Zu jener Zeit konnte ich mit diesen endgültigen Geschehnissen und der absoluten Gegenwart nicht leicht umgehen.

Leben und Tod liegen gerade in einem Krankenhaus so nah beieinander. Alles ist so göttlich und kehrt zu ihm zurück. Ob arm oder reich, gut oder böse – verfügen wir nicht alle zu gleichen Teilen über diesen kostbaren Schatz?

Und wenn ihre kleinen Seelen auf und davon flogen, lag mir nichts näher, als mir leise, hoffnungsvoll vorzustellen, was *Josef von Eichendorff* einst schrieb:

> *„Und meine Seele spannte*
> *weit ihre Flügel aus,*
> *flog durch die stillen Lande,*
> *als flöge sie nach Haus."*

Insgesamt blieb ich zweieinhalb Jahre auf der Neugeborenenstation. Dann verspürte ich immer stärker eine sichere und starke Motivation und große Erwartung, mit meiner gereiften Kreativität nun zu den heranwachsenden kleinen Menschen zu wechseln, welches ja auch meiner Ausbildung gerecht wurde. Meine Zeit war reif, um weiter zu gehen, mit den Kindern zu wachsen, ihre Entwicklungen zu verfolgen und voller guter Ideen ihnen unterstützend zur Seite zu stehen. Vielleicht auch, um etwas von ihren Geheimnissen zu erhaschen, zu entdecken, zu verstehen? Ihre uneingeschränkte Fähigkeit, im Hier und Jetzt zu leben, was mich immer wieder so faszinierte. Wie mühsam hatte ich selbst mir dies oftmals immer wieder erarbeiten müssen!

Doch ganz besonders jedoch in meinen kranken Tagen, Wochen und Jahren, gingen mir die

Kinder dabei vorbildlich voran, wenn man es sehen und erkennen mochte.

Dazu fällt mir ein wunderschönes Beispiel von meinem Neffen Florian ein, dem ich besonders gut zuhören wollte. Denn ungefähr bis zu seinem Schulantritt mit seinen sechs Jahren verabschiedete er mich telefonisch stets mit dem Satz: „Christa, grüße Herbert" – also meinen Mann –, aber danach kam das Eigentliche: „Grüße auch deinen Schutzengel, Christa."

Da war er wieder, *mein Schutzengel* – ein kleiner wichtiger Hinweis?

So bewies diese leise und genügsame Christa bei näherer Betrachtung und sorgfältiger Prüfung ihrer Lebensumstände, welch eine Kraft, welch einen Mut und welche Zuversicht sie doch trotz ihrer gesundheitlichen Einschränkungen besaß. Und – ich hatte Zeit zum Durchatmen. Denn während meines Praktikums auf der Säuglingsstation durchlebte ich eine größere Pause zwischen den rheumatischen Schüben.

Somit reagierte ich also auf das Inserat einer Kindertagesstätte in Kronberg, im schönen Taunus, nahe Frankfurt. Ich setzte auf meinen Glauben und freute mich auf meinen weiteren und neuen Lebensabschnitt. Innere Zustimmung und Zufriedenheit stärkten meine Entscheidung. Irgendwie lockte die große weite Welt. Fernab der Heimat. Nur in den allgemeinen Ferien konnte ich meine Familie, die meine Freude teilte und mir das dazu nötige Vertrauen und Verständnis mitgaben, wiedersehen.

Ein gesegnetes Kind zog
in die große weite Welt

Ich wurde selbstständig. Ich teilte mein Monatsgehalt gut ein und war überglücklich zu sehen, wie meine Ersparnisse darüber hinaus sogar Früchte trugen. Meine Eltern hatten mir durch ihre Erziehung so viel wertvolles Rüstzeug mit auf den Weg gegeben. Das war wohl wunderbar und konnte sich nun in der Fremde unter Beweis stellen. Nun lebte und arbeitete ich in meinem Beruf als Kinderpflegerin. Ich sprühte nur so voller Ideen und Einfälle, wenn ich auch oftmals erfahren durfte, dass Theorie und Praxis sich voneinander unterschieden und ein Menschenkind in keine Schablone zu stecken ist. Dafür sind wir alle viel zu individuell. Ich war so erfüllt, voller Tatendrang und führte eine Gruppe von 25 Kindern im Vorschulalter (1972 vom Gesetzgeber noch möglich). Das gute und fruchtbare Arbeitsklima, die herausfordernde Tätigkeit in der Vorschulerziehung, das Wirken mit den kleinen heranwachsenden, unbefangenen, so spontanen und ehrlichen Persönlichkeiten und die intensive Elternarbeit stärkten mich durch Liebe und Respekt in meiner großen Verantwortung.

Mit ihnen wollte ich arbeiten, sie beobachten und ihnen viel von meiner Ausbildung und meinen gereiften Vorstellungen in all ihren umfangreichen Möglichkeiten und den Vorgaben mitgeben; mit ihnen teilen und sogar ergänzen. Ich wurde nicht müde, mit ihnen im Kreis sitzend, meine Phantasiegeschichten zu erzählen, zu singen oder Rollenspiele aufzuführen. „Peter und der Wolf" zum Beispiel war eine große, gelungene Herausforderung. Und immer wieder forderten mich ihre strahlenden, reinen und klaren Augen auf, in ihnen zu lesen. Ihr Mund bot sich mir zum Sehen, um zu Hören, und dem geheimnisvollen Erahnen.

In ihrer großen Natürlichkeit, Ehrlichkeit und ihrer Toleranz fühlte ich mich einfach wohl und zugehörig. Und beinahe hätte ich glauben können, dass nach den langen Zeiten eines relativen Wohlergehens zwischen den Krankheitsschüben vor meinem Umzug nach Kronberg/Taunus weitere rheumatische Schübe für immer ausbleiben würden. Doch der Anschein trügt. Sogar in Ruhestellung, zum Beispiel in der Nacht, brachte sich meine Krankheit auf ihre schmerzhafte Weise in Erinnerung. Tagsüber fiel es mir oftmals leichter über die Schmerzen hinweg zu sehen, leichter, sie zu verdrängen und meinen Körper zu übergehen und in meiner Arbeit und durch die große Bestätigung und Anerkennung, auch seitens der Eltern der mir anvertrauten Kinder, konnte ich meinen Kummer besser ignorieren.

Kinderblicke streichelten meine Seele.

Dennoch entwickelten sich zu jener Zeit weitere äußerliche Veränderungen. Es entstanden sehr bald und mit den Jahren verstärkt immer mehr blauviolette dicke wulstige, ausgebeulte, schlängelartige Krampfadern auf den Waden und Oberschenkeln. Vorwiegend an der Rück- und Außenseite. Dazu reihten sich kleine und kleinste

Besenreiserkrampfadern. Ein weiteres kosmetisches Problem stellte sich also ein und stimmte mich traurig. Doch sobald ich wieder mit „meinen" fröhlichen Kindern in der Gruppe spielte und arbeitete, war mein gesamtes Empfinden auf sie gerichtet. Dann konnte ich mich selbst so gut vergessen. Ihre Mimik, ihre Gesten, sie rührten meine Seele. Wir waren ein wundervolles großes Team. Sie machten es mir zu Beginn der wieder erwachenden Krankheit leicht, meinen inneren Kummer entweder außen vor der Tür zu lassen oder – je nach der augenblicklichen Situation – auch leichter anzunehmen. Somit begleitete mich die offenherzige und kluge Kinderschar für einige Jahre ein Stück meines Weges!

Aber schließlich musste ich für meine spürbare und sichtbare Veränderung nach einer Lösung suchen, um dem ganzen Geschehen hoffentlich ein Ende zu setzen – so jedenfalls hatte ich mir das vorgestellt. Und da ich bisher immer in fachärztlicher Behandlung war, blieb mir besonders der Besuch bei einem Internisten in unvergesslicher Erinnerung.

Bis zum Eintreffen des Arztes in seinen Besprechungsraum, musste ich sehr lange warten. Nervös, ängstlich und unsicher aufgrund der oftmals gegen meinen Wunsch getroffenen Entscheidungen, wie es schon oft vorgekommen war, Entscheidungen, die ich nicht vertreten konnte oder wollte. Auf diese Weise saß ich wartend sogar außergewöhnlich lange – so kam es mir jedenfalls vor – in seinem Sprechzimmer. Oder vielleicht hatte ich auch durch meine momentane Verfassung einfach keinen Zeitbegriff. Jedenfalls hatte ich so Platz genommen, dass meine Blicke wie hypnotisiert auf einem weißen, riesigen, geschlossenen Wandschrank hingen. Diese schneeweiße Fläche übte ihre besondere Wirkung auf mich aus. Nach einer Weile durchströmten mich im Ausharren dieser Stille eine unglaubliche innere Ruhe und ein gelöstes Sein, welches ich in dieser Wahrnehmung bis dahin noch nie empfunden hatte. Dieses wundervolle Empfinden und darüber hinaus das leise Einschleichen des inneren Friedens zogen mich irgendwie völlig in ihrem Bann. Diese Klarheit und Reinheit, die mich dann spürbar umhüllten, gaben mir plötzlich so viel innere Sicherheit, dass der Farbton weiß sich fortan positiv auf mein Wohlbefinden auswirken sollte.

Die weiter zunehmenden ärztlichen Untersuchungen verliefen in all den Jahren ziemlich nach dem gleichen Schema. Die Ärzte sahen sich fast immer als erstes die unregelmäßigen Verformungen meiner Fingergelenke in der unterschiedlichen Ausprägung ihrer starken Schwellungen, Verformungen und Steifigkeit an. Eine Faust zu bilden fiel mir fast immer sehr schwer. Auch rutschte mir oft beim Schälen das Messer aus den Händen. Ich erzählte von meiner morgendlichen Gelenksteife und meinen Gelenkschmerzen, vor allem in den Finger- und Handgelenken, später auch in allen anderen Gelenken. Dann musste ich mit dem Oberkörper und den Händen eine Vorwärts-Beuge zu den Fußspitzen vorführen, die mir fasst immer zu meiner eigenen Freude, erstaunlich gut gelang. Leider als einzige „perfekte" Übung.

Ich hatte ausgeprägte sekundäre Entzündungen in den Kniegelenken, die mit Schwellungen, Überwärmung und Ergussbildung, vor allem aber zunehmenden degenerativen Veränderungen einhergingen, und ich musste sie, so gut es ging, strecken und wieder anziehen, soweit dies eben der augenblickliche Zustand zuließ. Mangelhafte und schmerzhafte Kniebeugen, die ich oft gar nicht als solche bezeichnen konnte und die oft gar nicht mehr möglich waren, stimmten mich traurig und fast mutlos. Wieder einmal musste ich mir selbst eingestehen, wie blockiert und eingeschränkt mein Körper war. Meine Seele schrie zum Himmel. Plötzlich schlug ein Gummihämmerchen unter die Kniescheiben. Der Reflex kam perfekt. Das Kontrollieren durch Messungen der Bein- und Hüftbewegungen ließ die Ärzte oft die Stirn runzeln und mich wieder in eine bedenkliche Einsamkeit versinken. Dann die Arme nach hinten zum Schulterblatt führen, oh nein, warum musste ich immer und immer wieder an die Grenzen meiner Beweglichkeit geführt werden? Waren meine Schmerzen, meine Krankheitsschübe nicht schon schlimm genug? Diese Untersuchungen stimmten mich immer zutiefst traurig und unwohl. Verzweiflung machte sich breit. Wieso nur trug ich diese heimtückische Krankheit mit mir? Und besonders während der Untersuchungen mit den ärztlichen Feststellungen fühlte ich mich durch die quälenden Fragen gemartert und so voller Makel. Und ich hatte das Gefühl, dass die Ärzte dann nur noch über ein solch begrenztes Menschenkind staunen konnten. Ich glaube schon, dass ich ihnen oftmals leid getan habe.

Darum vielleicht auch ihr Unverständnis über meine dennoch so klare und entschlossenen Vorgehensweise im Alleingang. An ihren Orten, dass spürte ich, fand ich einfach nicht die richtige Lösung.

Typisch für meine bekannte Diagnose waren oftmals der erhöhte Anstieg bestimmter Blutwerte wie: BSG, CRP, Rheumafaktor. Darum wurden mir Rheumamittel verordnet, die ich jedoch vehement ablehnte. Aber aus Höflichkeit, um weiteren Diskussionen aus dem Weg zu gehen, nahm ich das Rezept mit, holte mir das Medikament in der Apotheke und las zuhause ziemlich aufgeregt und mit Empörung und steigender Unsicherheit den Beipackzettel durch. Bei längerer Einnahme dieser Präparate können vielmals die Magenschleimhaut, der Magen und der Darm (schwere) Schäden davontragen, was eventuell mit einem Gegenmittel behoben werden müsste. Also unabschätzbare Nebenwirkungen. Mein schon bekanntes „nein" meldete sich dann wie gewohnt zu Wort. Darum war ich in Nachuntersuchungen auch dem Arzt gegenüber jedes Mal sehr ehrlich und sprach über meine Abneigungen und den zuvor gemachten Erfahrungen und Beobachtungen aus meinen Kinderkuren. Sie saßen tief verwurzelt in meinem Bewusstsein und erfüllten mich mit einer starken Abwehrhaltung.

Die ärztlichen Reaktionen wurden mir langsam schon vertraut. Natürlich konnte ich mein Krankheitsbild nicht ignorieren mit all seinen unverhofften Wirkungen und schubweisen Entzündungen – ganz zu schweigen von den schleichenden Veränderungen.

Zum Glück, erlebte ich auch Wochen und Monate, die mir in meiner körperlichen Unbeweglichkeit doch leichtere und fast schmerzfreie Zeiten schenkte.

Hoffnungsvoll war ich vor allen Dingen über meine erste sechswöchige Kur, die mich sehr prägte und in der die mir zugeteilte Therapeutin ganz hingebungsvoll, ehrgeizig und gezielt in der Einzelgymnastik mit mir arbeitete. Ich war 22 Jahre alt. Wir waren ein sehr gutes Team. Die Schulung des gesamten körperlichen Verhaltens und die Stärkung der Muskulatur brachten mir eine solch unerwartete Körperentspannung, Beweglichkeit und Kräftigung, dass ich beim Gehen schon beinahe eine Verunsicherung erfuhr. Dadurch erwuchs in mir eine Bestätigung und riesige Hoffnung: .

„Ich bin auf dem richtigen Weg!"

In dieser Form wollte ich unbedingt weiter an mir arbeiten. Mit Zuversicht stellte ich die damalige Vorhersage des Amtsarztes, ich solle mit 21 Jahren neue Hüftgelenke bekommen, weiterhin in Frage. Noch viele Wochen nach Beendigung der Kur durfte ich mich in diesem neuen Körperbewusstsein erfreuen. Zu dieser Zeit glaubte ich, niemand könne mir meine körperlichen Veränderungen ansehen. Überzeugt und sicher fühlte ich mich in meiner Meinung bestätigt, im physikalischen Bereich den Weg meiner Heilung oder wenigstens den Stillstand meiner Krankheit zu finden.

Das Ergebnis war so deutlich zu sehen, dass mein Selbstbewusstsein Flügel bekam.

Ich festigte mich in meiner Anschauung und bekam auch von meinem Mann – seit kurzer Zeit war ich glückliche Ehefrau – tatkräftige Unterstützung. Wie die Kinder ereiferten wir uns freudig in den erlernten Gymnastikübungen, um nur ja den augenblicklich stabilen Zustand zu erhalten. Leider wussten wir beide damals noch nichts über die Ursachenerkennung und Ursachenbehebung.

Wäre mir zu diesem oder natürlich zu einem viel früheren Zeitpunkt Aloys begegnet, wäre mir vieles an Schmerz, körperlicher Veränderung und Kummer erspart geblieben. Aber, wäre ich dann zu meinen späteren, reichen Erkenntnissen gekommen?

Doch wozu all diese Fragen, für mich konnte es eben nur zu *diesem* Zeitpunkt geschehen.

Wir – Aloys und ich – brauchten beide unsere Jahre, *unsere* Zeit.

**Die Zeit der Krankheit und Beschwernis
Die Zeit der Geduld und des Mitgefühls
Die Zeit der Forschung und Entwicklung
Die Hoffnung, das Vertrauen und das Wundern**

Eine Dimension, die reifen musste.

Umzug ins Ruhrgebiet

Die ersten Ehejahre wurden dennoch eine harte Erprobung unserer Partnerschaft. Dazu kam der Umzug ins Ruhrgebiet – die berufliche Selbstständigkeit meines Mannes. Dafür hatten wir das schöne Kronberg, wo wir uns auch begegnet sind, verlassen. Für mich war es eine große Umstellung: bisher als Kinderpflegerin im Kindergarten, nun die Betreuung von Kleinkindern in einem Kinderheim. Ich wurde mit einer vorher nicht geahnten sozialen Problemsituation konfrontiert, durch die ich mich emotional sehr belastet fühlte. Zu dieser Zeit blühte meine chronische Polyarthritis wieder sehr heftig auf.

In den Zeiten der Schübe verlangten mein Körper und meine Psyche nach unbedingter Ruhe und Entspannung, um schnell wieder ins Tagesgeschehen zurückzukehren. Nur nicht resignieren – bisher hatte ich mich stets davor bewahren können, in die Rolle des Patienten zu fallen. Das war nicht immer leicht, aber ich schaffte es. Im Nachhinein bin ich froh, dass ich meine Selbstverantwortung nie abgegeben habe.

Als medizinischer Analphabet, der ich auch in gewisser Weise bleiben *wollte*, versuchte ich die Situation immer wieder selbst zu meistern. Und zuviel Wissen über Prognosen oder Statistiken über meine juvenile chronische Polyarthritis hätten mich nur noch tiefer verunsichert, eingeschüchtert und mutloser werden lassen. Ich wollte mich in keine dieser Auflistungen einfügen. Darum handelte und lebte ich auf dem medizinischen Sektor lieber nach meinem Empfinden zurückhaltend, und schwamm eher gegen den Strom. Parallel zu meiner Abneigung gegen die schulmedizinischen Maßnahmen lernte ich immer mehr in meinem Glauben Kraft zu schöpfen. Meine Sehnsucht wurde stark genug, dass ich so lange nach einer Antwort suchte, bis ich sie gefunden hatte. Ansonsten lernte ich flexibel und anpassungsfähig zu sein. Ich konnte mich auf mein intuitives Wissen verlassen und handelte danach, damit ich nicht von äußeren Umständen und Bedingungen beeinflusst oder abhängig wurde, was nicht immer leicht war.

Ich hatte längst begonnen,
gegen den Strom zu schwimmen.

In dieser neuen Stadt im schönen Ruhrgebiet sollte ich innerhalb von zwanzig Jahren in tiefe Tiefen fallen – mich aber schließlich wie *ein Phönix aus der Asche erheben*.

Doch zuvor befand ich mich erst einmal in der quirligen Kinderschar eines Kinderheims wieder. Vom Kleinstkindalter bis zu ihrem dritten Lebensjahr war ich nun auch pflegerisch stark eingespannt. In dieser Zeit spürte ich unglaublich gegensätzliche Kräfte in mir aufsteigen. Konnte ich diese starke körperliche Aufgabe unbeschadet durchführen, wie das Anheben und das Tragen der Kinder und die Witterungseinflüsse beim Spazieren fahren der Kleinen im Kinderwagen? Mein Körper gab mir schmerzhafte Signale, die ich nicht wahrhaben wollte. Dann schalteten sich darüber hinaus auch psychische Signale ein. Die familiären Vorgeschichten dieser jungen Heimkinder berührten mein Herz und verfolgten mich bis in meine tiefsten Träume. Mein neues Berufsleben war so ungewohnt und mit sozialen Konflikten behaftet, denen ich bisher nie begegnet war. In meiner freien Zeit brauchte ich daher viel körperliche und psychische Entspannung, um gestärkt wieder zu ihnen zu gehen.

In jeder Hinsicht litt ich und wurde zuerst langsam fortschreitend und am Ende von einem schweren Schub meiner Krankheit überrollt. Lange Zeit wollte ich mir dies aber immer noch nicht eingestehen, denn mit den Jahren war ich ein Künstler im Verdrängen geworden und hatte diese Fähigkeit immer mehr vertieft. Die magischen Kinderaugen in ihrer Klarheit und Reinheit, ihr klares sauberes Strahlen faszinierten mich stets aufs Neue. Mit ihnen zu lachen, mit ihnen zu weinen, sie zu trösten und überhaupt, was störten mich ihre kleinen „Rotznäschen" oder sonstigen kleinen Missgeschicke. Sie sprudelten vor Freude und Liebe, das übertrug sich, und ich war dankbar dafür, und es machte in gewisser Hinsicht meinen Alltag leichter. Ihre Liebe war anmutig, rührend. Sie zeigte sich in tausenderlei Arten: in einem Blick, einem Wort, einem gepflückten und mir geschenkten Gänseblümchen, einem aufgehobenen Stein als Geschenk – nur für mich.

**Die Freude zieht Seelen an,
wie ein Magnet Eisen anzieht.**

Ich meinerseits schenkte ihnen meine ganze Zuneigung und Liebe und mein Mitgefühl für diese eigenständigen Persönlichkeiten, die es zu achten galt, und denen die Möglichkeit gegeben werden musste, ihre eigenen Erfahrungen zu machen. Sie forderten mich einfach dazu auf, sie in ihrer Entwicklung, Toleranz und Offenheit so gut es mir möglich war, zu begleiten, immer wieder zu ihnen zu gehen. Ja, ihre Ehrlichkeit und Natürlichkeit berührten mich sehr. Im Umgang mit ihnen vergaß ich so ganz und gar, mich selbst ebenso zu achten und zu schützen. Ich wollte einfach funktionieren, um die mir anvertraute Aufgabe so gut wie möglich mit meinem angehäuften Wissen zu erfüllen. Somit musste mein Körper es mir in aller Deutlichkeit sagen – und das war dann sehr, sehr bitter zu ertragen.

Vor Schmerzen konnte ich kaum stehen, geschweige denn richtig gehen und meine Schritte zu setzen. Meine Leisten waren von Schmerzen gepeinigt und in ihrer Bewegung blockiert. Jeder Schritt schmerzte. Außerdem waren alle Gelenke mit Ergussbildungen belastet. Auch die Schmerzen meiner Hüftgelenke waren nicht zu lindern. Dieser rheumatische Schub war äußerst heftig und langwierig. Es sollten noch viele, viele weitere folgen. Bisher hatte ich mit meinen Schmerzen gelernt zu leben – so glaubte ich. Nun aber geriet mein seelisches Gleichgewicht völlig aus den Fugen – war es überhaupt jemals richtig geordnet? Wie gut hatte ich mich doch bisher immer den Gegebenheiten anpassen können! Obwohl ich um die Ausmaße der chronischen Polyarthritis wusste, wollte ich mich selbst niemals damit identifizieren. Und *eines* wollte ich in meinem bisherigen Leben nie sein: ein „Patient".

Meine Lebensenergien
sind total aufgebraucht

Zum ersten Mal in dieser neuen Stadt stand ich verzweifelt, klein, flehend, um Hilfe bittend, wie ein armes hilfloses Wesen, ja, reumütig vor einem jedoch verständnisvollen und väterlich gerührten Orthopäden. Mein Körper war völlig festgefahren, in allem blockiert: **es gab kein vor noch zurück.** Mir wurde bewusst, dass ich mich nun körperlich und psychisch wirklich überschätzt hatte. Steifigkeiten der geschwollenen und heißen Gelenke, Mattigkeit und meine veränderte Körperhaltung, über die ich keine Kontrolle mehr hatte, ließen keinen anderen Ausweg zu. Ich war so verzweifelt über mich selbst und erahnte die damit verbundenen Konsequenzen, die wohl oder übel auf mich zukommen würden. Deshalb machte ich meinem Orthopäden Vorschläge über Vorschläge, stellte ihm Fragen über Fragen, ich kämpfte, um meinem Körper alles wieder gutmachen zu können, aber längst nicht *um jeden Preis.* Keine chemischen Einwirkungen, wenn es auch der bequemere und vielleicht auch richtigere Weg gewesen wäre, aber die daraus entstehenden Folgen durch Nebenwirkungen fesselten wieder meinen Gemütszustand und somit die erwartete Entscheidung. Nach diesen Voraussetzungen wäre mir damit sicher nicht geholfen worden, sondern es hätte mir eher geschadet. So widersinnig es klingt, aber in der tiefsten Not hatte ich schon immer eine unglaubliche innere Stärke und ein Selbstvertrauen entwickelt, um mich zu schützen und meine Probleme möglichst allein wieder in den Griff zu bekommen.

Nur zwei Möglichkeiten stellte mein väterlicher Orthopäde mir zur Auswahl: entweder eine Behandlung mit Cortison, die er mir in diesem Fall aber dringend empfahl wegen der hohen Entzündungswerte, bzw. eine Goldtherapie, von der aber er nicht genau wusste, ob sie anschlagen würde – oder er müsse mich krankschreiben.

Die erste Bescheinigung einer Arbeitsunfähigkeit in meinem Leben, *das kommt ja überhaupt nicht in Frage*, dachte ich augenblicklich. Keinen dieser Vorschläge wollte ich wahrnehmen. Am liebsten wäre ich im Erdboden versunken.

Aber ich durfte entscheiden. Dieser Mann war so geduldig und schien die Zeit aller Zeiten für mich zu haben. Er erahnte meinen verhängnisvollen Zustand in dieser für uns beide gleichermaßen entsetzlichen Situation. Heiße Tränen liefen über mein Gesicht. Ich kämpfte mit mir und spürte, wie er sehr ruhig und abwartend vor mir stand. Informationen, Beobachtungen und Erkenntnisse aus den Kuren liefen wie ein Film an mir vorüber. Nein, **nur kein Gift in meinem Körper!** Er fühlte meine innerliche Zerrissenheit. Doch der Zeitpunkt nahte, an dem dieser gütige Arzt meine Entscheidung erwartete. Schweren Herzens ließ ich mich dann krankschreiben.

Meine göttlichen mir anvertrauten Geschöpfe – ich musste mich von ihnen trennen. Wie oft hatte ich mich in meiner Mittagspause sofort hinlegen und entspannen müssen. Ich war zu nichts anderem mehr fähig. Dann schlurfte ich wieder zu ihnen, denn irgendwie zogen sie mich doch

so magisch an. War ich bei ihnen, halfen sie mir
scheinbar psychisch stets wieder aus meiner Talsohle heraus. Sie schenkten mir soviel Freude,
Liebe, Anhänglichkeit und mein Tag wurde in
meiner erfüllenden Hingabe bereichert in guter
Gemeinsamkeit. Nun aber waren meine Energien
total aufgebraucht.

Wanderung durch zahlreiche Kliniken

Also wanderte ich bis zu meiner Begegnung mit Aloys durch viele orthopädische und internistische Kliniken in der festen Hoffnung und dem nicht zu brechenden Glauben, dass mein Heil in gezielten Bewegungsübungen liege und auf dem internistischen Gebiet meine *Lebenssäfte* Auskunft über mich gaben.

Die seit meiner Berufstätigkeit immer notwendiger gewordenen Arztbesuche mit ihren physikalischen Verordnungen schlossen auch mit ein, dass regelmäßige Kuren von sechs Wochen zur Rehabilitation notwendig wurden. Die Rehabilitationsmaßnahmen konfrontierten mich glasklar mit Theorie und Praxis. Ich öffnete mich geistig nur soweit, um mich über mein eigenes Krankheitsbild zu informieren, wie ich es psychisch auch verarbeiten konnte. Denn auf keinen Fall wollte ich mich in das Therapieschema von einer Krankheit pressen lassen, von dem mir ohnehin keiner meinen erhofften Stillstand oder Heilung versprechen konnte. Selbst dem *Versuch* einer medikamentösen Behandlung konnte ich nicht einen Augenblick zustimmen, obwohl Schmerz und Kummer mich übermannten.

Wegen Funktionseinschränkungen, die sich in fast alle Gelenke eingeschlichen hatten, die wechselweise verbunden waren mit Entzündungen, Schwellungen, Steifigkeiten der Gelenke und erhöhten Entzündungswerten, stand ich natürlich oft in reichlich kontroversen Diskussionen mit den behandelnden Ärzten oder Professoren der jeweiligen Kliniken. Auf meine Gegenfragen, ob mein Körper durch die Behandlung mit einer Cortison- oder Basistherapie gesunden könne und meine sichtbaren typischen Merkmale einer Polyarthritikerin dadurch behoben werden könnten, bekam ich natürlich nie eine für mich klare und überzeugende Antwort. Und die aufklärenden Gespräche ließen eine erschreckende Zukunft erwarten und somit eine ängstliche und total verunsicherte Christa allein zurück.

Sollte ich mich wirklich etwa unter den vielen wiederfinden, die an einer Krankheit litten, die unter den Formenkreis „Rheuma" zusammengefasst wurde und die mindestens 400 unterschiedliche Erkrankungen des Bewegungsapparates einschloss, wobei in den meisten Fällen die Gelenke, Wirbelkörper, der Knorpel, die Gelenksinnenhäute, Sehnen, Muskeln, die Organe und Nerven erkrankten? Wie nur hätte ich weiterleben können, wenn all diese verheerenden Geschehnisse in mir weiterwüten sollten und mich damit aus meinem Alltag herauszwingen würden? Ich hatte nicht die Kraft, über dieses für mich *verhexte* in sich abschreckend wirkende Thema „Rheuma" alles bis ins Kleinste zu erfahren oder zu spekulieren: *was ist, wenn, oder was ist, wenn nicht?* Darauf gab und gibt es keine klärende Antwort. Allein schon das mögliche Ausmaß dieser verheerenden Krankheit hätte mich sonst zu sehr an die Grenzen meines jungen Lebens geführt. Großen Respekt und tiefe Verunsicherung überschatteten meine Gedanken. Darum musste ich mir zu meinem Selbstschutz *Bremsen des Wissens* auferlegen. Besonders die Kuren mit all ihren Erlebnissen waren Versuchungen, meine Wege zu durchkreuzen.

.

In den ärztlichen Vorträgen wurde uns Patienten unter anderem mitgeteilt, dass die Ursache für die Entstehung dieser im Volksmund auch als „Gelenkrheuma" bekannten Autoimmunerkrankung bisher nicht geklärt werden kann.

Das Grundprinzip einer Autoimmunerkrankung ist eine überschießende körpereigene Abwehr, und zwar gegen körpereigene Stoffe.

Wie aber kommt es, dass ein gesunder Körper plötzlich aus der Bahn gerät? Das Immunsystem fehlgeleitet wird? Die Selbstheilungskräfte versagen? Wo liegt die Ursache? Das waren oft die Fragen, die ich meinem behandelnden Arzt stellte. Mir flog keine erklärende Antwort zu. Nur allein schon die Tatsache, dass diese Erkrankung den Menschen einfach so verändern kann, vor allem, wenn man bedenkt, wie sich die körpereigene Abwehr gegen die *eigene* Gelenksinnenhaut (Synovialis) richtet mit Folge der Zerstörungen von Knorpel, Knochen und auch anderen Strukturen des betroffenen Gelenks, ist so grausam, so unwürdig. Wie kann man diesem oft unaufhaltsamen Geschehen entgegen wirken? Nur mit Gift?
    Und so brennend wichtig mir diese Fragen unter den Nägeln brannten, lautete die Antwort in den Vorträgen stets: „Um alledem Einhalt zu gebieten, müssen Medikamente oder Basistherapien verordnet werden. Auch Krankengymnastik ist sinnvoll, um ebenfalls den Angriff des Abwehr-

systems auf das körpereigene Gewebe zu bremsen. Einer weiteren Zerstörung von körpereigenem Gewebe kann so vielleicht Einhalt geboten werden, denn wer rastet der rostet."

Letzteres leuchtete mir · stets ein. Aber die Krankheit wurde noch deutlicher mit ihren Auswirkungen erklärt:

„Das Besondere an dieser entzündlichen Erkrankung ist, dass sie nicht nur zerstört, sondern auch wuchernde Eigenschaften hat, wobei die Zerstörung der Gelenkstruktur das Entscheidende für den Krankheitsprozess ist. Äußerlich drückt sich die Entzündung zunächst in Schmerzen und Schwellungen der Gelenke mit Muskelverspannungen und Funktionseinschränkungen, die oft bis zu einer Formveränderung der Gelenke gehen, aus. Langsam kommt es dann zu Folgeerscheinungen auf Grund der fortschreitenden Zerstörungen. Wenn neben der Gelenksinnenhaut und dem Knorpel auch schon die Knochenoberfläche teilweise oder ganz zerstört ist, beginnen die sich gegenüberstehenden Knochenwunden – ähnlich wie ein Knochenbruch – sich miteinander zu verbinden, wobei die Tendenz zur Wucherung noch unterstützend wirkt. Es kommt also zur Versteifung, die in wenig genutzten Bewegungsrichtungen beginnt und durch Schonung und Ruhigstellung entscheidend gefördert wird." –

„Auf dem Röntgenbild ist der Gelenkknorpel selbst nicht zu sehen. Als Maß für die Stärke des Knorpels misst man die Distanz zwischen den sichtbaren Knochen, den Gelenksspalt. Ein Vergleich zu älteren Röntgenbildern ergibt, dass der Gelenksspalt zwischen den Knochen kleiner wird.

Die fortschreitende Gelenkzerstörung kann schon massiv auf die Lebensqualität einwirken." –

„Allerdings wäre es wünschenswert, nichtsteroidale Antirheumatika (NSAR), Cortison etc., wegen ihrer Nebenwirkungen in wechselnder Dosierung und häufig über lange Zeiten doch zeitlich begrenzt einzusetzen, bis alle Symptome abgeklungen sind."

Und warum klagen doch so viele Patienten über ihre Nebenwirkungen?

„Als Alternative bietet sich die Gabe eines COX-2-Hemmers an. Die Substanzen mit dieser Wirkung entsprechen in etwa den NSAR. Das Therapieziel bei all diesen Substanzen ist zumindest eine deutliche Besserung der Symptome oder die Erkrankung zu einem Stillstand (Remission) zu bringen." Ich denke, dass dies wohl hier und da gelingen kann – aber völlig ohne Nebenwirkungen?

Meine Sinne beobachteten vielmals etwas anderes. Natürlich nahmen viele Patienten in ihrer Verzweiflung und Ausweglosigkeit, und weil sie es nicht anders kannten, diese Möglichkeiten teilweise mit Erfolg wahr.

Für mich war und ist es im höchsten Maße Gift, zu gefährlich, um die Tragweite ihrer Folgeerscheinungen für meinen Körper auch nur auszuprobieren. Bei diesem Gedanken war mir immer so unwohl. Und wieder bäumte sich mein Inneres gegen diese offensichtlich einzige Möglichkeit auf.

Ich glaube, egal welche Chemie, sie hätte schon durch meine eigene abwehrende Gedankenkraft ihre Wirkung verfehlt.

Wenn auch oft nur zögernd und stets gegen ihre eigene Überzeugung, respektierten die Ärzte meine Einstellung und Vorgehensweise im Umgang mit meiner juvenilen chronischen Polyarthritis.

Und viele Male berührten mich, je nach meiner psychischen Stabilität, ihre Bemerkungen, wie zum Beispiel: „Sie machen sich Ihr Leben sehr schwer." Oder: „Sie wirken so ängstlich."

Das blieb in meiner Gesamtsituation wohl auch nicht aus.

Ich glaubte trotzdem an mein starkes Selbstbewusstsein, welches ganz allein mit mir einherging und mich zu meiner eigenen Verwunderung immer wieder hochrappeln ließ. Wichtig war, dass ich in jenen Augenblicken der Selbstverteidigung – wie ich glaube – überzeugend und stark wirkte, und das zählte für mich. Denn um nichts in der Welt war ich bereit, meinem Glauben und meiner Zuversicht untreu zu werden, um mich in das gewohnte Handlungsschema – Chemie und Ausprobieren – pressen zu lassen.

In meinen Beobachtungen der vielen Mitpatienten musste ich nämlich vielmals erfahren, dass zum Beispiel selbst eine operative Entfernung der gewucherten Gelenksinnenhaut (Synovektomie) in etlichen Fällen nicht den gewünschten Erfolg erbrachte, obwohl dieser Eingriff eigentlich den weiteren Verlauf der zunehmenden Zerstörung des Gelenks aufhalten oder gar lindern sollte. Stattdessen blieben diese Gelenke oftmals steif.

In wie vielen Fällen wurden Gelenke auch steif gelegt oder Sehnen durchtrennt, was oft weitere Beschwerden verursachte oder Folgeeingriffe notwendig machte, wodurch eine Beweglichkeit für immer ausgeschlossen wurde.

Diese Krankheit, egal welchen Namen sie trägt, kann einfach unvorstellbare Entstellungen, insbesondere der Finger, der gesamten Grundgelenke und natürlich des gesamten Körpers anrichten. Liebevoll schmückte die eine oder andere Patientin, soweit es noch möglich war, ihre Hände und Arme mit schönen Ringen und Armbändern. Auch sie hielten hoffnungsvoll am Leben fest.

Darum empfand ich die Klinikaufenthalte auch besonders erschreckend und anstrengend, weil es für mich kein Entrinnen aus diesem geheimnisvollen, unaufhaltsam fortschreitenden Krankheitsbild gab.

Zerrissenheit und Verzweiflung

Und mit dieser Ablehnung mehrte sich stets meine innere Zerrissenheit und Verzweiflung und ich fragte mich oft, mache ich das alles überhaupt richtig? Diese Zweifel erfüllten mich allzu oft mit tief greifender Traurigkeit und Depression. Und immer wieder stellte ich mir die Frage, kann ich meinen Alleingang verantworten, kann ich durchhalten?

Außerhalb der Rehabilitationsmaßnahmen hatte ich durch meinen Beruf soviel Ablenkung und Verantwortung zu tragen, dass ich mich in all den darauf folgenden Jahren keiner näheren Information stellen wollte. Was ich an anderen Patienten sah und an mir erlebte, war beängstigend und demütigend genug. Außerdem fürchtete ich durch ständiges Lesen über diese Krankheit nur noch schlimmer krank zu werden. Je mehr ich wusste, desto mehr fürchtete ich, es an mich zu ziehen, und dass die Prophezeiungen meines damaligen Amtsarztes mich einholen würden.

Einerseits wusste ich mich bei den vielen verschiedenen Erkrankungsverläufen nicht mehr einzuordnen, und andererseits ahnte ich, dass eine Remission oder gar eine Heilung, die durch den Einsatz von Cortison, Basis- oder Goldtherapien erkämpft wurde, nur um den Preis einer möglichen Schädigung der bisher gesunden Organe zu erreichen war.

So wollte ich auf keinen Fall den Versuch unternehmen, der Einnahme chemischer Wirkstoffe mit all ihren unabsehbaren Nebenwirkungen und Folgen oder auch begrenzten Erfolgsmöglichkeiten zustimmen. Eine Behandlung mit „geeigneten" Präparaten und entsprechenden Kontrolluntersuchungen meines behandelnden Arztes ermutigten und überzeugten mich ebenfalls nie. Zutiefst war ich durch die Kindheitserlebnisse, Kuren und die augenblicklichen Erkenntnisse geprägt.

Daher fand ich kein Vertrauen zu diesen in sich verborgenen und geheimnisvollen „schweren Geschützen" und schon gar nicht konnte ich es ertragen, sie in meinem Körper zu wissen. Nein, ich besaß nicht einmal den Mut, es auch nur kurzfristig auszuprobieren.

Doch was war zu tun?
Denn so konnte es doch auch nicht weitergehen. Oft glaubte ich den Boden unter meinen Füßen zu verlieren.

Somit standen die Symptome meiner verschleißbedingten (degenerativen) Veränderungen der Gelenke im Vordergrund des zu behandelnden Krankheitsbildes. Dafür beziehungsweise dagegen war ich bereit, viel zu tun, um der heimtückischen und schleichenden Krankheit kein Weiterentwickeln zu ermöglichen, was mir aber in jener Phase der Entwicklung leider überhaupt nicht gelang. Aber zunächst fanden physikalische Anwendungen und Bewegungstherapien nach dem Abklingen der Entzündungen einen großen Stellenwert, die oftmals vorübergehend auch zur Linderung führten. Jedoch nach einiger Zeit stellten sich abermals schnelle Ermüdungs- und Belastungsschmerzen, zum Beispiel bei Spaziergängen, bei häuslichen Arbeiten oder den Einkäufen erneut ein. Oftmals strahlten die heftigen Schmerzen auch vom Rücken zu den Hüftgelenken oder zu den Knien aus und dann auch wieder umgekehrt. Besonders bei akuten Schüben mit hoher Entzündungsaktivität lernte ich, vorsichtig mit Wärmetherapien wie Moorpackungen oder Unterwassermassage umzugehen. Oftmals aber erfuhr ich nur im Ruhezustand eine vorübergehende Besserung. Peinlich war mir oft nach langem Sitzen das Wiederaufstehen. Ich musste mich mit den Unterarmen aufstützen. Es muss wie bei einem „alten Mütterchen" gebrechlich gewirkt haben. Es war der sogenannte Anlaufschmerz, und ich brauchte eine Zeit, bis meine Gelenke nach der Ruhephase wieder beweglicher wurden.

Praktische Hilfestellungen und Informationen von Therapeuten und anderen Patienten bekam ich in ausreichender Weise, allerdings nur soweit, wie ich es für mich akzeptieren und annehmen konnte. Denn das Leid um mich herum war immens groß, und jeder lebte in seinem eigenen Körper und fühlte das Seinige.

Und ich fühlte mich keiner Statistik zugehörig.

Durch meine „medizinische Eigenregie" musste ich damit leben, dass in jedem Entlassungsbericht nach den sechswöchigen Klinikaufenthalten zwischen 1974 und 1991 – also insgesamt achtmal – für meinen Hausarzt mein ganz persönlicher Standpunkt dokumentiert wurde: **„Die Patientin lehnt die Einnahme von Medikamenten ab."**

Ich zählte nun einmal nicht zu den Menschen, die die Verantwortung für ihre Gesundheit gerne beim Arzt abgeben. Ich fühlte mich für meinen Heilungsprozess mitverantwortlich.

Und ebendiese Energie und Hoffnung sollten mich auch eines Tages zu neuen Ufern führen.

Ich konnte die Dinge nicht einfach geschehen lassen, sondern nahm sie immer wieder selbst in die Hand, egal, wie hilflos ich durch die akuten und chronischen Schübe, die mich oft Tage oder Wochen belasteten, auch war. So blieb ich in diesem Punkt doch ein standhafter „Neinsager" und großer Gegner aller Chemie.

Oder haben sie, die Ärzte, mich vielleicht insgeheim sogar verstanden?

Irgendwann würde diese Christa, die nie ihre Mündigkeit aufgegeben hat, den richtigen Helfer und die für sie persönlich am besten geeignete Heilmethode finden.

Mein Tiefpunkt war
noch längst nicht erreicht

Selbst psychotherapeutische Maßnahmen, in denen ich lernen sollte, mein Erkrankungs- und Beschwerdebild zu begreifen und besser damit umgehen zu können, stimmten mich nur noch ängstlicher, verunsicherten mich noch mehr. Ich fühlte mich nicht wohl bei dem Gedanken, dass ich meine Krankheit – einschließlich meines Befindens – mit meiner Familie in Zusammenhang bringen sollte. Lag nicht die Wurzel meines Problems in mir selbst?

Ich wollte einfach nicht reden, um zu zerreden oder schön zu reden, wie es gerade ins Bild passte. Ich hatte die Ahnung, dass ich die Erklärung bereits in mir trug, allein ich fand den Zugang (noch) nicht. Die Auswirkungen meines Krankheitsbildes waren schrecklich genug. Also versuchte ich mich davon zu distanzieren, um die momentane Situation zu ergreifen.

In Krisenzeiten brauchte ich die nötige Entschlossenheit, Geduld und Ausdauer zum Durchhalten, bis ich das gefunden hatte, wonach ich suchte, meinen eigenen Weg fand und mich daran hielt.

Nur bis dahin blieb ich auf Jahrzehnte ein guter Zuhörer und interessierte mich bis zu einem bestimmten Grad dafür, wie die Mitpatienten mit ihrer Krankheit umgingen. Dann war ich irgendwann wieder kurzfristig gesättigt und konzentrierte mich ausschließlich auf meine oftmals mit großem Einsatz erkämpften physikalischen Anwendungen, von denen ich nicht genug Verordnungen und Durchführungen haben konnte. Ich war hoch motiviert, den Zustand meiner Unbeweglichkeit durch den heimtückischen Niedergang der Körperstrukturen und den allmählichen Verlust der Leistungsfähigkeit zu bekämpfen.

Bei anderen Patienten stieß ich damit oft auf Unverständnis. Aber das war mir nie so wichtig. Ja, manche von ihnen hatten aufgehört, gegen ihre Krankheit anzukämpfen und waren gewillt, ihr Beschwerdebild hinzunehmen. Ich wollte nur eines – gesund werden – Einhalt gebieten, und dafür wollte ich mitdenken und mitwirken. Im Laufe der Jahre machte ich in den vielen Rehabilitationsmaßnahmen immer wieder die Feststellung, wie wichtig für mich ein speziell ausgebildeter Therapeut war, der gemeinsam mit meinem eigenen uneingeschränkten Einsatz Linderung und beschwerdefreie Zeiten ermöglichte. Somit fand ich in der Einzelgymnastik vorübergehend mehr oder weniger gute Erfolge. War ich frei von Schüben, wurden Schmerzen und Bewegungseinschränkungen vorübergehend leicht gemildert. In der Gruppengymnastik war ich ganz hellhörig für lustige oder problemfreie Gespräche. Und diverse Bäder streichelten meine Seele. Das autogene Training entspannte und stärkte mich. Durch das Schwimmen baute ich mich strebsam auf. Ich träumte immer noch, einmal wieder frei in meinen Bewegungen zu werden. Aber jedes Mal, wenn ich im Schlingenkäfig oder auf der Gymnastikmatte mit meiner Therapeutin bis an die Schmerzgrenzen gezielte Übungen zur Dehnung und zum Muskelaufbau absolvierte, war mein Traum ausgeträumt. Traurigkeit und Niedergeschlagenheit übermannten mich und meine Sehnsüchte waren wieder in Frage gestellt. Wie wirksam war dann ein liebes Wort, eine nette Geste. Sie bauten mich so langsam und stetig wieder auf, ja sie brachten mich zu meinem Selbst zurück.

Dadurch lernte ich immer wieder „aufzustehen". Schon glaubte ich, jeder kleine Fortschritt bringt mir eine neue dauerhafte Chance. Nach dem Motto: „Bewegung ist Leben" setzte ich meine körperlichen Aktivitäten – je nach meiner augenblicklichen Verfassung – mehr oder weniger stark aber unermüdlich fort.

Nichts wünschte ich mir sehnlicher als meine stark eingebüßten Körperfunktionen wieder zu erlangen.

Christa, lass dich nicht entmutigen, gib in der Verzweiflung nicht auf, bleib dir treu – du wirst eine Lösung finden.

Ich drehte mich im Kreis

Zu meinem Entsetzen durchlebte ich immer wieder Momente, in denen ich regungslos, wie eine Tote, ohne auch nur eine Gliedmaße bewegen zu können, in meinem Bett aufwachte. Zwar konnte ich meine unmittelbare Räumlichkeit und meinen Mann wahrnehmen, aber keine körperlichen Signale über meinen augenblicklichen Zustand zu erkennen geben. Denn mein Körper ließ sich nicht einen Millimeter bewegen, nicht einmal, um wenigstens ein Fingerzeichen zu geben. Ich lag wie gelähmt, nur meine Gedanken waren einigermaßen beweglich – sie wollten nur eins: wieder ins Leben zurück. Doch die Atmung stockte, sie lastete schwer auf mir. Innerlich kämpfte ich ums Überleben. Meine Not, darin stecken zu bleiben, war unendlich groß. Und dann plötzlich hatte ich es wieder geschafft. Meine Bewegungsunfähigkeit war erloschen und meine Atmung durfte wieder durch das Wunder der Erlösung frei fließen. Solche Situationen führten mich vor dem Einschlafen nicht selten zu großer Unsicherheit und belastenden Not mit der verfolgenden Frage: *wie werde ich wieder aufwachen?*

Klangen diese beängstigenden Geschehnisse wieder ab, wurde ich unglaublich aktiv, ja, ich wollte Bäume ausreißen, einfach stark sein, weil ich wieder eine Talsohle durchschritten hatte und einigermaßen wieder am Leben teilnehmen konnte. In mir wuchs eine große Bereitschaft, alles Erdenkliche für mein Umfeld zu tun. Denn diese Ausfälle trafen mein Selbstwertgefühl sehr empfindlich. Mein Naturell ließ es nicht anders zu, als dass ich mich schnell wieder unter Beweis stellen musste.

Diese zunehmenden Einbrüche flößten mir zusätzlich heftige Schuldgefühle ein, weil ich mich selbst umso mehr als Außenseiter unserer Gesellschaft betrachtete. Und weil ich es nicht aus eigener Kraft abstellen konnte, wurde ich physisch und psychisch immer instabiler, völlig zerrissen und aus der Bahn geworfen. Hatte ich vielleicht doch meinen Bogen überspannt oder bin ich am Ende doch sehr verantwortungslos mit mir umgegangen?

Somit drehte ich mich immerfort im Kreis – Schuldgefühle gegenüber meinem Mann, meinen Eltern, dem aufgebauten Freundeskreis. Warum fühlte ich mich so geplagt und getrieben? Ich war es einfach nicht gewohnt, einen Schlusspunkt zu setzen, zu erklären, dass mir alles zuviel geworden ist. Stattdessen wollte ich immer nur funktionieren, gefallen und es einfach allen nur recht machen, auch in unserer Gesellschaft optimal dastehen. Bisher hatte ich – wenn auch unter Qualen – meine Beschwerden und sogar die eigenen Bedürfnisse vielfach verdrängen können.

Doch ohne es bewusst wahrzunehmen, betrieb ich durch diese Denkweise einen permanenten Raubbau an meiner eigenen Person. Lebensnotwendige Energien verpufften und blockierten mich nach innen und außen immer mehr.

Aber *wer* hätte mich eines anderen belehren können? Wohl niemand. Selbst die leichtesten Hausarbeiten fielen mir so schwer, dass allein schon das Fortbewegen des Staubsaugers mit meinen Füßen mir die Kraftlosigkeit meines Körpers signalisierte. Mein Körper wirkte wie eine Marionette. Instabil und kraftlos. Sogar beim Schälen von Äpfeln oder sonstigen leichten Arbeiten rutschte mir das Messer durch meine geschwollenen, deformierten und oft schmerzenden Finger, die ich nicht zur Faust ballen konnte. Unzählige Male konnte ich – von meinem Mann gestützt – nur das Nötigste für mich selbst erledigen.

Nie werde ich einen Augenblick im tiefsten Winter vergessen. Mein Mann wollte mir eine Freude machen und so brachte er mir eines Tages ein Schälchen Erdbeeren mit. Sie hatten mir noch nie so gut geschmeckt und ich hatte sie mir gerade in unserer Aufbauphase nie geleistet.

Heute ist mir bewusst, dass mein Mann es nicht immer leicht mit mir hatte. Durch meine in Laufe der Jahre schmerzbedingte Gereiztheit, innere Unruhe oder Anspannungen kam es hier und da vor, dass er für mich der Blitzableiter war. Dennoch hat er mich nie verletzt oder den Bogen überspannt. Wir sind den Weg gemeinsam gegangen. Auch wenn ich nicht alle Aktivitäten mit ihm teilen konnte, so haben wir uns doch immer gut arrangiert.

Irgendwo hatte ich einmal gelesen, dass eine gute Partnerschaft durch eine chronische Krankheit zwar belastet wird, aber es besteht auch eine bessere Chance für eine gemeinsame Bewältigung. Trotzdem erschien es mir so, dass mein mangelndes Selbstbewusstsein mich innerlich unselbstständiger machte und in eine Abhängigkeit manövrierte, die mich immer kleiner, unsicherer und trauriger stimmten, obwohl diese primären Empfindungen ausschließlich in meinem Kopf stattfanden, denn nur ich selbst in meiner Vorstellung fühlte und machte mich kleiner und kleiner. Diese Situation hatte allein mit meinem Selbstwertgefühl und meiner Selbstbeurteilung zu tun. Denn dass ich meinem Mann nicht immer die Partnerin sein konnte, wie ich es mir eigentlich erhofft hatte, belastete mich sehr. Aber nie gab er mir auch nur einen Augenblick lang das Gefühl, in seiner Abhängigkeit zu stehen, weder finanziell noch emotional. Wir haben einander so akzeptiert, wie wir waren. Wenn ich mir auch oft so unfertig vorkam und geplagt war von einem schlechten Gewissen, drehte ich mich doch ständig im Kreis.

Eines Tages durfte und konnte ich aufhören zu kämpfen und ließ los. Konnte ehrlich zu mir sein und mich nicht mehr dem Gefühl verschließen, mich physisch und psychisch bis an meine Grenzen stoßend strapazieren zu müssen. Aber bis dahin sollte ich noch viel erleiden.

Es gab kein Entrinnen

Im Laufe der Jahre wurden die Veränderungen meiner Krampfadern immer lästiger und in meinen Augen auch unästhetischer. Schließlich erhoffte ich mir mit einer konservativen Behandlung durch Venengymnastik und Kompressionsstrumpfhosen einer Venenentfernung zu entkommen. Die Kompressionsstrumpfhose verursachte mir jedoch Schmerzen an meinen deformierten Hüftgelenken und geschwollenen Kniegelenken. Erneut steckte ich in einem „Kampfanzug", den ich wegen der Einengungen an den Gelenken kaum ertragen konnte, während er jedoch den Beinen ansonsten schon gut tat. Ich war zwiespältig.

Nun salbte und wickelte ich häufiger die Beine, was in der Sommerzeit mehr als lästig war. Da fragte ich mich dann schon des Öfteren: „Warum noch mehr?" Eine Ultraschalluntersuchung ergab, dass durch die Schließunfähigkeit der Venenklappen das Salben und Wickeln keine Besserung bringen würde. Die große Rosenader (Vena saphena magna) wurde mir beidseits 1985 entfernt, einschließlich Besenreiserverödungen. 1992 die gleichen störenden Symptome und Diagnose: „Varicöser Symptomkomplex beidseits. Therapie: Stripping der Vene saphena parca rechts. Exstirpation von Varizenkonvoluten. Sklerosierung der retikulären Varizen links". Alles verlief so gut, dass ich mich dankbar schätzte, eine Hürde erfolgreich geschafft zu haben. Ich weiß, dass dieses Thema für viele Frauen ein recht „alltägliches" Problem ist, aber aus heutiger Erfahrung weiß ich, dass es nicht sein *muss*. Hätte ich zu jener Zeit zur Vorbeugung die Trimilingymnastik von Dr. Hoverath gekannt, wären mir diese Eingriffe sicherlich erspart geblieben.

1985 erfuhr ich durch eine Laboruntersuchung, einschließlich Röntgen der Hals- und gesamten Wirbelsäule, dass der Nachweis des HLA-B27-Antigens bei mir positiv getestet wurde. Der Orthopäde teilte mir mit, dass dies für das Vorliegen eines Morbus Bechterew spreche, der wahrscheinlich schon seit Jahren bei mir bestehe, was aber wohl nie erkannt wurde. Meine morgendliche Steifigkeit und Schmerzen im Lendenwirbelsäulenbereich hatten ihn wohl zu diesen Untersuchungen veranlasst.

Die Ursache dieser Erkrankung ist nicht bekannt. Überwiegend betrifft es Männer zwischen dem 15. und 30. Lebensjahr. „Es ist ein chronisch entzündliches Leiden des Knochen-/ Gelenksystems mit Befall der Wirbelsäule (Ileosakralgelenke, Schambeinfugen, Intervertebralgelenke, Bandapparat), der Extremitätengelenke und Sehnenansätze, nicht selten auch Beginn an den mittleren und kleinen Gelenken der unteren Extremität. Fortschreitende Einschränkung der Beweglichkeit der Wirbelsäule und des Thorax. Am Bandapparat der Wirbelsäule kommt es zu Schrumpfung und Ossifikation (Verknöcherung)." Dies habe ich dem Pschyrembel (medizinisches Nachschlagewerk) entnommen.

Bei vierteljährlichen Arztbesuchen wurden mir die Brust- und Halswirbelgelenke immer wieder eingerenkt. Knack, knack – und alles war im Lot. Wenigstens für kurze Zeit.

Aufgrund auffallend starker Bewegungseinschränkungen in der Halswirbelsäule, einhergehend mit starker Schultersteife und dadurch verursachten Schmerzen im Nacken bis zu den Ellbogen, ließ die Beweglichkeit auch noch in diesen Körperteilen deutlich nach. Und die Muskelverhärtungen nahmen stark zu. Oftmals war es mir unmöglich, meine Hand zur Begrüßung zu reichen. Warum? Der Händedruck löste augenblicklich so heftige Schmerzen im geschwollenen Ellbogen aus, dass ich oft am liebsten im Erdboden versunken wäre und ein Zucken meinerseits nicht immer unbemerkt bleiben konnte. Dennoch stand ich in vehementer Treue zu meiner Ablehnung gegenüber chemischen Mitteln. Woher nahm ich nur die Kraft zu dieser Einstellung? Das frage ich mich rückblickend immer wieder.

Die verordneten Massagen in den Kuren oder zu Hause verliefen alle ohne Ausnahme nach dem gleichen belanglosen Schema in Form von Streicheleinheiten ab. Auf der anderen Seite waren sie sehr kostenintensiv und immer wieder musste ich mir anhören: „Ihre Verhärtungen im Schulter- und Nackenbereich sind zu stark und die Knoten nicht mehr zu lösen oder zu lockern. Ja, damit müssen Sie wohl leben." Ich musste es wohl glauben.

Oftmals stimmte mich gerade dieses „sich in seiner Haut nicht wohl Fühlen" mutlos und handlungsunfähig. Durch diese Schreckenszeiten fiel mir auf, dass ich immer empfindlicher im Umgang mit mir und meinen Mitmenschen wurde und mehr und mehr das Alleinsein vorzog.

Mein junges und auch mein späteres Leben war ja stets begleitet von Spannungsgefühlen, Ausgleichen-Wollen und bestimmt vom Suchen und Finden. Es machte mich sensibel für alles um mich herum. Ab und zu war ich mir noch nicht einmal sicher, ob Schmerzen oder Ängste um meinen deformierten Körper überwogen. Das eine schloss das andere nicht mehr aus. Dennoch legte ich im Umgang mit meinen Mitmenschen stets großen Wert darauf, meine Krankengeschichte in meiner augenblicklichen Situation außen vor zu lassen. Sicher hätte es sonst nur Missverständnisse gegeben oder – was mir gar nicht weitergeholfen hätte – Mitleid hervorgerufen. Natürlich gab es auch Augenblicke, in denen ich ihren rücksichtsvoll gestellten Fragen nicht ausweichen konnte, wenn sie zum Beispielwissen wollten, ob ich in meiner Jugend vielleicht Kinderlähmung gehabt hätte. Ach, was hätte es mir genützt, in aller Offenheit mein Sorgenpaket vor ihnen auszuschütten. Viele Male startete ich ja auch vorsichtige Versuche, nur stets zum falschen Zeitpunkt. Oder der Eine oder Andere wusste es dann viel besser oder aber zeigte sich gelangweilt.

Jedoch mit dem Voranschreiten meiner Veränderungen schrie auch meine Seele nach einer ganz vertrauten Hilfe, die mich wirklich, ohne Worte in mein Inneres blickend, verstand. Stattdessen erfuhr ich immer deutlicher: „Jeder fühlt das Seine."

Geduldig lernte ich in meinem Inneren nach Hilfe Ausschau zu halten. Trotz der schlimmen Niederlagen durfte ich mich nicht entmutigen lassen. Und ich lernte die Antworten an der Quelle zu suchen. In meiner Zurückgezogenheit und Stille fand ich dennoch neuen Mut und die Kraft und Energie zum wieder Aufstehen, zum Weitermachen!

Es braucht Zeit, es braucht Geduld, es braucht Glauben und Vertrauen.

Oftmals schmolz ich dahin und besonders dann, wenn meine rheumatischen Schübe wieder in ihrer ganzen Wirkung durch den Körper zirkulierten, mich zu Fall brachten und erbarmungslos Besitz von mir nahmen – ausbremsten. So stieg ich aber jedes Mal hoffnungsvoll mit den besten Absichten – ungeachtet aller Hindernisse – um diesem Wettstreit Einhalt zu gebieten, in gewohnter Weise in mein Programm der üblichen Krankengymnastik ein. Ab und zu provozierte ich aber auch durch Übereifrigkeit und durch die nicht selbst kontrollierbare Körperhaltung eine Überreizung meiner Sehnen, Bänder und Muskeln und das verschiedene Male so sehr, dass ein neuer Schub ausgelöst wurde.

Wie ich schon beschrieben habe, fiel mir ja selbst im alltäglichen Leben das Erkennen und Dosieren im Umgang mit meiner körperlichen Belastbarkeit nie so ganz leicht. Wo lagen meine Grenzen, um die chronische Polyarthritis mit ihren Folgeerscheinungen besser in Schach zu halten? Im Wissen um die Macht dieser Auswirkungen ließ ich aber – gestärkt durch mein starkes und unverrückbares Vertrauen – beim Erkennen schon einer leichten Besserung sogleich wieder Tatendrang folgen. Denn in halbwegs guten Zeiten entwickelte ich schnell wieder kreative Gedanken und Vorstellungen, mit denen ich in überschäumender Energie und Schaffenskraft meinen Tag ausfüllte. Oft wunderte ich mich über die Vielfältigkeit in meinen Ideen. Dadurch konnte ich mich für Augenblicke aus meinen Ängsten, Sorgen und den Unsicherheiten, wie es mit mir weiter gehen würde, ablenken. Es war Balsam für meine Seele.

Auf der anderen Seite verschloss ich mich zeitweise leicht durch meine eingebüßte Leistungsfähigkeit vor der Außenwelt und lebte in solch einer starken inneren und äußeren Isoliertheit, dass ich manchmal das Telefon einfach klingeln ließ, oder einem Besucher die Haustür nicht öffnete, weil ein tiefer Mangel meines Selbstwertgefühls Besitz von mir ergriffen hatte. Das gleiche Unwohlsein stieg in mir auf, wenn ich das Haus verließ. Wieder diese nicht erklärbaren Ängste, Menschen zu begegnen, und vielleicht sogar mit ihnen ein paar Worte wechseln zu müssen, ich aber – ganz gegen die Regeln meiner erlernten Umgangsformen – einfach nicht sprechen konnte.

Diese Not und die gleichzeitige Suche nach dem Sinn meines Lebens quälten mich zunehmend. Unzählige Male versuchte ich mich durch Lesen abzulenken. Ich suchte nach guter Literatur oder auch nach Büchern, die sich mit Glaubensfragen beschäftigen, in der Hoffnung, dass mich dies aus meinem Tief wieder hervorhole. Oftmals stieß ich auf einen Satz, der Balsam für meine Seele sein sollte. Nur mein Körper blieb davon ziemlich unbeeindruckt. Und eigentlich blieb ich in meinem Suchen und in der Betrachtung eines guten und reichen Satzes stecken, ich fühlte seine Aussage wohl, aber alles blieb so haltlos. Und das „zwischen den Zeilen lesen" fiel mir ziemlich schwer. Es lag wohl begreiflicherweise daran, dass ich nur das sehen wollte, wonach ich mich sehnte, in der Hoffnung, dadurch meine augenblickliche Situation zu erleichtern. Begierig verfolgte ich die Biographien berühmter Persönlichkeiten, überwiegend in meinen sechswöchigen Kuren.

Für einen Augenblick gab es mir einfach Hoffnung und den Mut zum Weitermachen – zum Träumen. Denn so wie sie wollte ich auch sein. Ich suchte immer noch außerhalb – ich wollte ein Mensch unter Menschen sein, in all seinen Facetten. Und immer weiter auf der Suche nach Bestätigung meiner eigenen Person und den drängenden Fragen: finden die anderen mich auch liebenswert, glauben sie an mich, darf ich ihnen vertrauen – so ließ ich mich ständig durch die wieder aufkommenden Zweifel quälen. Ich drehte mich im Kreis, nirgendwo fand ich einen Hoffnungsschimmer. Immer wieder diese zermürbenden Fragen: werde ich noch geliebt? Dies führte dazu, dass ich immer nach Liebesbeweisen, Freundlichkeiten und Zuwendungen suchte und – viel gefährlicher noch – ich stellte Teile von mir in den Hintergrund, um in den Augen meiner Mitmenschen liebenswert zu erscheinen. Diese Vorgehensweise finde ich aus heutiger Sicht nicht ganz ungefährlich. Ich tat mich schwer damit, auf mich und meine Bedürfnisse zu achten. Ach, ich verschwendete viel zu viel unnötige Kraft und Energie, um nach außen gesund, stark und perfekt zu erscheinen. Ich betrog mich selbst und

.

glaubte darüber hinaus, eine gute Schauspielerin zu sein. Auf keinen Fall sollte ein anderer mir meine innere Zerrissenheit ansehen. Dennoch gehörte gerade diese Eigenschaft unbedingt zu meinem Selbsterhaltungstrieb. Allerdings ahnte ich nicht, dass ich auf sensible Menschen damals wie heute wie ein *offenes Buch* wirke.

Diese meine Zeit, meine Jahre, vielleicht waren meine Wege sehr kurvenreich und umständlich – viele aus Selbstschutz gespielte Rollen – unnötig nur, aber ich wollte niemanden belasten.

Meine Ängste fanden Nahrung

Im Jahr 1994 führte kein Weg mehr an der notwendig gewordenen Entfernung meiner Gebärmutter vorbei. Der unregelmäßige Monatszyklus, die immer größer werdende Gebärmutterknickung, an der ich schon seit Jahren litt, mit größer werdender Belastung des Dickdarms und die zunehmenden Myome waren Grund genug, auf dem gynäkologischen Gebiet die medizinische Welt aufzusuchen. Anfangs hatte ich noch nach zweimal durchgeführter Abrasio (Ausschabung) auf ein Wunder gehofft, der Entfernung zu entgehen, eine Hoffnung, die sich aber leider nicht erfüllte.

Dennoch fanden meine Gebete insofern Erhörung, als dass ich einem *menschlichen* Chefarzt gegenübersaß. Er fand die richten Worte, er kam auf mich zu und sah durch mich hindurch. Und in seiner natürlichen Menschlichkeit las er sich schnell durch das ganz weit aufgeschlagene Buch meiner Persönlichkeit.

Bei ihm fand ich eine Veränderung im Verhältnis zwischen Arzt und Patienten. Er verstand es, mich als gleichberechtigten Partner zu sehen, der mir half, die richtigen Fragen an mich selbst zu stellen. Welche Botschaft will sie mir vermitteln? Sicherlich fiel mir zu jener Zeit nicht von ungefähr das Buch „Wind, Sand und Sterne" von Exupéry in die Hände, fühlte ich mich doch auf der Suche, um aus meinen realen Geschehnissen zu erkennen und zu lernen. Nichts sehnlicher wünschte ich mir doch, als meinem Leben endlich einen positiven Neuanfang zu schenken. Es bot sich ja auch jetzt geradezu an, nach dem erfolgreich verlaufenen Eingriff und der so menschlichen Gesamtsituation.

Die Operation verlief „wunderbar", und ich glaubte damit alles überwunden zu haben und hoffnungsvoll gestärkt zu mir zurück zu finden. Und in der täglichen Chefarztvisite betreute er mich bis zu meiner Entlassung auf den Tag genau drei Wochen. Er bemühte sich sehr um mich und gab mir zu verstehen, wie dringend für mich eine Umkehrung meiner Gedankenwelt von Nöten sei. Ich wollte doch so sehnlichst aus meinen Grenzen ausbrechen. Aber wie, das konnte mir auch keiner sagen. Stattdessen fühlte ich mich immer unsicherer, wodurch meine Ängste Nahrung fanden. Quälten mich doch nach wie vor diese Vorgänge auf orthopädischem und internistischem Gebiet, die ich nicht aufhalten konnte und die somit ihren unberechenbaren Verlauf nahmen. Und sie hinderten meinen Geist, sich frei zu entfalten. War ich denn bisher so falsch gepolt? Was konnte ich nur tun? Warum kam ich aus meiner Haut nicht heraus?

„Wenn ich die äußeren Einflüsse nicht ändern kann, so kann ich aber mein Inneres ändern", diesen Rat gab mir einst eine einfühlsame Therapeutin mit auf den Weg. In Harmonie und wahrer Hingabe schenkte sie meinen Füßen Fußreflexmassagen. Ihre Finger und ihre liebenswerte Art streichelten meine Seele. Nach einiger Zeit kam meine Niedergeschlagenheit aber leider wieder zurück und der Sumpf meiner Verzweiflung tat sich wie vorher wieder auf. Weitere Fußreflexmassagen mit anderen Therapeuten folgten, es waren jedoch eher wohltuende Momente, als dass meine rheumatischen Schübe es zu danken gewusst hätten.

In meiner Verzweiflung betete ich viel und hielt sogar Neuntageandachten, so war ich es auch von meiner Mutter gewohnt. Viele Male zündete ich in der Kirche vor dem Marienbild eine Kerze an, damit das Licht scheine, mich erleuchte und mich auf den rechten Weg führe. Dennoch stockte etwas in mir, alle guten Vorsätze und Ideen wollten nicht so recht gelingen. Die hoffnungsvolle Freude – sie blieb noch immer im Verborgenen, und in meinem Körper brodelte es unaufhaltsam weiter.

Respekt vor einer kleinen Pille

Stattdessen bekam ich 1995, wie es eben viele Frauen erleben, starke Störungen im Hormonhaushalt, wie lästige Hitzewallungen, leichten Schwindel, einen unangenehmen schweren Druck auf meinen Augenlidern, das Gesicht schwoll an und war unnatürlich heiß anzufühlen. Selbst das Autofahren ängstigte mich in dieser Zeit. Aus gynäkologischer Sicht und auf Grund der Gebärmutterentfernung und der festgestellten Osteoporose sollte ich darum Hormone nehmen. Ich spürte, dass der Gynäkologe wirklich besorgt um mich war. Sein Bemühen um mein Wohlergehen streichelte erneut meine Psyche, änderte aber nichts an der Tatsache meiner konstanten Einstellung. Dieses winzige Pillchen blieb mir wahrlich wie ein Kloß im Hals stecken. Ich konnte sie beim besten Willen nicht schlucken, weil ich ihre Nebenwirkungen nicht abschätzen konnte. Wieder einmal machte ich mir das Leben zur Hölle und quälte ebenso auch meinen geduldigen und besorgten Arzt.

Da aber in der Zwischenzeit die aufgeführten Symptome beinahe unerträglich wurden, wurde ich wankelmütig und brach mit meiner eigenen konsequenten Linie. Mit Respekt schluckte ich widerwillig und zu meinem großen Erstaunen trat tatsächlich schnell eine Wunderwirkung ein. Alle unangenehmen Erscheinungen traten in den Hintergrund. Erlöst und erleichtert in Bezug auf meine Entscheidung hinsichtlich der Einnahme von Hormonen hatte mein inneres Aufbäumen gegen diese kleine Pille ein Ende. Plötzlich *genoss* ich sogar ihre wohltuende Wirkung. Die hormonellen Störungen hatten ein Ende. Alles weitere Nachdenken darüber blieb ausgeschaltet, bis zu jenem Tag, als Aloys in mein Leben trat. Darauf musste ich aber noch ein weiteres Jahr warten.

Gefangen im eigenen Körper

In dieser Zeit – in den Jahren 1995 und 1996 – erreichte ich meine Tiefen – äußerlich wie innerlich – und die unaufhaltsam fortschreitenden Gelenksveränderungen entwickelten sich rasant. Um diesem Einhalt zu gebieten, bekam ich zweimal in der Woche Einzelgymnastik. Der Therapeut und ich arbeiten so gut wir nur konnten. Und immer wenn er so nachdenklich vor mir stand, seine Arme verschränkte und eine Hand dabei stützend unter sein Kinn legte, glaubte ich, gleich kommt die geniale Idee, mit der wir erfolgreich weiter arbeiten können. Doch eines Tages mussten wir erkennen, dass sich die X-Beine unaufhaltsam weiter deformierten. Dazu kam eine Vorwärtsknickung des Beckens.

Ein einst so schönes menschliches Puzzle war im Begriff, über die vielen langen Jahre morbid, teilweise abgenutzt und verschlissen in sich zusammen zu fallen. Die Dinge bekamen ihr Eigenleben, sie entzogen sich mehr und mehr meinem Einfluss und begannen, trotz meines Fleißes, dennoch in eine unerklärliche und falsche Richtung zu laufen. Mehr denn je fühlte ich mich zweigeteilt. Und leider hatte die juvenile chronische Polyarthritis durch den entzündlichen Prozess über die Zeit in allen Gelenke zu starken chronischen Schmerzen und fortschreitender Gelenkzerstörung mit Instabilität einerseits und Einsteifung andererseits geführt. Letztendlich sah es so aus, als sei eine rasche endgültige Zerstörung meiner Gelenke nicht mehr aufzuhalten. Mein ohnehin nicht normales Gangbild durch die Stadt und in den Geschäften konfrontierte mich immer mehr mit dieser Situation und zu meinem Entsetzen hatte ich zunehmend das Gefühl, nicht mehr mit beiden Füßen fest auf dem Boden zu stehen, in der ängstlichen Annahme, ich könnte den einen oder anderen Passanten ungewollt anstoßen.

Diesem Geschehen war ich unbeeinflussbar hoffnungslos ausgesetzt.

Außerdem stolperte ich auffallend oft und zog das linke Bein hinter mir her. Nicht nur mein Gleichgewicht, vieles mehr war offensichtlich gestört. All mein Bemühen langsam und bewusst zu gehen, schlug fehl. Traurige und müde Entschuldigungen für meine scheinbaren Unachtsamkeiten kamen immer öfter über meine Lippen.

Immer wieder war ich bemüht, diese meine äußerlichen Veränderungen krampfhaft zu kaschieren, um meinem Leben wenigstens noch etwas Schönes abzugewinnen. Dennoch blieben Traurigkeit und Zurückhaltung nicht verborgen.

Immer häufiger stellte sich mir die Frage: „Sollte das mein Leben sein, war das wirklich alles? Eine Gefangene im eigenen Körper, von Zerrissenheit und großer Ausweglosigkeit?

Wie sollte ich da zu mir finden?

Mit meinen Freunden wollte ich ungern über die „Rheumatikerin" sprechen. Ich tröstete mich, es gab noch viel schlimmeres Leid und Elend und versuchte das Beste daraus zu machen. Doch wenn die messerstechenden Schmerzen der beiden Leisten und im unteren Bauchraum nicht mehr auszuhalten und die Schritte kaum noch zu lenken waren, kam doch wiederholte Male die bange Frage auf, was mit mir geschehen würde, da mir ja doch so langsam – trotz eigener Mitarbeit – der Boden unter den Füßen entglitt. Die Ängste beeinflussten mich so sehr, dass ich beinahe keinen Mut mehr hatte, das Haus zu verlassen. Und niemals zuvor – so schien es mir – begegnete ich in der Stadt in auffallender Weise so vielen behinderten Menschen, manche im Rollstuhl sitzend, manche mit Gehhilfen. Plötzlich sah ich wie aus dem Boden gestampft, mehr kranke als gesunde Menschen meine Wege kreuzen. Sollte ich dies als meine eigene Wegweisung erkennen?

Meine Angst schrie zum Himmel

„Was Du in einem Menschen siehst,
das wirst Du;
Gott, wenn Du Gott siehst;
Staub, wenn Du Staub siehst."

René Egli

Dazu das gesellschaftliche Leben an der Seite meines Mannes – ich wollte, ich konnte nicht mehr. Eigentlich suchte ich nur noch die Abgeschiedenheit. Wenn mein Mann mich auch nur schwer in meiner Gedankenwelt erreichen konnte, so war er aber doch bemüht an meiner Seite zu bleiben und alle Höhen und Tiefen, so gut er es verstehen konnte, mit mir zu teilen. Ich trat förmlich auf der Stelle. Ich quälte mich durch den Tag und weitere Tage und Wochen sollten folgen. Selbst meine kreativen Hobbys machten mir keinen Spaß mehr. Wie auch sollte ich aus dieser Leidenssituation heraus tatkräftige Energien schöpfen?

Mein Herz, meine ganze Lebensweise und Sichtweise riefen nach Erneuerung. In der Gesamtheit der einzelnen Glieder meiner Lebenskette fehlte mehr denn je das entscheidende Zwischenstück.

Hoffnungsvoll fuhren mein Mann und ich über Ostern 1996 für eine Woche in ein landschaftlich schön gelegenes Hotel mit Thermenanschluss. In der warmen Therme erhielt ich fast ein beschwerdefreies Wohlgefühl, wahrlich, ich fühlte mich wie

116

eine junge Göttin. Doch auf dem Weg zu unserem Zimmer spürte ich jedes Mal bereits wieder den schleichenden Engpass in meiner Gehfähigkeit. Ich ruhte mich aus, doch die messerstechenden Schmerzen in den Leisten, die steifen Kniegelenke, die Blockierung meiner Hüftgelenke, das schmerzende Kreuzbein, es wollte nicht besser werden. Mühsam musste mein Mann – mich unter den Armen stützend – ins Restaurant führen. In diesem Kurzurlaub konnten wir zu Fuß das Hotel leider nicht verlassen.

Zu dem ganzen Geschehen gesellte sich nun darüber hinaus, bis in den Dezember hinein, ein inneres Unwohlsein. Mein Bauchraum und das gesamte organische Innenleben ließen mich nicht mehr zur Ruhe kommen. Schon der leichteste Druck auf die Bauchdecke verursachte nie da gewesene Schmerzen. Ein unerklärliches Völlegefühl und Blähungen quälten mich über den Tag hinweg. Selbst die Kleidung musste so weit geschnitten sein, damit sie mich nur nicht einengte und mich möglichst nicht berührte. In Gedanken sah ich mich schon wie eine Scheinschwangere in Hängerkleidchen umhergehen. Durch diesen nicht enden wollenden Zustand zehrten sich meine letzten Kraftreserven auf, ich sah keine andere Chance und vertraute mich voller Besorgnis meiner Internistin an, die ich sonst einmal jährlich zu Laboruntersuchungen aufsuchte. Es folgten die üblichen Routineuntersuchungen. Nach den Ultraschallaufnahmen und dem Befund wollte mich die Internistin zu einer Magen- und Darmspiegelung in ein Krankenhaus überweisen. Ich war erschrocken, denn damit hatte ich nicht gerechnet.

Und wieder diese innerlich überflutenden stillen „nein" sagenden Befehle. Wenn diese Untersuchung auch längst zu den üblichen Routineeingriffen zählte, trieb mich dennoch eine verborgene Stimme zur Abwehr. Diese Untersuchungen mögen für den einzelnen Patienten gut und richtig sein aber bitte, bitte nicht für mich! Es war mir sehr peinlich, wieder einmal als Quertreiber und großer Neinsager gerade in meiner jetzigen Situation zu reagieren. Völlig unverständlich, ich weiß. Danach folgte wieder dieses *giftige* Thema. Wie oft hatte sie mich in den letzten Jahren schon mit der Goldtherapie vertraut machen und behandeln wollen. Stattdessen spürte sie konstant meine Abneigungen. Abermals bat ich, um Bedenkzeit.

Auf ihren Vorschlag einen Rheumatologen aufzusuchen, ging ich zögernd ein. Und irgendwie schöpfte ich unerklärlicherweise neuen Lebensmut.

Ich sagte fortwährend Dank für diesen neuen Tag. Und sah ihn als neue Wegweisung an.

Bekam ich nun die Gelegenheit, noch einmal neu zu beginnen? Ich vertraute mich der göttlichen Gnade an.

Ein lichter Sonnenstrahl erfüllte mich

Und an jenem Tag – es war ein nasskalter grauer Oktobermorgen – erfüllte mich ein vollkommenes Vertrauen und eine ungebremste Zuversicht, dass es ein wunderbarer Tag werden sollte.

Erwartungsvoller und abschließender Besuch beim Rheumatologen

Und mit allen mir ausgehändigten Unterlagen und Röntgenaufnahmen befand ich mich auf dem Weg zum Rheumatologen. In der Unberührtheit dieses frühen Tages konnte alles nur sehr gut werden. Ich bat um göttliche Hilfe, um Führung und Lenkung. Und fühlte mich ganz sicher, dass er mir schon die richtigen Antworten zuflüstern würde.

Christa die professionelle „Neinsagerin" auf dem Weg des Findens! Und schnell klärten sich die Fronten.

Was hatte ich eigentlich erwartet? Wie naiv musste ich auf diesen Arzt gewirkt haben!

Mir wurde ein schlechtes Gewissen eingeflößt. Dabei wollte ich doch nur in meiner Gesamtheit von Körper, Geist und Seele gesehen werden. Stattdessen wurde augenblicklich alles in Frage gestellt und meine ganzen Erkenntnisse und Handlungen der letzten 36 Jahre für Null und Nichtig erklärt. Er gab mir das Gefühl, einfach falsch gehandelt zu haben. Völlig unverständlich und unfassbar für ihn war, dass ich dem schlimmen und zerstörerischen Zerfall des Knorpels, der Knochen und der Gelenksinnenhaut und den erbarmungslosen Schüben in all den vergangenen Jahren nur mit Ablehnung von Behandlungen zum Beispiel mit Cortison, Gold, Antirheumatika, Basis-Therapien usw. gegenübergestanden hatte. Er fand einfach kein Verständnis für mein in seinen Augen unverantwortliches Handeln! Beinahe wollte ich ihm –

oder musste ihm – sogar Recht geben, wenn ich nur nicht immerfort die unvorhersehbaren Nebenwirkungen im Kopf gehabt hätte. Sie gingen doch ständig wie ein Schreckgespenst vor mir her. Aus heutiger Sicht und im Anfangsstadium einer solchen Diagnose – und ausschließlich in Verbindung mit den erlernten Behandlungsmethoden von Aloys – hätte ich vielleicht noch nicht einmal allzu große Bedenken gehabt und einer geringen Dosierung sogar zugestimmt.

Dann hörte ich den Rheumatologen sagen, dass meine mitgebrachten Unterlagen ihm nicht ausreichten. Er empfahl weitere Untersuchungen während eines Krankenhausaufenthaltes bei einem orthopädischen Rheumatologen und weiterhin eine – wie er sagte – harmlose Beckenkammstanze zur Messung der Knochendichte in meinen Hüften. Meine mitgebrachten aber schon älteren Röntgenaufnahmen wiesen auf unregelmäßige Verengungen des Gelenkspalts an Hüften und Knien hin, auch waren Zysten erkennbar.

In mir stieg eine Beklemmung auf. Sie wurde durch die nächste Information beinahe zu einem Klumpen, der mir fast im Hals stecken blieb. Denn meine steifen und sehr nach vorn gezogenen Schultern, die beidseits eine Ruptur der Rotatorenmanschette zeigten, sollten durch einen operativen Eingriff unter Röntgenkontrolle behandelt werden – wie abenteuerlich! Darüber hinaus wollte der Rheumatologe meine Zustimmung *sofort*!

Jetzt hieß es: **stark bleiben!** Dabei fühlte ich mich plötzlich so erbärmlich klein.

Dennoch spürte ich in meinem tiefsten inneren Schatzkästchen wieder eine Auflehnung und eine kraftvolle Selbstverantwortung, so als hielt ich meine Hände schützend über ein hilfloses kleines Wesen. Viele Male schon hatte ich mich in ähnlichen Situationen befunden! Nur dieser Vormittag erforderte von mir weitaus mehr an Kraft. Mein Körper sollte *entfremdet* werden!

Merkwürdig, woher nahm ich nur meinen inneren Mut und die erstaunliche Ruhe, die so wunderbar Besitz von mir nahm. Aber mein Kopf glühte. Diesem Geschehen war ich nicht allein ausgesetzt, denn ich fühlte einen verborgenen Beistand.

Als ich wieder zu meiner inneren Ruhe gefunden hatte, konnte ich ohne große Emotionen kritisch zuhören, um dann auch meine eigenen Vorstellungen zu erörtern.

Jedoch hatten sie für den Rheumatologen keinerlei Bedeutung, noch konnte er ihren Sinn erfassen. Unsere Standpunkte waren zu konträr. Jeder von uns beiden glaubte, dass seine Sichtweise die einzig richtige wäre. Sicher empfahl er mir aus seiner Sicht das vollkommen Richtige, dass möchte ich gar nicht streitig machen.

Und wie sehr hatte ich mir gerade für diesen Termin einen *Menschen* anzutreffen gewünscht, der mich in meinem positiven ganzheitlichen Denken und Mitwirken bestärken und mit nebenwirkungsfreien Therapien ein Stück meines Weges verständnisvoll begleiten würde. Stattdessen bekam ich immer deutlicher zu spüren, dass sich hier zwei völlig verschiedenartige Menschen gegenüber saßen. Oder vielleicht waren wir gar nicht so verschieden, hatte nur jeder für sich eine andere Einstellung zum Gesundwerden.

Auf diese Weise war jede Annäherung zum Scheitern verurteilt, denn keiner von uns war bereit, auch nur einen Millimeter von seiner Meinung abzurücken. Ja, wir führten ein höfliches, distanziertes Gespräch, welches mich innerlich sogar wieder so sehr festigte, dass ich diesem Arzt meine tiefsten Einblicke zu verstehen gab.

Und zu jenem Augenblick hörte ich mich auch schon *Platon* zitieren:

> *„Es ist ein großer Fehler,*
> *dass es Ärzte für den Körper*
> *und Ärzte für die Seele gibt,*
> *da beides doch nicht*
> *voneinander getrennt werden kann."*

Christa, wo hast du denn gerade diesen Mut hergenommen?

Und ein großer, entsetzter Blick war plötzlich auf mich gerichtet. Ich fühlte, gleich ist das Maß voll. Dennoch dachte ich, Christa, du bist wunderbar, wer spricht aus dir?

Ich blieb weiterhin ruhig und klar. Am liebsten hätte er mich – gelinde gesagt – aus seiner Praxis beordert. Dann – welch ein Moment! – wurde der Rheumatologe für einen Augenblick aus dem Zimmer gerufen. Tief durchatmend begann ich mich zu entspannen, jetzt konnte ich loslassen, um einen kühleren Kopf zu bekommen, der sich ohnehin schon ziemlich glutrot und heiß anfühlte.

Allein – mit welch einem Ergebnis konnte ich diese Praxis wieder verlassen? Hatte ich doch von diesem Menschen so große Hilfe erwartet, wenn ich auch im Moment selbst nicht wusste, wie. –

Oh, lieber Gott, lieber guter Gott, hilf mir, hilf mir, ohne persönliche Verletzungen für ihn und mich, gut aus dieser verfahrenen Situation heraus zu kommen! Jetzt, jetzt, jetzt! Ich brauche dich und ich danke dir! – Denn noch ergab es keinen Sinn, jetzt aufzustehen und zu gehen, denn was sollte ich *danach* tun?

Zu oft hatte ich mir in eben diesen für mich schweren Stunden einen seelenverwandten Menschen zur Stärkung an meiner Seite gewünscht. Gerade in den letzten Jahren und speziell in diesem Jahr durchlebte ich ein auf und ab bei meiner immer schwerer werdenden und unaufhaltbaren Erkrankung. Weil ich mich so haltlos fühlte, wurde die Sehnsucht nach einer schützenden Umhüllung meiner selbst immer größer. Ich glaubte immer noch im Äußeren mein Heil zu finden. Aber die meisten Menschen in meinem Umfeld waren so sehr mit sich selbst und ihren eigenen Problemen beschäftigt, dass es kaum einem von ihnen auffiel, wie jämmerlich ich mich fühlte. Darum erstaunt es mich im Nachhinein schon, wie ich in so entscheidenden Situationen wuchs und im entsprechenden Augenblick eine unbeschreibliche Energie erreichte, die es mir nicht schwer machte, die momentanen Herausforderungen meiner Selbstverteidigung und Darlegung meiner Einstellungen, die auch *nur für mich* Gültigkeit hatten, klar zu äußern. In meinem desolaten psychischen und physischen Zustand durfte ich diesen Körper mit all seinen Freuden und Schmerzen *auf keinen Fall* durch Eingriffe, die für mich undurchschaubar waren, und Behandlungen, deren Heilungschancen niemand garantieren konnte, in Gefahr bringen. Mein Herz war auf ein Ziel gerichtet, welches ich selbst zu diesem Zeitpunkt noch nicht definieren konnte. Sicher ließ ich mich darum unbewusst auch nicht entmutigen, wenn die Dinge um mich herum auch schwieriger und mühevoller wurden, und ich mich innerlich und äußerlich eher dem Abgrund nahe fühlte. Was konnte ich nur tun? Wo fand ich den Kompass, der mir meine Richtung weisen konnte? Und, schaffte ich es dennoch, guten Mutes zu bleiben?

Durch das plötzliche Eintreten des Rheumatologen in den Raum wurde ich augenblicklich in die Gegenwart zurückgerufen. Er hatte sich meine Befunde und Aufnahmen angesehen und nun hörte ich, wie er forsch und unmissverständlich von den nun endgültig notwendig gewordenen operativen Eingriffen auf mich einsprach. Statt *Ja und Amen* zu sagen, schossen mir wieder blitzschnell Bilder und Gefahren wie evtl. Infektionen durch den Kopf, ganz zu schweigen von den möglicherweise notwendig werdenden Eingriffen durch locker werdende künstliche Gelenke oder Beindifferenzen. Diese Vorstellungen machten mich beinahe schwindelig. Wenn ich diese Begebenheiten nicht alle wirklich gehört und darüber gelesen hätte, würden sie auch nicht in meinen Gedanken kreisen. Daher brach leise aber unaufhaltsam eine übergroße Auflehnung aus mir hervor und ebenso graute mir davor, aufgrund dieser Behandlung, Menschen und Gegebenheiten ausgeliefert zu sein. Ich bekam große Befürchtungen, meine Identität zu verlieren, wenn ich jetzt meine Einwilligung erteilen würde, auf die er schließlich augenblicklich wartete. Würde ich zustimmen, geriet mein ganzheitliches Körperbewusstsein unwiederbringlich aus den Fugen, das spürte ich einfach.

Schlagartig wurde mir klar, dass ich jetzt mit dem Rücken zur Wand stand und mit höchster Konzentration suchte ich nach einem Weg, um unbeschadet aus dieser Situation herauszukommen. Mein Herz klopfte und schlug mir abermals bis zum Hals. Wie oft schon hatte ich flehend und weinend vor einem Arzt gestanden und erklärt, dass ich außer physikalischen Therapien nichts an meinen Körper heranlassen möchte.

Ich wollte Suchen und Finden.

Unbeirrt wollte ich meinen ganz persönlichen Weg der Heilung gehen. Wie sehr fühlte ich mich in diesem Augenblick von meiner Kinderzeit eingeholt, als der Amtsarzt mir prophezeit hatte, dass ich mit 21 Jahren neue Hüftgelenke bekommen müsste. War es nun soweit?

Aber, um gesund zu werden, war ich auf der Suche nach einer ganzheitlichen Methode. Spürte ich intuitiv, dass es sie gab?

Doch an diesem Vormittag prallten stattdessen einfach zwei verschiedene Welten aufeinander, von denen sicherlich jede ihre Gültigkeit hat. – Ich denke aber, es gibt keinen Anspruch auf Allgemeingültigkeit – auch in der Medizin nicht –, die allen Menschen immer gleich gut hilft, so wie es keine Anhäufung von Worten gibt, die allen Menschen dasselbe sagt.

Meine Einsicht ist meine Einsicht. Und so manche Einsicht in die eigene Wahrheit kann man mit fast niemandem teilen.

Fazit: Wenn es nach den Empfehlungen dieses Rheumatologen gegangen wäre, so hätte ich große Aussicht auf eine Patientenkarriere gehabt. Und dazu würden mich pharmazeutische Gifte und medizinische Apparate treu begleiten.

Wir kamen also auf keinen gemeinsamen Nenner. Weil der Rheumatologe mit den vorgeschlagenen Medikamenten und Operationstherapien keine Besserung versprechen konnte, lehnte ich die Behandlungen und Eingriffe vehement ab. Daraufhin argumentierte er, dass im Wartezimmer noch mehr Menschen säßen, die auf ihn warten. Mein wiederholtes Bitten um die Möglichkeit einer Behandlung – aber nur – meines Immunsystems stieß auf erheblichen Widerstand. Nach Ansicht des Rheumatologen sei das keine Behandlungsmöglichkeit für meine enormen somatischen und organischen Defekte. Danach erfolgte die Rücküberweisung zur Hausärztin.

Das war es also – an diesem grauen Oktobertag im Jahr 1996, der schon die Vorboten des nahenden Novembers spüren ließ. Die Natur zeigte sich nasskalt und dunkel. Dieser Morgen in seiner morbiden Einfachheit – war ich nicht gerade zu dessen Spiegelbild geworden?

Einsamkeit umhüllte mich.

Ich hatte all meine Hoffnungen in diesen Tag gesetzt, so sehr um Beistand gefleht – und dann doch mutterseelenallein entschieden. Augenblicklich hatte ich mich aus einer Umgebung gelöst, in die ich mich nur hätte fallen zu lassen brauchen. Alles Weitere hätten die Anderen für mich entschieden. Meine Aufgabe in diesem Mitwirken wäre nur gewesen, Hingabe, völlige „Hingabe" meines Selbst, um die somatischen und organischen Defekte reparieren zu lassen.

Ich aber wollte mich nicht für Experimente oder meinetwegen auch Routineeingriffe ohne Heilungsgarantie zur Verfügung stellen. Dieser trübe Vormittag war dennoch so reich an Klarheit, aber auf der anderen Seite fühlte ich mich so leergefegt. Vielleicht, weil ich mich selbst in ein Nichts manövriert hatte? Diese Situation erschien mir plötzlich so endgültig und ausweglos. Wo waren meine Hoffnungen, wo mein Ziel? Vor ein paar Minuten noch erschienen mein Auftreten und meine Äußerungen noch so selbstsicher – und nun? Offensichtlich war mein Verstand gerade so diffus wie mein gesamtes Krankheitsbild.

Langsam wurde ich ruhiger.

Dann fühlte ich endlich wieder, keine Sekunde falsch gehandelt zu haben, empfand jedoch Betroffenheit über jenes chaotische Wechselspiel von Erwartungen an eine gezielte und erfolgreiche Unterstützung.

Aber wie sollte es nun weiter gehen, allein?

Und darum durfte ich mich und meine Handlungsweise in diesem Augenblick auf keinen

Fall in Frage stellen, wenn auch der wiederkehrende Gedanke aufkam, so eigenmächtig gegen den Strom zu schwimmen. Denn in Wirklichkeit brauchte ich doch nun dringend Hilfe.

**War ich vielleicht doch
gerade einen Schritt zu weit gegangen?**

Woher nahm ich mir eigentlich das Recht, mich so entschieden gegen die Schulmedizin aufzubäumen und so selbstverständlich loszusagen? Aber bald schon spürte ich, wie in meiner Betrachtungsweise und Betroffenheit wieder und wieder eine leise Zuversicht hervorkam und mich spüren ließ, Christa, du bist es wert zu leben, du bist stark und du wirst deinen Weg finden. Im Alleingang?

Wie verschleiert, wenn auch zögernd war da eine Kraft, ja eine Lenkung. Denn warum sonst hätte ich im entscheidenden Augenblick alles so gelassen und zuversichtlich abgeschlagen und für mich als nicht akzeptabel, ja sogar als Eingriff in meine ganz individuelle Persönlichkeit abgetan, obwohl ich doch dringend Hilfe benötigte?

**Eine Lösung hatte ich nicht,
dafür aber alles riskiert.**

In diesem Augenblick jedoch war meine Vorstellung darüber, wie es weiter gehen sollte, völlig unklar und trotzdem fühlte ich mich frei und wie von einer unendlichen Last befreit. Mehr konnte ich darüber hinaus nicht mehr denken. Sehnsucht nach dem Alleinsein erfüllte mich. Ich sehnte mich danach, Abstand von diesem etwas ungewöhnlichen Arztbesuch mit allem, was hinter mir lag, auch von all meinen Jahren, zu erlangen.

Mit meinen letzten Reserven hatte ich mich gerade aus dem Land der schneeweißen Kittel verabschiedet und fuhr ins Niemandsland.

Immer noch fiel ein leichter Regen auf mein Auto. Wie gut, dass mir wenigstens die Scheibenwischer eine zuverlässige und klare Sicht auf dem Weg nach Hause gaben. Ihr monotones Geräusch wirkte wohltuend und beruhigend zugleich.

Ein Kind der Natur fuhr seiner Zukunft entgegen. Tränen der Erschöpfung kullerten heiß über sein aufgedunsenes und gerötetes Gesicht, es ließ ihnen freien Lauf. Das Kind war so froh über sein bisheriges standhaftes Durchhaltevermögen und seine jetzige Entscheidung. Und als – wenn auch schlechter – Schwimmer, so „schwamm" Christa doch wieder einmal mit aller Kraft gegen den Strom, auch wenn sie es noch nicht wusste, aber doch schon zur Quelle hin! Vieles im Leben hat seine zwei Seiten, oder – wie eine liebe Freundin gern zu sagen pflegt: „Am Ende des Tunnels ist ein Licht."

Ein paar Tage später folgte ein Nachgespräch mit meiner Internistin. Für Menschen, die mit Menschen arbeiten, blieb ich weiterhin ein offenes Buch und war daher gespannt, welche Seite sie heute aufschlagen würde.

Befund des Rheumatologen

Als erstes las sie mir den Bericht des Rheumatologen vor, den ich hier in einer Abschrift wiedergebe:

„ *... Sehr verehrte Frau Kollegin ..., 19.10.1996*
... ich berichte Ihnen über die rheumatologische Untersuchung von Christa Knauf, geb.: 10.02.52
Diagnose: Erwachsenenform einer seronegativen Juvenilen rheumatoiden Arthritis;
schwere Schädigung der Schultergelenke durch Ruptur der Rotatorenmanschetten;
schwere sekundäre Coxarthrosen beidseits;
Osteoporose;
Befund: Eindeutige floride Synovitiden mit Ergussbildung finden sich an beiden Kniegelenken. Außerdem diskrete Synovitiden am rechten Handgelenk und an mehreren Zehengrundgelenken. Ansonsten bestehen ausgedehnte Gelenksveränderungen mit Deformierungen, Kontrakturen und Gelenkdestruktionen bei Zustand nach langjähriger rheumatoider Arthritis. Hervorzuheben ist eine Achsfehlstellung der Finger an der rechten Hand mit Radialdrift, eine Bajonettfehlstellung beider Handgelenke als Ausdruck einer Subluxation. Die Greifkraft wird an der rechten Hand mit 0,32 bar und an der linken Hand mit 0,40 bar gemessen. Ferner Sekundärarthrosen beider Ellenbogengelenke mit Streckdefizit von 15° rechts und 10° links. Hochgradige Funktionsminderung, um etwa ½ der Norm an beiden Schultergelenken mit klinischen Zeichen einer Ruptur der Rotatorenmanschette (Innen/Außenrotation rechts 5° / 0° / 70°; links 10° / 0° 70°. Elevation und Abduktion

beidseits bis 130°). Daumen-Vertebra-Prominens Abstand rechts 33 cm, links 34 cm. Hochgradige Funktionsminderung an beiden Hüftgelenken. Das linke Hüftgelenk ist nahezu völlig blockiert bei Beugekontraktur von 15° und maximaler Flektion bis 70°. Rotation völlig aufgehoben. Am rechten Hüftgelenk Beugekontraktur 10°, Beugung 70°; Innen-Außenrotation 5° / 0° / 5°. Valgusfehlstellung des linken OSG mit Funktionsminderung, um 1/3 der Norm. Subluxation / Luxation aller Zehengrundgelenke mit ausgedehnter Schwielenbildung an den Vorfüßen.

Röntgendiagnostik: Beurteilung mitgebrachter Röntgenaufnahmen:

Röntgen Beckenübersicht ap 06.04.95 Dr. A. AO: Altersentsprechender Kalksalzgehalt. Schwerste sekundäre Coxarthrose beidseits – anscheinend bei Zustand nach Arthritis bzw. Hüftkopfnekrose. Unauffällige Darstellung der Iliosacralgelenke.

Röntgen LWS in 2 EB: Deutliche rechtskonvexe Seitwärtsverbiegung der LWS. Physiologische Lordose der LWS. Verminderte Strahlentransparenz der LWK. Keine Deckplatteneinbrüche an den LWK. Iliosacralgelenke degenerativ verändert.

Hier gefertigte Röntgenaufnahmen:

29.09.1996: Röntgen beide Hände ap und schräg: Eine stark ausgeprägte gelenknahe Osteoporose als arthritisches Kollateralphänomen an Handgelenken sowie MCP- und PIP-Gelenken spricht zusammen mit Weichteilschwellungen und Knopflochdeformitäten der Finger IV und V links für eine chronische Polyarthritis im Stadium III nach Steinbrocker. Keine erosiven Veränderungen!

Röntgen beider Vorfüße ap und schräg: Angedeuteter Spreizfuß beidseits mit Hallux valgus – Angedeutete Rarifizierung der Knochenstrukturzeichnung in allen Metatarsalköpfchen und leichte Weichteilschwellungen sowie Deformierungen der Metatarsalköpfchen durch inaktive, abgeheilte Usuren sprechen für eine Polyarthritis. Subluxation der Großzehenendgelenke beidseits.

Röntgen beider Schultergelenke ap: Sekundärarthrosen beider Schultergelenke nach abgelaufenen Arthritiden mit Ausbildung ganz erheblicher Osteophyten an der kaudalen Gelenkflächenbegrenzung beidseits. Inaktive Erosionen, rechts wesentlich deutlicher als links, am Humeruskopf im Ansatzbereich der Supraspinatussehnen. Humeruskopfhochstand als Zeichen einer Schädigung der Rotatorenmanschette beidseits. Diffuse Osteoporose.

Röntgen beider Kniegelenke in 2 EB: Beidseits erhebliche Sekundärarthosen nach abgelaufenen Arthritiden. Anschließend hochgradige diffuse Osteoporose mit Rarifizierung der Knochenstrukturzeichnung und erhebl. Verdünnung der Cortikalis.

<u>Labor:</u> 25.09.1996: KREA = 0,5 (-); AP = 52 (-); GGLOB = 20,9 (+) IGA = 472 (+); IGG = 1729 (+); FE = 33,9 (+); 25.09.1996: BSG: 7/18

<u>Behandlung:</u> 11.10.1996: Sehr ausführliche Besprechung der geplanten Behandlung. Meiner Meinung nach ist einerseits eine antirheumatische Basistherapie erforderlich, andererseits sollte in jedem Falle zusätzlich eine möglichst gezielte Osteoporose Therapie erfolgen. Hierzu schlug ich eine Beckenkammstanze vor sowie die Analyse

der weiteren für den Knochenstoffwechsel relevanten Parameter. Dies erscheint umso wichtiger, als die zuvor durchgeführte Knochendichtemessung einen niedrig normalen Wert ergab und das untersuchte 25-OH-Cholecalciferol im Normbereich liegt, während die Röntgenbilder eine deutliche Verdünnung der Kortikalis aufzeigen. Zur Ergänzung der Vordiagnostik wäre eine Analyse des 1-25-OH Cholecalciferols, des Parathormones und eine eingehende Analyse der renbalen Ausscheidungsfunktion erforderlich. Fußend auf diesen Ergebnissen könnte dann eine gezielte Therapieplanung erfolgen.

All dies fand bei der Patientin wenig Gegenliebe – ebenso wie meine Vorschläge, sich wegen der Probleme an den Hüft- und Schultergelenken bei einem operativ tätigen Rheumatologen (Orthopäd. Uniklinik Bochum) vorzustellen. Auch mein Vorschlag eine milde Basistherapie einzuleiten, da nach klinischen Kriterien eindeutige Arthritiden an beiden Kniegelenken und an den Handgelenken nachweisbar sind, fand keinen Anklang.

Ich sehe somit keine Basis für weitere diagnostische und therapeutische Bemühungen meinerseits. Die von der Patientin immer wieder angeführte „ganzheitliche Behandlung" kann ich nicht als „ganzheitlich" sehen, da sie die somatischen und organischen Defekte anscheinend nicht therapieren will. Eine Behandlung nur mit Ernährungsexperimenten, „positivem Denken" und Krankengymnastik kann hier sicher nicht ein langfristiges Bewahren der noch bestehenden Gelenkfunktion garantieren.

Mit freundlichen Grüßen ...“

Für medizinische Laien mag dieser Text gleichermaßen furchterregend und unverständlich klingen. Zum besseren Verständnis füge ich an dieser Stelle die Übersetzung, die Aloys mir gegeben hat, ein. (Sollte in der Übersetzung aus medizinischer Sicht ein Fehler sein, werden wir dies in der nächsten Ausgabe korrigieren)

· *zu a) Schultergelenke:*
Hochgradige Funktionsminderung, um etwa ½ der Norm beidseits und Ruptur der Rotatorenmanschette.
Sekundärarthrosen beider Schultergelenke.
Ausbildung ganz erheblicher Höcker an der kaudalen Gelenkflächenbegrenzung,
inaktive Zerfressungen am Oberarmkopf rechts, wesentlich deutlicher als links,
Oberarmkopf-Hochstand als Zeichen einer Schädigung der Rotatorenmanschette beidseits.
Diffuse Osteoporose.

· *zu b) Hüftgelenke:*
Hochgradige Funktionsminderung beidseits.
Linkes Hüftgelenk nahezu völlig blockiert, Rotation völlig aufgehoben. Rechtes Hüftgelenk ähnlich.
Valgus-Fehlstellung des linken OSG mit Funktionsminderung, um $1/3$ der Norm.
Schwerste sekundäre Hüftgelenk-Arthrose beidseits und Hüftkopfnekrose (Hüft-Kopfgewebe teilweise abgestorben).

· *zu c) Kniegelenke:*
Eindeutige Gelenkhautentzündungen mit Ergussbildung an beiden Kniegelenken. Erhebliche Sekundärarthrosen und hochgradige

diffuse Osteoporose mit Rarifizierung (Auflockerung) der Knochenstrukturzeichnung und erhebliche Verdünnung der corticalis.

· *zu d) Handgelenke:*
Bajonett-Fehlstellung beider Handgelenke als Ausdruck einer Subluxation,
Gelenkhautentzündungen an beiden Handgelenken,
Achsfehlstellung der Finger an der rechten Hand mit Radialdrift.
Stark ausgeprägte gelenknahe Osteoporose als arthritisches Collateralphänomen an Handgelenken sowie MCP (Mittelhandknochen) und PIP-Gelenken (Fingergelenke) spricht zusammen mit Weichteilschwellungen und Knopflochdeformitäten der Finger 4 und 5 links für eine chronische Polyarthritis im Stadium III nach Steinbrocker.

· *zu e) Ellenbogengelenke:*
Sekundär-Arthrosen beider Ellenbogengelenke mit Streck-Defizit.

· *zu f) Vorfüße:*
Gelenkhautentzündungen an mehreren Zehengrundgelenken.
Subluxation/Luxation (Verrenkung) aller Zehengrundgelenke.
Angedeuteter Spreizfuß beidseits mit hallux valgus.
Subluxation und reaktive Überstreckung der Großzehengrundgelenke beidseits.
Angedeutete Rarifizierung der Knochenstrukturzeichnung in allen Metatarsal-Köpfchen (Mittelfußköpfchen), Weichteilschwellungen sowie Deformierungen der Metatarsalköpfchen.

· *zu g) Bechterew: HLA–B–27 positiv (seit 1985 erkannt).*

Nachdem meine Internistin mir den Bericht des Rheumatologen vorgelesen hatte, hatte ich nur noch einen Wunsch, diese sterile und „giftige" Welt, die mir fast die Luft zum Atmen nahm, gleichermaßen respektvoll wie endgültig zu verlassen. Wie auch konnte meine Internistin mir einen anderen Vorschlag außer „Cortison & Co." machen? Sie blieb freundlich, wenn am Ende sogar schließlich nachgiebig, als ich sie um Bedenkzeit bat und ihr versprach, wieder von mir hören zu lassen.

Dieses Versprechen löste ich zwei Jahre später ein. – Und nach dieser Zeit stand vor ihr ein umgewandelter, beinahe vollkommen neuer Mensch. Aus Zeitungsberichten und von ihren anderen Patienten war sie bereits bestens über mich und mein Geschehen informiert. Voller Bewunderung und voll des Lobes und der Freude über meine ganzheitliche Veränderung schloss sie mich herzlich und liebevoll in ihre Arme. Dann sahen sich zwei strahlende und überglückliche Menschen mit Tränen in den Augen an.

In tiefer Liebe und im Wissen um das Geschehene, bezogen wir den wertvollen Menschen mit ein, der mir ein neues Leben schenken durfte, als für mich fast alles verloren schien!

Mein Ausharren war belohnt worden.

Klarheit und Ganzheit
offenbaren sich mir

Bevor ich dieses Versprechen einlöste, konnte zu keiner Zeit ein Arzt für meine Gesundheit die Autorität Nummer eins sein. Wissen und Können konnten sie mir ruhig anbieten aber die Entscheidung ließ ich mir nie nehmen.

Lieber Gott, ich gründe meine Sicherheit in dir, lass uns Hand in Hand weitergehen. Mit dir kann ich Ganzheit denken, mich als ganzen Menschen wissen und sehen. Ich wusste, dass Gott mich lieb hat. Und mit dem immer wiederkehrenden Gefühl der inneren Standfestigkeit wollte ich noch einmal aufbrechen und allem standhalten. Und in der Tat, bald sollte alles sehr, sehr gut werden.

Ich zog mich aus einer Welt zurück, die nicht mehr die meine war, und kehrte ihr den Rücken. Vieles begann ich hinter mir zu lassen. Es wurde mir immer klarer, wie wichtig und notwendig es geworden war, genau zu diesem Zeitpunkt mich auch von lieben Menschen und Gewohnheiten zu lösen, die mir einst sehr wichtig und gut waren. Nun aber spürte ich auf meiner ganzen Ebene, dass ich aus dieser einst mir so sehr wohltuenden Welt, durch die ich meine Schmerzen und Ausweglosigkeit zeitweise überbrücken konnte, verlassen musste, ich hatte keine andere Chance. Im vollkommenen Glauben und Vertrauen musste ich vorwärts gehen, sogar ohne zu wissen, *warum* ich es tue. Ich musste aus meiner Intuition und Eingebung handeln und das tun, mag es auch zunächst völlig ungereimt oder grundlos erscheinen. Nichts fühlte ich mehr, als dass es richtig ist. Es gab viele Einflüsse im Leben, die mich oft aus dem Gleichgewicht geworfen hatten.

Niemals zuvor war es mir so wichtig erschienen, mich mit der Bedeutung und dem Sinn meines Daseins auseinanderzusetzen, um mich und meinen Körper zu retten. Und dazu musste ich frei sein, frei von äußeren Sachzwängen und materiellen Werten, es hieß den Zugang zu meinem erfüllten Leben zu finden. Längst waren mir die Äußerlichkeiten, das Profilieren und Oberflächlichkeiten und die so vergänglichen Dinge unbedeutsam und nichtig geworden. Natürlich war mein Lossagen von Menschen aus der vergangenen Zeit sehr schmerzlich, hatten sie doch zu einem wichtigen Teil meines Lebens beigetragen. Und es war so gut zu spüren, wie mein Mann mich in meinen Bedürfnissen und Entscheidungen unterstützte.

Ich denke, dass es kein Zufall war, dass mir gerade zu diesem Zeitpunkt der Artikel von *Maria Theresia* in die Hände fiel:

„Alles strebt nach Höherem und mehr, was mit Geld und Macht leicht realisierbar ist. Doch wo bleibt die Güte, das Verständnis für den anderen, die Herzlichkeit. Wenn man in anderen Dimensionen schwebt, verliert man leicht den Blick für das Einfache, Schlichte. Vielleicht kommt jeder irgendwann zu seinem Ursprung zurück, wo er die Menschen mit ihren Schwächen und Wünschen wieder versteht und ihm entgegen gehen kann".

Ihre Gedanken reihten sich zu meiner Umbruch-stimmung und sprachen mir aus der Seele. Sie war die Bestätigung meines innerlichen Fühlens.

Unsere Welt besteht nun einmal aus Verände-rungen.

„Wenn Sie aufgehört haben,
sich zu verändern,
dann haben Sie
aufgehört zu leben."
Benjamin Franklin

Und weil es mir anders nicht möglich war, bat ich in Gedanken alle um Verständnis und Verzei-hung und dankte ihnen für die gemeinsame Zeit, die mir früher gut und wichtig gewesen war. Nun aber hatte ich keine andere Wahl, wenn ich mich nicht selbst verlieren wollte.

Und so löste ich mich mit allen Konsequenzen aus meinem bisherigen äußeren LEBEN!

Das hieß, ich durchlief einen weiteren schmerz-haften Räumungsprozess und befreite mich von jeglichem Einfluss und Druck. Völlig leer und bedeutungslos verliefen meine Tage in diesen Wochen. Wie die schöne Fassade eines völlig leer geräumten und bis in alle Ecken gereinig-ten Hauses, welches dann in liebevoller Sorgfalt sinnvoll eingerichtet werden kann. Ein neuer Geist durchflutete nun alle Räume dieses schö-nen Hauses. Oder auch wie der kräftige, stämmi-ge Baum, der sich im Herbst – und das alle Jahre wieder – von seinem dahinwelkenden Laubwerk und spröden Geäst befreit und trotz der Winde und heftigen Stürme von außen *im inneren* ausharrt, bis er völlig leer und kahl dasteht. Dieser Baum gibt seine Hoffnung nicht auf, obwohl er sich aller äußerlichen Dinge entledigt hat, um im Frühling seine bis dahin innere Zeit des Reifens mit dem Neuen zu erfüllen und seine zarten und gereiften Knospen schließlich in voller Kraft und Blüte zum Himmel empor strahlen lässt und sich an seinem wunderbaren neuen Leben erfreuen kann, während er langsam davon erfüllt wird. Nur so kann er den Menschen durch seine gesunde Ausstrahlung Sauerstoff und Schatten spenden.

Um eine Klärung nach dem Sinn MEINES LEBENS, verbunden mit dem unaufhaltsamen Fortschreiten meines Krankheitsbildes zu erspüren und ans Tageslicht zu bringen, konnte ich nur auf diese Weise für mich diesen Prozess des Aufräumens wählen.

Über diese schmerzhaft durchlebte Zeit fand ich wohl auch den Zugang, nämlich zur ganzheitlichen Selbstheilungsmethode und dann schließlich auch den Sinn meines überaus dankbaren DASEINS.

Wie ferngesteuert, so bestärkt ließ ich einfach und furchtlos die Türen hinter mir ins Schloss fallen, hinter alten, teilweise auch negativen Mustern, Beschränkungen, alten Blockaden und Situationen, die nicht länger hilfreich und nützlich für mich waren.

Meine Zeit nahte.

Intuitiv, der Eingebung folgend

Im November 1996 las ich in der Tageszeitung, dass der ehemalige Chemiker Dr. Aloys Hoverath, der mir leider völlig unbekannt war, wieder einen großen und erfolgreichen Vortrag über seine ganzheitliche Behandlungsmethode gehalten hatte. Sonderbarerweise fiel mir dieser Artikel aus der Zeitung erstmalig bewusst auf. Eine große Neugierde erfasste mich. Ich *musste* ihn kennen lernen. Aber wie? Denn am Vortragsabend hätte ich diesen so sehr gefragten Mann niemals anzusprechen gewagt. Bei der immensen Anzahl von interessierten Zuhörern, (ca. 700) und den hohen Erwartungen, die all diese Hilfesuchenden in diesen einzigartigen Menschen setzten, während sie möglichst schon auf direkte Hilfe hofften, da hätte ich nie den Mut und das Durchsetzungsvermögen aufbringen können ihn persönlich zu kontaktieren. Außerdem hätte mich zu jenem Zeitpunkt schon allein diese große Menschenschar so sehr verunsichert, dass mein schwaches Selbstbewusstsein unaufhaltsam und vielleicht dann für immer dahingeflossen wäre und ich mein Suchen sicherlich für immer aufgegeben hätte.

Es hatte nicht sein sollen. Große Verzweiflung erfüllte mich, sie tat mir nicht gut, nicht zu diesem Augenblick!

Es gibt einen richtigen Augenblick und eine richtige Zeit für alles

Zurückgezogen in meiner Stille pochte dennoch ein eigenartiges und unaufhaltsames Drängen, welches so plötzlich wuchs und förmlich Besitz von mir nahm. Ach, ich wünschte mir nichts sehnlicher, als Dr. Hoverath persönlich kennen zu lernen. Nur, wie sollte ich das verwirklichen?

Eines Tages, im Kreise von Bekannten, fragte ich vorsichtig, wer von ihnen den Chemiker Dr. Hoverath kenne? Ja, sofort gab es große Übereinstimmung, natürlich kannten ihn *alle*. Aber sie sagten mir im gleichen Atemzug: „Christa, der Mann ist so ausgelastet, da wirst du keine Chance haben, zu ihm zu kommen." Schlagartig war ich still, stellte diesbezüglich keinerlei Fragen mehr. Doch innerlich drängend und bittend spürte ich eine starke Herausforderung, mich mit diesem so sehr geschätzten Mann in Verbindung zu setzen. Hoffnung keimte in mir auf, die für neuen Antrieb und einen Versuch sorgte, wenn auch wieder im Alleingang, aber meiner geistigen Freiheit voll bewusst, es doch zu versuchen. Wer konnte mich denn schon zurückhalten, *wer*?

Christa, tu' etwas, dann geschieht auch etwas!

Mein Geist regte sich. Ich fühlte mich offen und empfänglich für das Neue. Meine Gedanken und Ideen begannen sich auf eine neue Lebensweise einzustimmen.

Meine erste Begegnung
mit Dr. Aloys Hoverath

Am 05.12.1996 rief ich fest entschlossen bei Herrn Dr. Hoverath an und bat um einen Termin. Höflich aber bestimmt signalisierte er mir: „Vor fünf, sechs Jahren habe ich keinen freien Termin, es ist ausgeschlossen. Ich schreibe ein Buch, habe eine große Familie, die behandelt werden muss, und darüber hinaus behandle ich schon fast Tag und Nacht so viele Patienten. Ich habe einfach keine Zeit mehr."

Ich war zutiefst erschrocken und schon wieder auf dem Weg, mich in mein Schneckenhaus zurückzuziehen, weil ich dieses Gespräch schon fast für beendet hielt. Ich wusste nicht, dass dieser Mann derart überlastet war. Doch plötzlich hörte ich ihn fragen: „Was haben Sie denn?"

Irritiert, wie benommen, brachte ich nur ein einziges Wort heraus: **„Alles"**, und begann daraufhin schnell und ängstlich, jedoch fest im Ton, über meine juvenile chronische Polyarthritis zu berichten. Noch wusste ich nicht, dass gerade zu diesem Zeitpunkt, in eben diesem Augenblick, ein ganz neues Leben in Reichtum und Fülle auf mich wartete – vor mir lag.

Zu meiner großen Verwunderung hörte ich plötzlich seine starke Stimme, kurz aber sehr bestimmend sagen: „Kommen Sie vorbei." Ich traute meinen Ohren nicht. Doch es bestand kein Zweifel, ich hatte es richtig verstanden. Ich war durch meine Aufgeregtheit so blockiert, dass ich erst einmal unsicher und vorsichtig nachfragte:

„Was – ich soll doch kommen?" – „JA, JETZT so-fort", betonte er wieder, „kommen Sie bitte *jetzt* zu mir." Mein Gesicht war mittlerweile glühend heiß angelaufen. Irgendwie verstand ich die Welt nicht mehr. Sein Sinneswandel brachte mich völlig aus der Fassung. Dann hörte ich ihn sprechen: „Ja, jetzt gleich, in 10 Minuten müssen sie hier sein."

Ach, ich konnte es fast immer noch nicht glauben, denn in Wirklichkeit verdaute ich noch sein entschiedenes „Nein" und fürchtete mich ständig davor, dass Dr. Hoverath den Telefonhörer zu früh auflegen würde. Aber jetzt durfte ich ganz sicher sein, wir hatten uns für 10 Uhr verabredet.

Ich war außerordentlich kribbelig und auf-geregt, ich konnte es einfach nicht fassen – ich durfte kommen. Und wie schnell doch die Zeit vergehen kann – plötzlich war eine Wartezeit von fünf bis sechs Jahren vergangen!

In meinem Perfektionsdrang stellte ich mir blitzschnell noch die Fragen: Konnte ich denn so zu ihm gehen? War ich etwa verschwitzt? Sollte ich noch einmal duschen? In Windeseile ordnete ich mich und lief wie aufgescheucht umher.

Dabei war es gerade zehn Minuten vor zehn Uhr vormittags und ich blitzsauber aber viel zu aufgeregt, um einigermaßen klare Gedanken zu fassen. Denn nun galt es einzig und allein, ich durfte zu Dr. Hoverath kommen.

Meine Käfigtür wurde mit einem Male weit ge-öffnet – ich erkannte meine Freiheit – es gab weder Einschränkungen, Grenzen noch Schran-ken, die mich hätten zurückhalten können.

Und es war mir so unwichtig, dass ich zu diesem Zeitpunkt nicht genau wusste, was mich erwartete. Auch, wenn ich eigentlich gar nichts über diesen Menschen in seiner Art und Weise wusste, so fühlte ich aber soviel, dass er mich, seit ich ihn das erste mal in der Zeitung abgebildet sah, magisch anzog.

Meinem Mann, der sich gerade in einem wichtigen Bauherrengespräch befand, signalisierte ich vor Freude und Aufregung zwischen Tür und Angel „meinen wichtigen Termin".

In diesem Augenblick war er derjenige, der verzichten musste, in diesem einen Fall konnte ich ihn nicht unterstützen, er musste es einsehen, darum konnte ich seinem ernsten, prüfenden und fragenden Blick sehr gut standhalten. Natürlich konnte ich ihn in seiner augenblicklichen Situation sehr gut verstehen. Nur dieses Mal – so glaubte ich – hatte *ich* ihm das Allerwichtigste aus *meiner* kleinen, unscheinbaren Welt zu sagen.

**In diesem Augenblick wurde ich
zum Mittelpunkt, ich, Christa.**

Ach, wann finden wir schon den richtigen Zeitpunkt, das Verständnis für unseren Nächsten? Oh, ich konnte ihn so gut verstehen. „Aber – bitte – nun verstehe mich", schrie es aus meinem Inneren, „denn ich kann heraus aus meiner Bedrängnis und – bitte – verstehe mich für *einen* Augenblick, nur mich, jetzt. Ich habe keine andere Wahl. Ich werde wieder für dich da sein, sobald ich zurück bin. Nur jetzt, jetzt *muss* ich diesen meinen erkämpften Weg gehen." Wohin er mich führen würde, konnte ich mir selbst ganz sicher nicht vorstellen. Nicht zu diesem Zeitpunkt. In Gedanken wünschte ich meinem Mann von ganzem Herzen ein gutes und erfolgreiches Gespräch mit seinem Klienten; sein Erfolg war längst vorprogrammiert.

So hatte mich das Telefongespräch mit Dr. Hoverath bereits von einer Sekunde auf die andere verändert und die Dinge nahmen ihren Lauf.

**Ein Kokon brach auf und
strömte meine ganze Hoffnung vor mir her.**

Nun sollten sich mir alle Türen zur Erkenntnis des wahren Selbstwertes, der Selbstachtung und Selbsthilfe öffnen. Sie sind ewig. Erwartungsvoll änderte ich die Zielrichtung meines Selbstbewusstseins vom Zerstörerischen zum Aufbauenden, von der Dunkelheit ins Licht, vom Alten ins Neue.

Und wirklich, das Blatt sollte sich von diesem Augenblick an für immer wenden.

**Meine Vergangenheit sollte
ab jetzt auch der Vergangenheit angehören!**

Oh Gott, ich war so aufgeregt und beschwingt zugleich. Ich war auf dem Weg zu IHM und bemüht meine Gedanken zu sortieren und mir ein paar Sätze zurechtzulegen, doch es wollte nichts so recht haften bleiben. Ich fühlte mich wie leer geblasen. Aber mein Herzchen sprang und pochte freudig und erwartungsvoll vor sich hin.

„Gott hat viele Türen geschaffen,
die zur Wahrheit führen,
und die er all jenen öffnet,
die mit den Händen des Glaubens
dort anklopfen."

Khalil Gibran

Ich *klopfte* an und eine ganz besondere Türe wurde mir geöffnet!

Welch ein schlichter, bescheidener, liebenswerter, freundlicher – ich könnte unendlich in dieser Art fortfahren – väterlicher, warmherziger und in seiner Ausstrahlung so starker Mann öffnete mir die Tür. Und mit weit ausgebreiteten Armen bat er mich hereinzukommen. Mit einer spürbaren Herzlichkeit reichte er mir seine große warme Hand. Als er die Tür hinter mir ins Schloss fallen ließ, wusste ich noch nicht, dass damit ein wichtiger Teil meines bisherigen Lebensweges hinter mir lag.

Ich durfte erfahren, wie das Alte abfiel und das herrliche Neue sich enthüllte.

Mein Blick für die Zukunft wurde geschärft

Ab sofort waren seine Blicke scharf auf mich gerichtet. Mehrere Male musste ich vor Dr. Hoverath mit all seinen geschärften Sinnen in seinem Wohnraum auf und ab gehen. Noch in diesen Momenten versuchte ich wie gewohnt aus meiner Körperhaltung, meinem Gangbild, also bemüht, nicht zu stolpern und zu schlurfen, mich von der besten Seite zu zeigen.

So war ich es doch gewohnt.

Aber Dr. Hoverath blieb mit seinen Röntgenaugen nichts, aber auch gar nichts verborgen. Meine stark nach vorne gezogenen Schultern versuchte ich möglichst unverkrampft aufzurichten, was natürlich nicht gelang. Dazu kamen die extremen X-Beine, das Nachziehen des linken Fußes und das schlurfende Gehen, was ihn innerlich am meisten erschreckte.

Nur wenige Wochen später, als ich schon im Ganzen an Stärke gewachsen war, teilte er mir seine Gedanken in diesem schrecklichen Augenblicke mit: „Christa, innerlich schlug ich meine Hände über dem Kopf zusammen und fragte nur immer wieder, ‚lieber Gott, was hast du mir denn da geschickt?'"

Was hatte er Aloys wohl geantwortet? Vielleicht etwa so: „Eine schwere Aufgabe liegt nun vor euch, Aloys und Christa. Dazu musstet ihr euch finden. Ihr habt auch eine große Chance, um dann zusammenzuarbeiten, um vielen kranken Menschen zu helfen." – oder ähnliches. Zumindest könnte er es aus heutiger Sicht so gemeint haben.

Dann bat er mich, meine Schuhe und Strümpfe auszuziehen und mich bequem in den Fernsehsessel zu legen. Und ehe ich mich's versah, lagen meine nackten Füße auch schon in seinen prüfenden Händen und all seine Sinne blieben weiterhin beobachtend auf mich gerichtet. Schlagartig durchströmte mich eine unbekannte Wärme.

Aber – oh Schreck – es überkam mich ein großes Entsetzen darüber, dass schon der leichteste Druck seiner Daumen-, Zeigefinger- oder Mittelfingerkuppen auf die entsprechenden Fußreflexpunkte starke nadelstichartige oder messerstechende Schmerzen verursachten.

Mir kam es so vor, als müsse ich die Wände hochgehen. Ich grub meine Hände immer tiefer in die Armlehne. Außer verschiedenen Schmerzensrufen und anderen Lauten in den verschiedensten Tonlagen, die den Raum erfüllten, brachte ich keine weiteren Silben heraus. Und eine auffallend wohlige Wärme durchzog meinen Körper und meine Hände begannen zu schwitzen. Meine Augen blieben magnetisch und erwartungsvoll auf Dr. Hoverath gerichtet, als wollte er mir etwas sehr Entscheidendes sagen. Doch sprach er mehr zu sich selbst: „Es ist doch immer wieder dasselbe."

Ich aber war nicht in der Lage nachzufragen, was er wohl meinte. Sein Wirken, das spürte ich schnell, wollte ich auf keinen Fall durch überflüssige Fragen stören. Selbst meine Laute, die mir doch ab und zu so unkontrolliert entfuhren, hätte ich am liebsten verschluckt. Aber es ging nicht. Überhaupt hatte ich mich jetzt nicht mehr im Griff. Beobachtend ließ ich es geschehen.

Plötzlich wurde mir bewusst, dass er bisher keine Zeit mit meiner Vorgeschichte verschwendete. Und kein Frage- und Antwortspiel, keinen inneren Kampf meinerseits, keine Ängste, kein Bitten und kein Flehen, eher ein vertrautes Hier sein. Seine Gegenwart ließ es einfach zu, dass ich mich fallen lassen konnte. Und etwas, das ich zu jener Zeit noch gar nicht in Worte fassen konnte, erfüllte den Raum. Offensichtlich spiegelte sich in meinen Füßen mein totaler Gesamtzustand. War das wirklich möglich?

**Bei weiterem Überprüfen meiner Reflex-
punkte spürte ich dann in aller Deutlichkeit,
dieser Mensch hatte mich in „seiner Hand."**

Für ihn wurde glasklar sichtbar, wie es um
meinen physischen und psychischen Zustand
bestellt war. Wozu sollte er mich mit Fragen quälen? Und das Wunderbare, das ab jetzt mit mir
geschah, lag in *seinen Händen*, seinem logischen
Menschenverstand. Wozu sollte ich etwas sagen
oder erklären müssen – alles überflüssige Worte, nichts davon wäre wichtig gewesen. Meine
Füße und mein äußeres Erscheinungsbild sagten ihm längst alles über meinen Gesundheitszustand. Längst war der Augenblick gekommen, in
dem meine Füße Dr. Hoverath näher waren und
sie ihm nichts, aber auch überhaupt gar nichts,
verschwiegen. Sie konnten sprechen, aber wie,
und er hörte ihren offenen und ehrlichen Worten zu!

Zum ersten Mal in meinem Leben wurden meine Füße geachtet, kamen meine Füße *zu Wort*.
Und sie erzählten und erzählten in einem fort.
Mir gegenüber drückten sie sich durch heftige
Nadelstiche und Schmerzen aus, die mein ganzes
Empfinden berührten. Mit Dr. Hoverath jedoch
nahmen sie einen tief greifenden und sehr ernsten, ehrlichen Dialog auf. Ich fühlte, wie mein
Körper weicher wurde, förmlich dahinschmolz
und zu nichts anderem fähig war, als dass ich
leise zu weinen begann. Ich wollte nicht unhöf-
lich sein und bemühte mich, es zu unterdrücken.
Doch das Maß aller Dinge war wohl bis zum
Überlaufen voll und in mir brach haltlos alles zusammen.

Plötzlich schossen stille Fragen an die Oberfläche. Wie habe ich dieses unaufhaltsame Leid, die Demütigungen, die Zurücksetzungen, das Gehänselt-Werden wegen meiner körperlichen Veränderungen in der Kindheit und im Erwachsenenalter und somit das fortschreitende Schwinden der Gesundheitsqualität, der Kraft und Energie nur ertragen und doch gemeistert? Erbarmungslos erwachte meine diffuse Vergangenheit in all ihren Facetten. Eine tiefe Trauer erfüllte mich und drückte fortwährend auf meine Tränendrüsen. Heiß kullerten die Tränen über mein stark gerötetes Gesicht, ich schniefte und trocknete sie, während Dr. Hoverath mich in aller Seelenruhe weiter erforschte und mein Krankenbild enthüllte. Warum fand er nicht wenigstens *einen* Reflexpunkt, der seiner Überprüfung standhielt? Aber was hätte das letztendlich schon ausgemacht? Stattdessen tastete er sich glasklar und treffsicher in kürzester Zeit als perfekter Detektiv über meine schlauen und unaufhaltsam redenden Füße durch meinen ganzen Körper.

Ich war einfach überwältigt

Neutral, offen und abwartend war ich zu ihm gekommen. Nun erfuhr ich in aller Deutlichkeit und Ehrlichkeit, wozu meine Füße außer dem Schlurfen und dem Tragen eines maroden Körpers noch fähig waren. In diesem Augenblick ließ sich nichts mehr verbergen oder kaschieren. Dr. Hoverath forstete sich seelenruhig und treffsicher durch mein gesamtes, vernetztes Körpersystem.

Völlig sprachlos darüber, mit welch einer Genauigkeit meine Füße so direkt meinen Gesamtzustand zu erkennen gaben, empfand ich es in diesem Augenblick um so beschämender, meinen Füßen sowenig Beachtung geschenkt zu haben. Bisher hatten sie einfach nur zu funktionieren.

Ich dachte nur: „Meine Güte ich trage den Heilenden in aller Ehrlichkeit als Leibwächter in mir und war mir dessen nie, nie so klar bewusst, wie gerade in diesem bedeutsamen Moment."

.

Zeit der tiefen Erkenntnis
und des Loslassens

Mit welch einer Gabe und Fähigkeit werden wir Menschen doch geboren – und wie achten, schätzen und nutzen wir sie?

Oh, ich war so aufgewühlt und ergriffen

Dr. Hoverath fühlte, wie mir zu Mute war. Denn seit den achtziger Jahren schon wusste er um Erklärungen und das Finden von Ursachen und die Linderung, Behebung oder Heilung der viele daraus folgenden nicht erkannten Krankheiten. Darum auch sein Ausspruch: „es ist doch immer wieder dasselbe." Er achtet und schätzt diese ihm von Gott gegebenen Fähigkeiten, um den Menschen zu helfen, die willens sind, Mitverantwortung für ihre Gesundheit zu tragen.

Mein Kopf, mein Körper, alles war in Aufruhr, in Bewegung und so angenehm durchblutet. Göttliche Liebe, ich danke dir für diesen erhabenen Augenblick des Loslassens und dafür, was gerade zu diesem Zeitpunkt mit mir geschieht. Aber ich war so aufgewühlt und ergriffen. Vieles konnte ich so schnell auch gar nicht erfassen.

Dr. Hoverath war sich dessen längst bewusst und zeigte großes Verständnis für meine tiefe Niedergeschlagenheit. Dann hörte ich ihn liebevoll sagen: **„Kind, warum bist du nicht schon früher zu mir gekommen?** Denn seit Jahren predige ich gerade hier in Bottrop in meinen Vorträgen immer wieder, was zur Erkennung und Behebung von Krankheitsursachen zu tun ist."

Was sollte ich darauf antworten?

Außer: „Ich weiß es nicht, ich habe dafür keine Erklärung." Weiterhin überprüfte Dr. Hoverath die Fußreflexpunkte meiner geschwollenen Kniegelenke, der Hüftegelenke und der anderen Gelenke wie Schultern, Ellbogen, Hände und Finger. Ich glaube, er ließ in seiner Gründlichkeit kein Glied, aber auch gar nichts aus. Und das alles konnte er über meine Fußreflexpunkte erkennen. Durchleuchtet und durchforstet lag nun ein aufgewühlter Körper in vollkommener Disharmonie in Aloys' Händen. Und ich fühlte weiterhin nur große Verwunderung und Überwältigung wegen der Genauigkeit dieser Resultate und darüber, wie deutlich und ehrlich meine Füße meinen körperlichen, geistigen und seelischen Zustand zu erkennen gaben. In diesem Augenblick wusste Aloys genau, welch ein Mensch in seinen Händen lag und was für eine Arbeit ihm aufgegeben war. Ich hörte ihn weiterhin sagen: „Nach meinen Behandlungsmethoden hätte dies alles bei dir sofort erkannt und wahrscheinlich das Schlimmste verhindert werden können.

Wichtige Lehrstunden
mit Dr. Aloys Hoverath

»Kind, du bist irgendwann auf den Kopf gefallen.«

Sanft, ganz sanft und behutsam hörte ich Dr. Hoverath schon nach wenigen Minuten seiner Fußreflexüberprüfung sagen: „Kind, du musst irgendwann in deinem Leben auf den Kopf gefallen sein. Dabei hast du unter anderem einen so gewaltigen Schock erlitten, dass zum Beispiel an den beiden Lymphmündungen in die linke und rechte Schlüsselbeinvene durch eine Gehirn- oder Nervenfunktionsstörung eine Teilblockade entstand."

Seine warmherzige Anrede „Kind" – oh, sie hallt heute noch nach und tat mir gerade in jenem Augenblick so wohlig gut. In diesem wahren Augenblick der Erkenntnis fühlte ich mich auf einmal so geborgen und angenommen, und – was so wichtig für mich war – auch verstanden. Seine warmen Hände umschlossen meine Füße. Ich sah ihn nur mit großen verwunderten und fragenden Augen an und war bemüht, nicht gleich schon wieder los zu weinen.

Konnte dieser Mann mir helfen?

Er hatte das Richtige getroffen, ja, ich war damals auf den Kopf gefallen, gestürzt und stark aufgeschlagen, schoss es mir immer wieder durch den Kopf. So einen Einschnitt kann man im ganzen Leben nicht vergessen. Die Bilder um dieses Geschehen, die glitzernden, grellen, hellen Sonnenstrahlen, hatten sich tief eingegraben in meine Erinnerungen, auch wenn sie über die Jahre in den Hintergrund getreten waren. Es war ja auch nicht wieder darüber gesprochen worden.

Ich war verwirrt. 36 Jahre lang hatte niemand den Fahrradsturz mit dem Aufprall auf den Kopf und die dadurch ursächlich entstandene Gehirnfunktionsstörung mit ihren schlimmen Folgen in Verbindung gebracht. Und niemand hatte je meinen Körper so auf die Füße projiziert, unter die Lupe genommen und in der folgenden Zeit auch noch so erfolgreich behandelt.

Das heißt, dass unser Gehirn ungefähr vergleichsweise wie ein Computer funktioniert. Stürzt er vom Tisch, führt das in aller Regel zu erheblichen Systemausfällen, die nicht oder nur mit sehr großem Aufwand behoben werden können, indem man alle Bauteile und deren Datenübertragungswege auf Funktionsfähigkeit überprüft und gegebenenfalls reparieren bzw. *heilen* muss.

Vor mir saß ein ganz besonders begnadeter Mensch, der mit seinem ganzen Herzen und seinem großartigen Geist in allerkürzester Zeit die Ursachen für die gesundheitlichen Probleme meines Körpers und auch meines Geistes fand. Mir wurde bewusst, wie tief greifend meine Füße zu Aloys gesprochen hatten. Und zur Erkennung genügten ihm seine hilfreich geöffneten Hände und sein gesunder und logischer Menschenverstand. Er benötigte nicht einmal Einblicke in meine Laborbefunde, Röntgenaufnahmen oder andere bisherige Untersuchungen oder irgendwelche ärztlichen Aussagen, die ich auch gar nicht bei mir hatte. Erst Monate später überflog Aloys sie einmal.

Die Offenlegung meines Selbst und *seine* liebevolle, ruhige Art brachten zwischen uns eine tiefe innige Vertrautheit, sodass er mich plötzlich – auch ganz in seinem Wirken vertieft – duzte und in seiner Güte es auch von mir erwartete. Auch das ist in seiner großen Selbsthilfegruppe üblich. Doch großer Respekt und große Achtung vor seiner Persönlichkeit standen meinen Umgangsformen, die mich so geprägt hatten, erst einmal erheblich im Weg. Aber auf der anderen Seite wollte ich Aloys auf keinen Fall verletzen, weil ich spürte, wie er es aus der Fülle – vollkommen frei – aus ganzem Herzen gab.

Ja, was an diesem Morgen mit mir geschah, ging mit so großer Natürlichkeit und Wahrheit einher, dass es keinen Platz und Raum mehr für Förmlichkeiten gab. Jetzt nur ja keine Distanz aufbauen, sie hätte sonst nur wieder neue Blockierungen hervorgerufen.

Hier wird der Mensch in seiner Ganzheit gesehen. Liebevoller Respekt und große Achtung vor Aloys blühen bis zum heutigen Tag.

Dann folgte von Aloys eine kurze intensive Zusammenfassung dessen, was der Aufprall meines Kopfes auf den Bordstein bewirkt hatte: „**Durch den Sturz auf deinen Kopf entstanden schulmedizinisch nicht heilbare Gehirnfunktionsstörungen, die zu Funktionsstörungen im Nerven- und Hormonsteuersystem, im Lymphgefäßsystem und in anderen Körperorganen führten.**

Das Schlimmste, das dadurch entstand, war deine juvenile chronische Polyarthritis mit ihren immer wiederkehrenden Gelenkentzündungen, Versteifungen, Gelenkzerstörungen und Schüben. Zusätzlich entstanden auch noch ganz erhebliche Organstörungen, Magen-Darmprobleme, Muskelverspannungen mit Nerven-, Blut- und Lymphgefäßeinklemmungen, zum Beispiel im Rücken vom Nacken und Bechterewbuckel bis zum Gesäß und weiter zum unkontrollierbaren Fußumknicken. **Die unter anderem dadurch entstandenen Teilblockaden im Lymphgefäßsystem, besonders an den beiden Mündungen der Hauptlymphgefäße in die linke und rechte Schlüsselbeinvene, führten zu einer völligen Verschlackung des gesamten Körperbindegewebes. Dieses wiederum führte zu einer immer schlechter werdenden Versorgung aller Zellen mit Nährstoffen und Entsorgung von Stoffwechselabfallprodukten, Giften und Infektionsträgern, wodurch die Leistungsfähigkeit aller Organe und die Funktionsfähigkeit deines Selbstheilungssystems und Immunsystems immer schlechter wurde."**

Aufgrund aller schmerzhaften Lymphreflexpunkte und nach Überprüfen meiner Oberschenkel, Oberarme und des Rückens sagte Aloys mir unverblümt, dass die Verschlackung meinen gesamten Körper betraf. Allein schon am festen Zustand des im Normalfall weichen Unterhautzellgewebes war oberflächlich schon der Verschlackungszustand meines Körpers abzulesen.

Kleiner Einblick in das
Lymphgefäßsystem und seine Aufgabe

„Nach vielfacher Erfahrung auch bei anderen Patienten deuten auf Grund meiner Forschungsergebnisse die Körperlymphödeme neben Quetschungen der Lymphgefäße durch Muskelverspannungen unter anderem auch auf eine durch Schock bedingte verstärkte Porosität der Arterienkapillarwände mit vermehrtem Blutproteinaustritt – und damit auch Wasseraustritt in das Bindegewebe – hin. Dadurch wird nämlich dem Blut vermehrt Wasser ins Bindegewebe entzogen und durch Zusammenklumpen von Eiweißmolekülen im Zwischenzellgewebe der *Lymphstrom* in die Lymphgefäße und auch in den Lymphgefäßen selbst teilweise blockiert. Häufig tritt bei solchen physischen oder psychischen Schocks – wie auch bei dir, Christa – nach meinen Forschungsergebnissen zusätzlich eine Teilblockade der Lymphmündungen in die rechte und linke Schlüsselbeinvene auf.

In die *linke Schlüsselbeinvene* mündet der Brustlymphgang, über den alle Lymphgefäße von den Zehen über die Füße, den Beinen bis zur Brust und auch von der linken Brusthälfte einschließlich Arm und von der linken Kopfhälfte ihre Lymphe zum Abtransport in das Blut abgeben. In die *rechte Schlüsselbeinvene* gelangt nur die Lymphe der rechten Brusthälfte, des rechten Arms und der rechten Kopfhälfte.

Zur Vorbereitung auf die Ganzkörperentschlackung durch Aufrollen und Ausstreichen des Unterhautgewebes lege ich großen Wert auf vorherige Fußreflexpunktüberprüfung der Entschlackungsmöglichkeit über das Lymphgefäßsystem und besonders des Zustandes der beiden Lymphmündungen in die Schlüsselbeinvenen. Denn ohne Entblockierung der beiden Hauptlymphmündungen ist keine ausreichende Entschlackung möglich.

Weil dies so wichtig ist, weise ich immer darauf hin, dass wir innerhalb von 24 Stunden tot sind, wenn diese beiden Lymphmündungen vollständig blockiert sind.

Zur Behebung der Blockaden drücken wir zuerst die Gehirn-, die beiden Nieren- und Nebennieren- und dann die Hauptlymphmündungsreflexpunkte der rechten und linken Schlüsselbeinvene.

Durch das Aufrollen wird die Haut einschließlich des Bindegewebes und die entsprechende Muskulatur besser durchblutet, erwärmt und die oftmals stark verspannte Muskulatur und das verschlackte Bindegewebe entschlackt, gelockert und entkrampft, was auch gleichzeitig an der sichtbar verbesserten Durchblutung der geröteten Haut zu sehen ist.

Denn bei verspannten Muskeln werden unter anderem die Nerven wie von einer Klammer gequetscht.

Dadurch entstehen bei jeder Muskelbewegung nicht nur Schmerzen, sondern auch eine nervliche Unterversorgung der entsprechenden Organe, Durchblutungsstörungen und Körperfehlhaltungen mit immer stärker werdenden Beschwerden, vor allem im Nacken-, Schulter- und Rückenbereich.

Muskelverspannungen entstehen meist infolge schwacher, überforderter Muskulatur oder durch temperatur-, arbeits-, oder sportbedingtes Schwitzen und anschließender unvorsichtiger Abkühlung.

Körperentschlackung durch Aufrollen

Wichtig ist es, zu Anfang nur den Rücken und die Schulterpartie zu behandeln.

Wir beginnen rechts und links der Wirbelsäule, indem wir mit den Fingern von vorne und mit dem Daumen von hinten unten am Rücken eine kleine Hautrolle bilden und diese mit Daumen- und Fingerbewegung langsam vorwärts schieben.

Hierbei ist bei harter Hautoberfläche und größerem Schmerz Vorsicht geboten, weil sonst der ausgelöste Schmerz und die Überforderung der Lymphdrüsen zu höherem Fieber, Schüttelfrost oder Bewusstlosigkeit führen können.

Bei jedem Aufrollen wird die Hautrolle, der Schmerzempfindung entsprechend, größer oder kleiner gefasst.

Ebenfalls empfehle ich vor und nach der Behandlung ausreichend viel zu trinken, um die freigesetzten Abfallstoffe besser auszuschwemmen.

Durch das Aufrollen der Körperoberfläche erreichen wir, dass die größeren Stoffwechselabfallprodukte, Gewebeabbauprodukte, Schlacken, Eiweißverbindungen und die in die *Zwischenzellflüssigkeit (Bindegewebe)* eingedrungenen Krankheitserreger und Gifte, die nicht durch die engen Poren der Venenkapillaren direkt in den

Blutkreislauf gelangten, mit Hilfe des Aufrollens und Ausstreichens der Haut über die offenen in die Zwischenzellflüssigkeit (Bindegewebsflüssigkeit, Vorstufe der Lymphe) ragenden Lymphgefäßöffnungen und ihre dünnwandigen, porösen Gefäßwände in die Lymphgefäße gerollt und weitergeleitet werden.

Ein Zurückfließen der Lymphflüssigkeit in den Lymphgefäßen wird durch Lymphgefäßklappen verhindert.

In den Lymphdrüsen (Lymphknoten) wird diese Lymphflüssigkeit dann mit Hilfe der Abwehrkörper von Krankheitserregern, Giften und Abfall gereinigt und schließlich als gereinigte Lymphe in die beiden Schlüsselbeinvenen geleitet und dem Blutkreislauf zugeführt."

Der Mensch – ein wahres Wunderwerk – und wie gehen wir oftmals damit, um?
Und ganzheitlich gesehen bedeutet dies:

„Gehirnfunktionsstörungen sind Krankheiten, die das normalerweise gut funktionierende Selbstheilungsregulationssystem bzw. das Immunsystem teilweise so verändern, dass sie mehrfach autoimmunähnliche Krankheiten, aber auch die verschiedensten Volkskrankheiten und andere Krankheiten verursachen können. Durch Gehirnfunktionsstörungen treten die Krankheitserscheinungen meist sehr schnell auf, weil sie vielfach die verschiedensten Funktionsstörungen im Körper verursachen können. Die dann wiederum eine Fehlfunktion in der Nebenniere verursachen kann, die die Überträgersubstanz Adrenalin von den Nerven zu den Muskeln nicht mehr herstellt, wodurch die Muskeln also geschwächt werden.

Die Gehirnfunktionsstörungen, die Stoffwechselentgleisungen im Gehirn-, Nerven-, Hormon-, Lymph- und Energiebahnsystem verursachen können, entstehen z. B. durch

- **physische (körperliche) Schocks,**
- zum Beispiel durch Unfälle, verbunden mit einem starkem Schlag auf den Kopf (Gehirn), wie in deinem Fall, Christa, oder die Wirbelsäule, bzw. durch Fallen aufs Steißbein mit durchgehendem Stoß über die Wirbelsäule bis zum Gehirn, wie bei Frau M. Ein Jahr nach der bei ihr festgestellten Diagnose „Myasthenia gravis" erhielt sie von einem Neurologen die Prognose, nur noch drei Monate Lebenserwartung zu haben. Auch diese Funktionsstörungen konnten wir durch meine Forschungserfolge sehr gut beheben."

(Wenige Wochen später durfte ich mich persönlich an der dankbaren Lebensfreude dieser Frau und ihres ebenso dankbaren Ehemanns erfreuen. Diese Frau hatte bis zu ihrem Tod mit 82 Jahren noch acht wundervolle Lebensjahre).

Zum ersten Mal in meinem Leben erfuhr ich in einer großartigen Genauigkeit und Verständlichkeit die Zusammenhänge meiner Körperfunktionen.

**Aloys gab mir eine Lehrstunde,
für die ich ihm bis heute dankbar bin**

Da Aloys mich an diesem Morgen nicht zu sehr überfordern wollte, führte er mich weiterhin nur in einige wenige, aber immer *ganzheitlich* bezogene, sehr wichtige Zusammenhänge der systematischen Fußreflexanwendung ein.

„Um den Körper funktionsfähig zu halten oder wieder funktionsfähig zu machen, werden über eine spezielle Fußreflexpunktnerven- und Fußreflexpunktenergiebahnbehandlung mit den von mir erforschten Schaltstellen zuerst die Gehirnbereiche, der Wirbelsäulenbereich, die Nerven-, Hormon-, Blutgefäß- und Lymphgefäßsysteme und der Verdauungsbereich und die Muskelverspannungen überprüft und behandelt.

Durch Funktionsstörungen des Gehirns, besonders des *Hirnstammbereichs* mit einem Fußreflexpunkt hauptsächlich an der linken Großzehe und des *Sonnengeflechts*, erkannte ich **1985** unter anderem die Hauptursachen der wenig beachteten, jedoch sehr oft vorkommenden Teilblockierung und der selten vorkommenden Totalblockierung der gemeinsamen *Galle- und Bauchspeicheldrüsenmündung* in den *Zwölffingerdarm* mit seinen bösen Folgeerscheinungen für den ganzen Körper."

„Sie sind von sehr großer Wichtigkeit für die Selbstheilungskräfte und das Immunsystem."

„Bei einer Teilblockierung dieser gemeinsamen Mündung von Galle/Leber und Bauchspeicheldrüsenenzymen in den Zwölffingerdarm durch verschiedene Ursachen kann eine solche Teilblockade zum Rückstau in Galle und Leber, bzw. in die Bauchspeicheldrüse führen und kann damit zu deren Selbstverdauung mit äußerst lebensgefährlichen Folgen führen. Dies alles habe ich erlebt, erkannt und hatte die Freude, es beheben zu können. Der Rückstau von Enzymen und Verdauungssäften führt weiterhin infolge Mangel von Verdauungssäften im Dünndarm zu unzureichender Aufspaltung der Nahrung in körperverwertbare Stoffe und statt dessen zu Gärgasen, die zum einen als geruchlose Gase aus den Kohlenhydraten und andererseits als stinkende Faulgase aus den Eiweißen entstehen. Das wiederum führt zusätzlich zu unerträglichen Blähungen und Völlegefühl mit Druck auf den Magen und Leistungsschwäche der Organe und des Immunsystems."

Jetzt endlich erkannte ich die Ursache meiner zunehmenden Magen- und Bauchschmerzen, die bei mir in den letzten Monaten aufgetreten waren und die demnächst durch eine Magen- und Darmspiegelung abgeklärt werden sollten. Aber bei Aloys fand ich in aller Einfachheit die Ursachenerkennung mit anschließender Behebung.

Vor Aloys saß ein zerschmettertes Wrack, das begierig auf das Zusammensetzspiel eines total durcheinander gebrachten Puzzles wartete. Wenn meine Füße erwiesenermaßen – wie Aloys es mir soeben übersetzt hatte – die Fähigkeit der Ursachenerkennung und Behebung besäßen, dann müssten also seine Behandlungsmethoden meine Funktionsstörungen auch regulieren können? Optimismus nährte meine Gesundheitsvorstellungen.

Aloys erklärte mir seelenruhig weiter: „Die Gase der Kohlenhydratgärung sind bei weitem nicht so giftig wie die Eiweißfäulnisgase. Letztere lähmen die Darmbewegung und machen den Darm träge und schlaff. Die Darmgase (Blähungen) führen zu Kopfschmerzen, Migräne, schneller körperlicher und geistiger Ermüdung und Schlaflosigkeit. Auch nicht vernachlässigt werden dürfen die durch Darmgasdruck entstehenden Rücken-, Herz- und Atembeschwerden, die wir vielfach innerhalb von ca. 10 Minuten durch einfaches Trimilinhüpfen mit Entweichen der Darmgase über den After beheben konnten. Dadurch entstand dann auch ein viel besseres Wohlbefinden. Allerdings musste ich anschließend auch noch über die Fußreflexpunktbehandlung die Ursache dieser Beschwerden beheben, weil andernfalls die Beschwerden immer wieder auftreten würden."

Bedeutung der Nebennierenfunktion für mein Krankheitsbild

Aloys gab mir eine Behandlungspause und wanderte in der Theorie weiter durch meinen Körper und betonte: „Christa, weil die *Nebenniere* für dein Krankheitsbild, deine entzündeten Gelenke, äußerst wichtig ist, möchte ich dir als nächstes die wichtige Hormondrüse Nebenniere vorstellen, deren Fußreflexpunkte an beiden Füßen direkt über den Reflexpunkten der Nieren liegen. Der Nebennierenreflexpunkt liegt oft sehr tief im Fuß und ist manchmal nur durch kräftigen Druck zu finden. Die Nebenniere produziert sehr viele Hormone und steuert eine Vielzahl lebenswichtiger Funktionen. Nebennierenrinde und Nebennierenmark produzieren Hormone mit den unterschiedlichsten Aufgaben. Das bekannteste Hormon ist das entzündungshemmende „Cortison", das zusammen mit dem ebenfalls in der Nebenniere produzierten Adrenalin auch den Blutzuckerspiegel zur Überwindung von Stresssituationen anhebt. Ein ähnliches Hormon, das Noradrenalin, beeinflusst die unwillkürliche Muskulatur von Herz und Verdauungsorganen.

Weiterhin regulieren Hormone der Nebenniere den Stoffwechsel und über die Niere den Salz- und Wasserhaushalt, den Blutdruck und das für die Zellen wichtige Natrium-Kaliumgleichgewicht. Erhöhter Kaliumverlust führt z.B. zu Muskelschwäche und Krampfneigung.

Das Behandeln der Nebennierenreflexpunkte ist also hilfreich bei Entzündungen, Allergien, Rheuma, Asthma, Herzrhythmusstörungen, Krampfneigung, Angstzuständen, zur Regulierung des Salz- und Wasserhaushaltes zusätzlich durch die Niere und Beeinflussung der unwillkürlichen Muskulatur des Herzens und der Verdauungswege. In Bezug auf Osteoporose möchte ich darauf hinweisen, dass diese Androgene zusammen mit Cholesterin Östrogene bilden können. Für Frauen nach der Menopause wäre es daher sehr wichtig, die Nebennieren voll funktionstüchtig zu halten. Ich habe darüber hinaus auch festgestellt, dass bei allen Osteoporosepatientinnen unter anderem auch der *Nebenschilddrüsenreflexpunkt* an den unteren *Halswirbelreflexpunkten* schmerzhaft war."

„Die Reflexpunkte der Nebennieren sind immer im Zusammenhang mit den Fußreflexpunkten der Gehirnbereiche zu behandeln. Genauer aber erkläre ich es in meinem Buch, auch wie

Medikamente vielfach das körpereigene Regulationssystem stören."

In vieler Hinsicht bedurfte ich einer intensiven Behandlung. Mein Körper schrie es förmlich heraus. Aber was schrie bei mir nicht?

Alles war so plötzlich erwacht, wollte reguliert und gereinigt werden.
Die ganze Christa schrie zum Himmel.

Beim nochmaligen Überprüfen meiner Reflexpunkte für die Hormonsteuerdrüsen, danach derer für die Eierstöcke, die außen am Fersenbereich, und für die Gebärmutter, die an der Innenseite der Ferse liegen, mit ihrer Narbenbildung und dem entsprechenden Störfeld, erzählte ich mehr beiläufig, dass ich seit einem Jahr wegen meiner Osteoporose und nach Entfernung der Gebärmutter, Hormone verordnet bekomme und auch einnehme.

In diesem Augenblick stand Aloys das Unverständnis über dieses Geschehen ins Gesicht geschrieben und er erklärte mir:

„Die Hormonsteuerdrüsen sind mitverantwortlich dafür, dass die einzelnen Organe richtig arbeiten und auch mit den anderen Organen harmonieren. Zusammen mit dem Gehirn, dem Nervensystem und den Enzymen, die es ermöglichen, die Nahrung in Stoffe umzuwandeln, die unser Körper verwerten kann, steuern die von den Hormondrüsen direkt in den Blutkreislauf für die verschiedenen Organe abgegebenen Hormone einerseits unter anderem das Wachstum und die Fortpflanzung. Andererseits steuern die am Zellstoffwechsel der entsprechenden Organe beteiligten Hormone die Menge der aufgenommenen Nährstoffe, ihre Speicherung oder zum Beispiel die Wiederfreisetzung der gespeicherten Energievorräte (Glykogen, bzw. Adenosintriphosphat = ATP). So steuert z.B. das Hormon Insulin der Bauchspeicheldrüse in Anwesenheit von AMP (Adenosinmonophosphat) die Zuckeraufnahme in die Zelle und ihre Zuckerverarbeitung. Andererseits wird durch das Hormon Glukagon der Glykogen- und Zuckerabbau zur Energiebereitstellung für Muskelarbeit freigesetzt."

Zu unserer unsagbar großen Freude hatten „wir" es bereits wenige Wochen später geschafft, auf die Einnahme von chemischen Hormonen zu verzichten.
Wenn doch die Menschheit Vernunft annehmen würde!

Viele Jahre später traf ich meinen damaligen Gynäkologen zufälligerweise auf der Straße wieder. Er war sichtlich erstaunt über mein Erscheinungsbild und konnte kaum seinen Blick von mir nehmen. Ich berichtete ihm, wodurch meine körperliche Stabilisierung, eben durch die Trimilingymnastik und die Fußreflexpunktnervenbehandlung, von der ich ihm bereits seinerzeit berichtet hatte, gediehen waren. Er schaute mich immer nur neugierig zuhörend und staunend von oben bis unten an, als könne er sich nicht satt an mir sehen. Dass ich seit „seiner Zeit" keinen Gynäkologen mehr benötigte, nahm er wohlwollend zur Kenntnis. Zu den abgesetzten Hormonen sagte er freudig: „Sie brauchen keine Hormone. Sie haben die richtige Behandlungsmethode gefunden und ich sehe, dass sie Ihnen gut tut." Ja, dass stimmte, aber dass ein Arzt ein solches Zugeständnis machte – einfach wunderbar! Natürlich – wir standen auf der Straße – neutrales Terrain? Es war ein erhebender Augenblick, die Begegnung zwischen zwei Menschen, die die Einheit in sich selbst gefunden haben. Bevor wir uns freudig trennten, hörte ich abermals, dass ich so weiter machen sollte.

Zurück zu Aloys und meiner ersten Begegnung mit ihm an diesem Morgen.

Immer noch befand ich mich in seinen Händen, aber längst war für mich ein ungeahntes neues Zeitalter angebrochen. Und Aloys wurde nicht müde, in seiner erfrischenden Art mir meinen Körper in all seiner Wichtigkeit näher zu bringen. Ihm war bewusst, wie sehr ich ihn brauchte. Und er sprühte vor Energie und gab mir das Allerbeste und Kostbarste, was er einem kranken Menschen nur geben kann: Seine Liebe, seine Behandlung, die er mit einer Leichtigkeit dorthin strömen ließ, wo Schwere und Dunkelheit tief verankert waren.

„Was ich lernte war:
Nicht versuchen meinen Schmerz loszuwerden,
sondern im Gewahrsein meines Schmerzes
fühlen, dass ich gegenwärtig bin
Das ist los-lassen …
Auf diese Weise
Konnte mein Schmerz
Schritt für Schritt gehen"

Marja Huibers-Boeren

Aus Theorie wurde wieder Praxis: Aloys erklärte mir, wie zuvor schon kurz erwähnt, das für mich so lebensnotwendige Aufrollen zur Körperentschlackung. Um die durch das Aufrollen mobilisierten Gifte und Schlacken aus dem Zwischenzellgewebe abzutransportieren, hatte er zuvor die dafür unbedingt wichtigen Fußreflexpunkte bei mir gedrückt.

„Ohne dieses Tun würden die Ausscheidungsstoffe zwar aktiviert, danach jedoch im Körper verteilt herumwandern, aber kaum ausgeschieden, und dadurch würden sie wiederholt Schmerzen und Körperverschlackung verursachen. Dadurch werden die Organzellen – und damit die Menschen – im Laufe ihres Lebens schneller leistungsunfähiger, müde, alt und krank."

Also machte ich meinen Rücken frei und legte mich auf den Bauch. Ahnungslos und die Schmerzen der Fußreflexpunktnervenbehandlung und den damit verbundenen neu gewonnenen Erkenntnissen noch nicht ganz verarbeitet, weil meine Gedanken noch tief in den Wunden der Vergangenheit steckten, die gerade an diesem Vormittag so klar ihre Spuren offen gelegt und mich noch gefangen hielten, fühlte ich, wie Aloys langsam und vorsichtig mit dem Aufrollen begann. Welch eine große Aufgabe für Aloys, da mein gesamter Rücken doch sehr stark durch Ablagerungen verhärtet und verspannt und vom Bechterewbuckel gezeichnet war. Mein Nacken war derartig hart, dass Aloys große Mühe hatte, überhaupt eine Rolle zu bilden.

Trotz klassischer Massagen hatten sich Myogelosen, Muskelknoten innerhalb eines Muskels,

Muskelverspannungen und durch Stoffwechsel-
rückstände verursachte Gewebeverklebungen ge-
bildet, die aber durch meine bisher verordneten
Massagen nie behoben werden konnten. Immer
wieder hatte ich mir den Satz anhören müssen:
„Damit müssen Sie leben."

Während Aloys nun rechts und links neben der
Wirbelsäule wirklich sanft aufzurollen begann
und gefühlvoll seine beschriebene Grifftechnik
anwandte, überkam mich plötzlich ein bisher
nie da gewesener starker Leidensdruck. Während
der Fußreflexpunktüberprüfung und Erkennung
hatte ich mich schon im tiefsten Wesen erschüt-
tert gefühlt. Doch das Aufrollen bewirkte einen
noch viel tieferen Zugang in mein vergangenes
Leben – meinen Schmerz – unaufhaltsam weinte
ich wieder los und ganz fremde unbekannte Laute
vermischten sich mit meinem starken Schluchzen
und Weinen. Und in keiner Weise ließ sich das
Eine oder Andere bremsen. Ich war einfach unfä-
hig, mich zu beherrschen.

Bitterliche Emotionen brachen unkontrolliert
aus mir heraus. Nichts ließ sich unterdrücken oder
verbergen. So sehr ich selbst auf der einen Seite
über dieses nicht zu beeinflussende Geschehen
ziemlich erschrocken war, konnte ich andererseits
dem Ganzen einfach nur freien Lauf lassen, es geschehen lassen. Traurige Bilder einer vergangenen Zeit liefen wie ein Film durch mein Bewusstsein. Aber auf diese Weise konnte „mein Schmerz,
Schritt für Schritt gehen".

Diese Prozedur war von so großer Bedeutung
und Notwendigkeit, sie befreite mich augenblicklich von vielem aufgestauten Unrat und Kummer.

Mein Prozess des Erkennens
und Aufräumens lief auf Hochtouren

Und dieser Zeitpunkt war offensichtlich reif zu weiterer Bewältigung und zum Verständnis meines Konfliktes. Genau so war es gut und wichtig.

Noch stark, aber angenehm ergriffen von dieser Aufrolltechnik in seiner Wirkung, fühlte ich etwas völlig Einmaliges an Gründlichkeit und Tiefe. Eine große Befreiung und Loslösung von geistigen Beschränkungen und Blockaden meiner Vergangenheit, die wiederum zu meinen Depressionen und Ängsten geführt hatten. Dann die große Erleichterung und Zufriedenheit über den Beginn der Körperreinigung des Bindegewebes, der Muskelentspannung.

Alles darf herauskommen, was herauskommen will und muss, sonst würde es weiterhin ein Dasein im seelischen Untergrund führen. Die Sehnsucht nach dieser tiefen inneren Wahrheit und inneren Schönheit trat immer mehr hervor. Und so lösten sich nach und nach Kummer und Blockaden auf. Mein Bewusstsein durfte über alte Konzepte hinauswachsen, um sich in neue Gefilde hinein ausdehnen zu können.

Tiefer, festsitzender körperlicher und psychischer Schmerz, Traurigkeit, Hilflosigkeit und Unsicherheit lösten sich und flossen mit meinem unaufhaltsamen Tränenfluss und noch ständig laufender Nase auf und davon.

Ich glaube, das Aufrollen war für mich ein Höhepunkt dieser Behandlungsmethoden, weil es im tiefsten meines Inneren das ausgrub, was nicht mehr dahin gehörte, und mit dem *ersten*

Aufrollen und seiner starken Reaktion in dieser Form auch nicht mehr auftrat.

Nach Beendigung des Aufrollens fühlte ich mich zu meinem größten Erstaunen so befreit und gelöst, frei – ja – *unglaublich* frei. Selbst die Schmerzen waren zu meiner großen Verwunderung verblasst. Meine Gefühlsausbrüche und das Weinen – sie waren plötzlich wie weggeblasen. Etwas sehr Entscheidendes hatte mich wohl von manchem vergrabenen Kummer befreit. Jetzt konnte neue Lebenskraft in mir fließen. Und mit einer großen Erleichterung überkam mich eine angenehme, zufriedene Müdigkeit. Ich begann leicht zu frieren.

Mein augenblicklicher Gesamtzustand überraschte mich, wer war ich denn plötzlich, wie fühlte ich mich an?

Irgendwie hatte ich das wohltuende Gefühl, in einen neuen Körper gerutscht zu sein.

Was war in so kurzer Zeit mit mir geschehen? Ich glaube, Aloys hatte mein Inneres nach Außen gekrempelt, mich aus einem Käfig befreit.

Frei, frei, frei und losgelöst, so nahm ich in jenem Augenblick mein neues Lebensgefühl wahr.

Dann erklärte mir Aloys noch einmal, wie wichtig es sei, zu Anfang nicht gleich den ganzen Körper, sondern nur den Rücken aufzurollen, aber nicht zu kräftig, weil sonst die Lymphknoten zu stark belastet würden und Fieber oder Schüttelfrost entstehen könnten. Außerdem bat er mich, viel zu trinken, um die freigesetzten Abfallstoffe besser auszuschwemmen.

Und Aloys agierte gleich gezielt weiter, indem er mir durch seinen angewandten Schulter- und Nackengriff eine weitere spürbare Muskelentspannung bieten konnte. Wie wundervoll, obwohl das Aufrollen hier auch schon etwas bewirkt hatte. Dieser Griff war ihm so wichtig, weil diese Muskelverspannungen neben ihrem unnötigen Energieverbrauch darüber hinaus auch Blutadern quetschen und dadurch dem Gehirn und allen Körperorganen weniger Nährstoffe und Sauerstoff zur Verfügung stehen. Müdigkeit und Trägheit können unter anderem die Folge sein.

Mittlerweile waren zwei Stunden vergangen. In meinem Körper arbeitete und wirkte es heftig. Ich hatte ein nie da gewesenes, wohliges und vom Kopf bis in die Zehenspitzen gut durchblutetes Körpergefühl, welches sich darüber hinaus nur so von Sauberkeit und Reinheit strahlend anfühlte.

Und eine aus der Tiefe aufsteigende beinahe übermütige Freude kehrte, wie aus einem ewigen Winterschlaf zurück.

Aber Aloys war mit seiner Behandlung immer noch nicht fertig. Es folgte ein weiteres bedeutsames Wirken. Durch das sogenannte Rühren mit dem Bein wollte er mir gleich zu Anfang ein schmerzfreieres Gehen ermöglichen, indem er die Verspannungen der Oberbauch-Oberschenkel-Muskelkette, die mit ziehenden Schmerzen in den Unterbauch und die Leistengegend ausstrahlten, lockerte, um danach ihre Ursachen zu behandeln.

Dazu rührte Aloys, während ich auf dem Rücken lag, im Wechsel meine angewinkelten Beine. Er drückte dabei gleichzeitig den *Bauchmuskel (Hüftlendenmuskel* oder *innere Schenkelbeuger)*, eine Handbreit leicht seitlich unter dem Bauchnabel liegend so lange, bis er locker wurde. Dieses ist eine harte Aktion, die viel Kraft und Können bedarf. Ich brauchte bei dieser Behandlung nur möglichst entspannt zu liegen, was gar nicht so einfach war. Immer wieder spannte ich mich an. Dann hörte ich Aloys sagen: „Christa, da sitzt noch eine starke Muskelverspannung. Um diese ursächlich zu beheben, muss ich auch noch die entsprechenden Fußreflexpunkte für den Hüft- und Leistenbereich behandeln." Nun drückte er wiederholt die heftig schmerzenden und stechenden Reflexpunkte an den äußeren Fersenrändern und dann auf dem Fußrücken zwischen dem dritten und vierten Zehengrundgelenk. Aloys sagte, durch mehrmaliges Behandeln dieser Muskeln und Reflexpunkte entspannen sich die Muskeln und die Nerven werden dadurch wieder frei, können richtig versorgt werden und ihre normale Funktion wieder aufnehmen." Ich freute mich sehr über diese Möglichkeit.

Danach musste ich aufstehen und die augenblickliche Erleichterung meines Gehens einfach – ja, sprachlos über die Wirksamkeit dieser kurzen Behandlungszeit und ihres ersten nie geahnten Ergebnisses – dankbar genießen.

Noch größer war unsere Freude, als wir etwa zwei Monate später – Zufall? – statt des Rührens, den dafür zuständigen Reflexpunkt an meinem

Fuß endlich fanden, der dann in unserer Selbsthilfegruppe getestet wurde und sich als sehr
hilfreich erwies zur großen und gefahrlosen
Erleichterung der betroffenen Menschen, und
seitdem nur noch mit großem Erfolg behandelt
wurde.

Ich verstand die Welt nicht mehr

Einfach alles, was Aloys an mir in diesen Stunden
bewirkt hatte, war für mich völlig unfassbar, und
doch so logisch erklärbar.

Das Trimilin® erfüllt meinen Kindertraum

Längst hatte Aloys meinen Heilungsprozess in Gang gesetzt und meine Selbstheilungskräfte angeregt, während ich noch einmal in meinen Gedanken rückwärts durch mein Leben lief und an der Unglücksstelle stehen blieb, an der ich in meiner Kindheit von einer Sekunde zur nächsten in ein neues Leben gefallen war. Eine blühende Kindheit hatte von jenem Augenblick an – einfach von jetzt auf gleich – der Vergangenheit angehört.

Momente jenes Geschehens wurden lebendig und liefen wie ein Film an mir vorüber. Alles lag in seiner ganzen Offenheit, seinem Ursprung einfach, natürlich und erklärbar vor mir. Gezielt forschend hatte Aloys mich aufgeklärt und noch einmal auf die Straße meiner Kindheit zurückgeführt – um im Jetzt und Hier neu zu beginnen.

Ein erhebender Augenblick zu großer Freiheit

Nach und nach erkannte ich es im Einzelnen. Weiter brauchte ich diesen Augenblick mit seiner großen Bedeutung nicht mehr zu vertiefen.

An diesem Vormittag gaben sich Vergangenheit und Gegenwart die Hand. Ich war reif, aufgerichtet voll Glauben und Vertrauen vorwärts zu gehen. Ich bewegte mich schnell und ohne Widerstand in das Neue, welches das Alte ablösen sollte.

Dann bekam ich wieder Tee, viel Tee zu trinken. Geduldig nahm Aloys sich Zeit, um mir ergänzend zu seinen Behandlungsmethoden von einem Minitrampolin (Trimilin) zu erzählen, und führte mich auch sofort zu einem solchen hin.

Klar und erwartungsvoll stand ich nun wieder in der Gegenwart.

Gab Aloys mir an jenem wichtigen Vormittag meine verloren geglaubte Zeit zurück!? Meine fröhliche, unbeschwerte Kindheit, die ich auf dem Trimilin spielerisch in voller Entfaltung wieder finden würde und ausleben durfte?!

Aus Aloys strömten eine wohltuende Ruhe und ein sicherer Halt. Das war auch gut so, denn in diesem Augenblick war mir noch gar nicht klar, was da auf mich zukam. Und kaum hatte ich Zeit zum Überlegen, denn Aloys forderte mich schon zu meiner größten Verwunderung auf, das Trimilin zu betreten.

Nein, wie sollte ich das nur anstellen? Denn eigentlich erschien mir dieses Vorhaben ganz unmöglich. Natürlich hatte ich immer eine sportliche Christa sein wollen, nur dieser Traum war doch längst erloschen und ausgeträumt, oder? Jedenfalls erwachte gleich wieder diese Sehnsucht in mir. Glaubte Aloys wirklich an mich? Hatte Aloys etwa meine Gedanken und Sehnsüchte, in einem gesunden, entschlackten und somit beschwerdefreien und sportiven Körper zuhause zu sein, erraten? Dieser charismatische Mensch hatte – wie ich bewundernd feststellen durfte – einen unglaublichen Spürsinn. Bei ihm schien einfach alles anders und wohl auch alles möglich zu sein!

Unsicher und vorsichtig stieg ich nun auf das Trimilin. Oh, welch ein wackeliges, außerordentlich instabiles Gefühl, wo blieb mein Gleichgewicht? Ich stand – so war mein sofortiges Empfinden – wie auf einem Wackelpudding. Doch schon streckte mir Aloys liebevoll seine ruhigen Hände entgegen, sie gaben mir augenblicklich den Halt, um vorsichtig zu schwingen. Während ich nun auf dem Trimilin stand, erzählte Aloys mir von den vielen Dankesbriefen kranker Menschen, die allein durch das Trimilin und seiner 1984/1985 eigens ausgewählten und zusammengestellten Trimilingymnastik ihre Gesundheit und Fitness wiedererlangt hatten.

Weiter berichtete Aloys mir von der einmaligen Wirkung des weich gefederten Trimilins für unsere Gesundheit und sagte mir, *dass diese Bewegungsmethode auch ihm selbst sein Leben wiedergegeben habe.*

Dann setzte er seine Erklärungen fort:

„Ob groß oder klein, jeder sollte so früh wie möglich damit beginnen, denn es ist für unsere Gesundheit und unsere Fitness, die das Leben erst wieder lebenswert machen, eine der einfachsten aber genialsten Erfindungen. Der Therapieerfolg ist hauptsächlich von der Qualität und Elastizität der Sprungmatte und der Federn abhängig.

Einfache Sprungmatten, die wenig elastisch sind und schon nach einigen Monaten ausleiern, werden zum Ausgleich so stramm in den Rahmen gespannt, dass bei leichtem Schwingen oder Hüpfen auf dieser hart gefederten Sprungmatte kaum eine Eindringtiefe zu erkennen ist. Über hundertmal pro Minute wird der Körper abrupt abgebremst und wieder beschleunigt und dabei erheblich gestaucht, was sich besonders bei Rehabilitierenden und Kranken wegen der schwachen Muskulatur in Form von Gelenk- und Rückenbeschwerden auswirkt."

„Völlig anders, bequem, körperfreundlich, energie- und sauerstoffsparend gestaltet sich dagegen das Hüpfen auf einem Minitrampolin, das allerdings eine weiche Federung und eine sehr elastische und wenig ausleiernde Sprungmatte haben muss, wie zum Beispiel das Trimilin®-med."

„Beim Auftreffen des Körpers auf die Trimilinmatte verpufft die Bewegungsenergie nicht, sondern wird in Spannungsenergie der Federn und Matte umgewandelt. Gleichzeitig wird ausnahmslos jede Zelle gepresst, jeder Muskel, jeder Knochen, jedes Gelenk, jede Bandscheibe und alle Aufhängungen der einzelnen Organe werden einer langsam ansteigenden Belastung ausgesetzt, was wiederum alle Zellen körperfreundlich stärkt und deren Belastbarkeit um ein Mehrfaches erhöht. Wie sanft das Trimilin den Körper auf der Matte auffängt, erkennt man daran, dass rohe Eier aus 40 Metern Höhe fallend unbeschädigt darauf zurückgefedert werden."

„Vom tiefsten Punkt an wird die Spannungsenergie von Federn und Matte wieder sanft in Bewegungsenergie des Körpers umgewandelt, wodurch der Körper im Gegensatz zum normalen Hüpfen ohne großen Energieaufwand und Sauerstoffverbrauch wieder hochgeführt wird. Dadurch erhalten alle Zellen mehr Sauerstoff und die Herzleistungsfähigkeit wird erhöht. Am höchsten Punkt beginnt dann wieder die Phase der Schwerelosigkeit mit Entspannung aller Muskeln und Ausdehnung aller Zellen mit Aufsaugen der Nährstoffe usw."

„Joggen und Seilspringen entsprechen im Bewegungsablauf in etwa dem Trimilin-Training. Doch beim Joggen und Seilspringen wird bei jedem Auftreffen auf den Boden ein Teil der von uns eingesetzten Energie ruckartig auf unsere Fuß-, Knie- und Hüftgelenke und die Wirbelsäule übertragen. Damit werden unsere Gelenke und Bandscheiben unnötig stark beansprucht. Zusätzlich müssen wir uns nach jedem Auftreffen auf den Boden wieder mit neuer eigener Energie vom Boden abheben. Dazu ist auf hartem Boden die Belastung im Fußbereich doppelt so groß wie im Kopfbereich.

Die Trimilingymnastik ist also optimal, körperfreundlich und Herz-Kreislauf-schonend. Die positiven Auswirkungen dieser optimalen körperfreundlichen und Herz-Kreislauf-schonenden Trimilingymnastik möchte ich dir kurz weiter veranschaulichen."

Aloys war völlig in seinem Element.

Die eigene Gesundheit und insbesondere die seiner Mitmenschen war seit 1983 zur dauerhaften Aufgabe seines Lebens geworden.

„Beschäftigst du dich mit dir selbst,
hast du ein Problem,
beschäftigst du dich mit anderen,
hast du eine Aufgabe."
Ole Nydal

„Christa, hör jetzt bitte gut zu:

Bei allen Bewegungen benötigen wir gegenüber dem Ruhezustand mehr Energie, die aus der Verbrennung von Zucker oder Fett mit Hilfe von Sauerstoff in den Zellen gewonnen wird. Erhöhter Energieverbrauch bedeutet also erhöhten Sauerstoffbedarf der Zellen. Das heißt, die Atmung muss gesteigert und der Blutkreislauf zum Transport des Sauerstoffs angeregt werden. Das heißt, Lunge und Herz müssen mehr arbeiten und Kraft aufwenden. Daher ist es sinnvoll, eine Trainingsart zu wählen, in der die Sauerstoffzufuhr größer ist als der Sauerstoffbedarf.

Beim Hüpfen auf dem Trimilin ist unser Körper am höchsten Punkt schwerelos und alle Körperzellen sind ausgedehnt. Dann erfährt der Körper durch die Erdanziehung bis zum Auftreffen auf die Sprungmatte eine Beschleunigung, die bis zum tiefsten Punkt auf der Matte in ein Abbremsen bis zur Geschwindigkeit Null übergeht, um dann bis etwa zum Verlassen der Matte wieder beschleunigt und bis zur höchsten Sprunghöhe wieder verlangsamt zu werden. Am tiefsten Punkt trägt der Körper ein Mehrfaches seines Gewichts.

Jede Körperzelle wird gepresst und die Stoffwechselabfallprodukte werden zusammen mit den in der Bindegewebsflüssigkeit vorhandenen Giften, Krankheitserregern usw. als Lymphe ins Lymphgefäßsystem gedrückt und mit Hilfe der Muskelpumpen, Puls und Atemrhythmus über die Lymphdrüsen (Lymphknoten) gereinigt in die beiden Schlüsselbeinvenen und damit wieder in das Blutkreislaufsystem gepumpt.

Das Lymphgefäßsystem wird daher auch als Müllabfuhr des Körpers bezeichnet.

Die Lymphmenge, die normalerweise nur 2,5 Liter täglich beträgt, wird durch die von mir erarbeitete Gymnastik auf dem weichgefederten Minitrampolin durch die vielen auf das Lymphgefäßsystem wirkenden Muskelbewegungen um das zehnfache auf etwa 25 Liter pro Tag erhöht.

Die Trimilingymnastik entgiftet daher wie keine andere Trainingsart

Das heißt, wir entschlacken, stärken unser Immunsystem und viele Organe und verbessern gleichzeitig unsere Körperbeweglichkeit und Wirbelsäulenstabilität.

Die Trimilingymnastik trägt durch die Muskelpumpe und das stabiler und kräftiger werdende Gewebe der Venenumgebung auch entscheidend zur Krampfaderprophylaxe bei. Allerdings empfehle ich, bei schwerer Krampfaderneigung, bis das Gewebe gefestigt ist, Stützstrümpfe zu tragen, damit zur Vermeidung von Ödemen das Wasser aus dem Gewebe abtransportiert werden kann.

Durch den andauernden Wechsel zwischen Schwerelosigkeit und mehrfachem Körpergewicht werden auch die Arterien und Venen elastischer gehalten und setzen weniger Ablagerungen an (in einem reißenden Bach wird alles mitgerissen, in einem langsam fließenden bleibt der gesamte Unrat liegen). Die Bandscheiben werden nicht vom Blut ernährt, sondern durch Pressen und Entspannen von den Nachbarwirbeln. Dies geschieht im Gegensatz zum Joggen und Seilspringen beim Trimilin-Training auf schonendste Weise. Auch auf das Knochensystem hat die Trimilingymnastik den oben beschriebenen guten Einfluss. Die Osteoporose, die besonders bei älteren Menschen (bei Frauen bereits ab 35 Jahren) auftritt, ist eine Calcium- oder Knochenstoffwechselstörung. Bei äußerlich guter Knochenstruktur wird das Knochengewebe abgebaut und damit der Knochen poröser und zerbrechlicher. Wissenschaftliche Untersuchungen sollen gezeigt haben, dass die Knochen so zerbrechlich sind *wie wir es ihnen erlauben.*

Wenn wir das Knochensystem physisch richtig fordern, bleibt es gesund oder kann unter bestimmten Bedingungen nach den oben beschriebenen Vorstellungen wieder gesünder werden. Da das Knochensystem der unnachgiebigste Körperteil ist, wirken sich die Stauchungen beim Seilspringen und Joggen wegen der ungefederten Härte des Untergrundes nach vielen Jahren oft durch Schäden an Hüft-, Knie-, Fußgelenken und Rücken aus. Joggt oder springt man auf dem Trimilin, erreicht man alle positiven Wirkungen, ohne die schädlichen Nebenwirkungen in Kauf nehmen zu müssen."

„In diesem Zusammenhang sei auch noch erwähnt, dass das Zentralnervensystem, die Knochen, der Knorpel und die Zähne kein Lymphgefäßsystem besitzen. Gelenkknorpel und Bandscheiben besitzen darüber hinaus auch kein Blutgefäßsystem, so dass sie durch richtige Bewegung mit Pressen und Entspannen des Knorpels durch die Gelenkflüssigkeit ernährt werden müssen."

„Meine Aufgabe war es daher, nach der bequemsten und körperfreundlichsten, aber gleichzeitig wirkungsvollsten Bewegungsmethode für unsere Gesundheit zu suchen. Am wirksamsten sind Methoden, die rhythmisch sind und ausnahmslos alle Muskeln und alle Zellen im Wechsel entspannen und anspannen.

Beim *Entspannen* dehnen sich nämlich die Zellen aus und saugen aus der Gewebeflüssigkeit Nährstoffe und Steuerelemente ein.

Beim *Anspannen* werden daraufhin die in der Zelle entstandenen Stoffwechselabbauprodukte und Krankheitserreger hinausgepresst und durch Lymphe und Venen weitergeleitet, wobei die Krankheitserreger in den Lymphknoten eliminiert werden."

Ich spürte, dass Aloys noch längst nicht alles berichtet hatte, aber das sollte auch für unseren ersten Vormittag genügen.

Hätte ich das Trimilin doch nur viele Jahre früher gehabt, so wären mir die Venenoperationen sicherlich erspart geblieben!
Nach dieser geballten Informationsflut fühlte ich mich in höchstem Maße herausgefordert und war voller Bereitschaft zum Mitmachen.

Als ich dann vom Trimilin auf den Boden zurückkam, war ich verblüfft, wie hart der Boden war und dass ich von dort nicht wie noch vor wenigen Sekunden einfach hoch hüpfen konnte, weil mein Körper – von der Trimilinmatte wie von selbst in die Höhe geworfen – sich nun schwer wie Blei anfühlte.

Eine freudige Zuversicht überkam mich. Und obwohl mich dieser Vormittag durch all meine Tiefpunkte meiner Vergangenheit geführt und heftig aufgewühlt hatte, so spürte ich jetzt einfach nur Ruhe – mich in meiner Gesamtheit. Jetzt war es gut, einfach gut!

War es das, all das, nachdem ich all die Jahre gesucht hatte?

Noch einmal erinnerte Aloys mich durch die Fußreflexpunktbehandlung und das Aufrollen an die Giftausscheidung, die ich beobachten sollte. Der Urin färbt sich oftmals dunkler und Schweißausbrüche während der Trimilingymnastik können auftreten. Dankbar nahm ich diese unangenehmen Erscheinungen an und begrüßte sofort die Ausschüttung all meiner verborgenen Gifte und Ablagerungen. Von nun an wollte ich ihnen keine Chance mehr zum Krankmachen geben, sondern in dieser Überzeugung meinen eingenisteten Unrat nur noch ganz schnell loswerden.

Die wahre Freiheit des Geistes

Aloys signalisierte nach ca. drei Stunden Behandlungszeit – einschließlich seiner geballten Informationen – ganz klar und unmissverständlich, dass er seine Behandlungen immer kostenlos und in keiner anderen Form honoriert haben möchte.

Es verschlug mir die Sprache. Nein, das konnte ich nicht glauben. Es war einfach gegen meine Gewohnheiten, ich fühlte mich irritiert. Beinahe verärgerte ich ihn mit meinem Unverständnis. Ich hatte es einfach hinzunehmen oder seine weiteren Behandlungen wären somit beendet. Ich war überwältigt davon, welch eine Güte und Gradlinigkeit auf allen Ebenen doch dieser Mensch von sich gab.

Und wie sicher und gezielt er mich in diesen drei Stunden auf den Kopf gestellt, mehr von mir in Erfahrung gebracht und gewusst, als ich je selbst über mich erfahren hätte. Aloys schenkte mir in unglaublich liebevoller und geduldiger Art einen neuen Lebensplan. Wie konnte so etwas in unserer materialistisch ausgerichteten Welt nur möglich sein?

In seiner Gegenwart war einfach alles anders

Die Außenwelt machte vor seiner Tür halt. Arm oder reich, das spielte hier keine Rolle. **Hier zählt der Mensch, der nach dem Prinzip „Hilfe zur Selbsthilfe" zum Gesundwerden angeleitet werden kann. Aloys führte mich zur Quelle und nährte meinen Selbstheilungsoptimismus.**

188

Wie ein Detektiv hatte Aloys sich durch seine Überprüfung der einzelnen Körperfunktionstätigkeiten systematisch durch meinen desolaten Körper gearbeitet und deckte blitzschnell die Ursachen meiner Krankheiten auf. Er bremste damit augenblicklich das Fortschreiten der chronischen Polyarthritis.

Aloys berührte meine Seele, er entzündete eine Flamme, er wurde zum Segen für mich.

Ich konnte nicht dankbar genug sein für das, was aus dem Wissen seiner Erforschung in mein Leben übersprang. In aller Einfachheit durfte ich mich einer ganzheitlichen Behandlungsmethode erfreuen, die vom medizinischen Standpunkt aus gesehen, mindestens der aufgeführten Fachrichtungen in ihrer Behandlung und Medikation bedurft hätte, wie zum Beispiel:

Neurologie	=	Reflexpunkte: Gehirn, Wirbelsäule, Zentralnervensystem
Orthopädie	=	Reflexpunkte: alle Gelenke und Muskeln, Sehnen, Bänder, Entschlackung durch Aufrollen und Muskelaufbau durch die Trimilingymnastik
Chirurgie	=	künstliche Gelenke
Innere Medizin	=	Reflexpunkte: aller Organe
Gynäkologie	=	Reflexpunkte: Hormonsteuerdrüsen

In mir bohrte die Frage, wieso wird der Mensch in der medizinischen Welt so auseinander dividiert, das verkompliziert doch nur die Ursachenerkennung und ihre Behebung? Und an die Nebenwirkungen, die ja vielfach erst nach Jahren ihre teilweise irreparablen Schäden ans Licht bringen, möchte ich lieber nicht denken.

Ich fühlte mich so unendlich dankbar für Aloys' Erforschungen. Sie erschienen mir so logisch, einfach und nachvollziehbar und sie beinhalteten verständliche und praktische Hinweise zur Erhaltung der Gesundheit.

Ja, ich verstehe die Botschaft von Aloys:
Er will die Eigenverantwortlichkeit der Menschen stärken.

Bei Aloys fühlte ich eine große Bestätigung, dass es möglich ist, den Menschen ganzheitlich zu sehen und zu behandeln. Er, der über intuitives Wissen und einen logischen Menschverstand verfügt, sieht den Körper als ganzheitliche Grundstruktur. Welch ein Lob gebührt doch jenen begnadeten Menschen unter uns, auf die die poetische Beschreibung des *Antoine de Saint-Exupéry* zutrifft:

„Man sieht nur mit dem Herzen gut.
Das Wesentliche ist für die Augen unsichtbar."

Mein Mann wurde nach einer Behandlung durch Aloys seine Rückenleiden los.

Es war bereits Mittag geworden. Aloys stellte mir am Ende ein Trimilin-Minitrampolin aus eigenem Bestand zu Verfügung, bis ich mein eigenes bekam, dann brachte er mich in seinem Wagen zu meinem Mann. Nachdem ich die beiden miteinander bekannt gemacht hatte, sah mein Mann mich mit großen Augen an, ihm blieb aber keine Zeit, sich über mein Strahlen und die sichtbaren Veränderungen zu äußern, denn Aloys fragte gleich meinen Mann, ob er irgendwelche Beschwerden hätte. Es ist doch merkwürdig, Herbert litt tatsächlich zu jenem Zeitpunkt an immer wieder auftretenden heftigen Rückenschmerzen.

Schon hörten wir Aloys in seiner großen Fürsorglichkeit sagen: „Zieh' mal bitte *deine* Schuhe aus." Wie von einem Magneten angezogen folgte Herbert seiner Aufforderung und schon waren auch seine Füße in Aloys' Händen. Schnelles und treffsicheres Überprüfen der Wirbelsäule bis zum Steißbein mittels der Fußreflexpunkte ließen erkennen, dass es der fünfte Lendenwirbel war. Und in kürzester Zeit waren durch Drücken dieser Reflexpunkte die Rückenschmerzen bis zum heutigen Tag behoben. Solche Spontanerfolge waren bei Aloys keine Seltenheit, wie ich später erfahren durfte.

Die Stunden dieses kostbaren Vormittags bleiben mir in unvergesslicher Erinnerung. Sie berührten und prägten mich. Mein Herz wurde weit geöffnet, ich konnte mein Gefühl der Dankbarkeit von diesem Tag an in einem unablässigen Strom frei fließen lassen. Die Wirkungen der ersten Behandlung schenkten mir eine angenehme, zufriedene Erschöpfung. Ich war sichtbar entspannt.

Dieses Erscheinungsbild konnte mein Mann zunächst nur durch großes Erstaunen erwidern, hatte er doch soeben etwas Wundervolles auch für sich selbst erleben dürfen. In aller Deutlichkeit spiegelte sich mein Inneres durch meine Erlebnisse des Vormittags in meinem Äußeren wieder. Ich hatte ihm viel zu erzählen. Wir waren beide einfach froh, ja mehr noch, von einem tiefen Dankgefühl erfüllt. Seit diesem Augenblick der Begegnung mit Aloys begleitete mich spontane, tiefgreifende Dankbarkeit, die durch Mark und Bein zog. Ich wollte die ganze Welt umarmen.

Etwas Wunderbares war geschehen. Wo ich früher *Nein* gesagt und mich verschlossen hatte, begann ich nun immer leichter und spontaner von einer Minute auf die andere überzeugend mit einem *Ja* zu antworten.

Am Nachmittag – ich war gerade von einem tiefen Mittagsschlaf ohne Fieber oder Schüttelfrost erwacht – rief Aloys mich an und erkundigte sich nach meinem Befinden. Ich fühlte eine leichte Erschöpfung. Aber alles war gut und richtig.

Ein wunderbares Geschehen nahm seinen Lauf. In meinen Gebeten bat ich nicht mehr um Glück, ich *war* Glück.

Dann gab Aloys mir einen neuen Termin zur weiteren Behandlung. Kann dieses mir zugeteilte Geschehen eine Steigerung haben? – In mir schien sich etwas zu öffnen, war in Bewegung geraten. Neugierde erwachte auf etwas, das ich noch nicht in Worte fassen konnte. Ich war einfach beflügelt. Was war nur mit mir los?

Mein Mann freute sich, mich endlich wieder so strahlend und gelöst zu sehen.

Mit diesem Tag ließ ich meine Vergangenheit mehr und mehr los. Das Leben in all seiner Schönheit und Vielfalt lernte ich nun kennen und lieben wie ein unbefangenes, spontanes, von Ängsten befreites und unberührtes Kind.

Und nach all den Jahren des Suchens und Hoffens fühlte ich mich bestätigt, auch gegen die Meinung des Rheumatologen, richtig gehandelt zu haben. Mein Lebensweg war so vorgesehen. Also war es müßig, weiter darüber zu diskutieren oder nachzudenken. Ein Weg in seiner Ganzheit begleitete mich. Und was ich dazu beitragen konnte, war ich uneingeschränkt bereit zu tun. Ich scheute mich nicht, die Verantwortung für meine Gesundheit zu übernehmen. Und in wenigen Wochen durfte ich erkennen, wie ich dadurch wuchs.

Die Trimilingymnastik wurde zu einem lebensnotwendigen Bestandteil meiner Lebensqualität

Natürlich – ich stand anfangs sprachlos und unsicher vor dem Trimilin. Doch mit wachsender Neugierde stieg ich viele Male am Tag vorsichtig auf die weiche, schwebende blaue Matte. Und darauf sollte ich auch noch gymnastische Übungen verrichten? Es war kaum zu glauben. Doch mein Mut wurde belohnt und streichelte meine kleine Seele. Das Trimilin wurde mein ganzer Stolz. Wenn mich doch nur einer aus meiner Familie in diesem so wichtigen, ja für mich unbegreiflichen Augenblick meines Lebens hätte sehen können. Wie gerne hätte ich mich ihnen mitgeteilt und über meine Gefühle und Erlebnisse gesprochen, aber sie hätten mich nicht wirklich verstehen können.

Welch ein Vertrauen und welche Hoffnung setzte Aloys doch in mein bescheidenes Selbst. Wie sehr hatte ich mir in Zeiten der Hoffnungslosigkeit und tiefer Verunsicherung eine so zuversichtliche und aufbauende Stütze ersehnt. Und nun stand sie vor mir, die Stütze und mit ihr die große Herausforderung.

Ich bekam meine Chance und nutzte sie

Von nun an bestand der Schwerpunkt meines Tagesablaufes darin, die von Aloys ausgewählte Trimilingymnastik auf seiner Videokassette (heute auf CD) – immerhin gab es 30 Übungen für

Anfänger und 30 für Fortgeschrittene, anzusehen, zu verinnerlichen und langsam selbst zu beginnen. Zunächst begann ich mit dem Zeitraum von einer Minute zu schwingen und mit leichten Versuchen zu hüpfen. Eher spielerisch und unbewusst trainierte ich, wobei ich mir einen solchen Erfolg nicht in den kühnsten Vorstellungen erträumt hätte. Aber sanft, ganz sanft!

Es folgte – wie von selbst – eine Disziplin und Ehrlichkeit, der ich mir erst später bewusst wurde. Sie hatten für mich die höchste Priorität und waren meine hilfreichsten Eigenschaften.

Diese meine Zeit, sie beschenkte mich und gab mir mein höchstes kostbarstes Gut zurück.

Aber zuvor gab es einen heftigen körperlichen Einbruch. Doch waren mein Wille und meine Ausdauer von Stärke geprägt und ein Resignieren kam mir nicht mal in den Sinn.

Es geschah während der Weihnachtszeit, als mein Mann und ich mit „meinem Trimilin" in das gleiche Hotel, wie schon zu Ostern dieses Jahres zwecks Thermenbesuchs, fuhren. Über meinen damaligen ernsthaft schlechten Zustand habe ich ja schon berichtet. Nun – im Dezember wieder das gleiche Hotel und ähnliche Probleme. Jedoch eine andere Ursache. Durch den ungewohnten Bewegungsablauf, nämlich das Schwingen und den Beginn des leichten Hüpfens auf dem Trimilin, welches mir doch solch eine Freude bereitete, weckte ich brachliegende, schlummernde Muskeln mit ihren Sehnen und ebenso auch manche Bänder, wodurch eine Erstverschlimmerung von genau drei Wochen in beiden Knie- und Fußgelenken auftraten, und zwar in der Form, dass ich wie in den Zeiten der rheumatischen Schübe, kaum die Treppen hinauf und hinunter gehen konnte. Aber wir waren es längst gewohnt, dass ich mich dann wie ein gebrechliches Mütterchen am Treppengeländer hochzog, oder mein Mann mich unter meinen Armen stützend begleitete.

Gott sei Dank standen Aloys und ich in telefonischem Kontakt und immer wieder sagte er mir: „Christa, versuche so gut es geht ganz sanft zu schwingen, mehr nicht. Und denke daran, dabei ganz entspannt tief ein- und auszuatmen und genau zu erspüren wie alles im und am Körper mitschwingt.

Damit deine Wadenmuskulatur zu Beginn nicht zu sehr überanstrengt wird, empfehle ich dir, anfangs mehr auf dem ganzen Fuß zu schwingen oder zu hüpfen und die Trainingszeit auf ein bis zwei Minuten zu begrenzen und sie danach, wenn möglich täglich um ½ Minute, wenn du es schaffst, zu verlängern. Und auch später niemals mehr als zwei Zentimeter von der Sprungmatte abheben. Dies sollte, wenn es geht, mehrmals am Tag geschehen."

Es tat so wohl, wenn ich Aloys am Schluss unserer Gespräche mit liebevoller Stimme sagen hörte: „Kind, halte durch, sonst kann ich dir nicht helfen."

„Ja ja, ich versuche es.", war dann immer meine ehrliche und vorsichtige Antwort. Ich wusste ja auch nicht, wie mein Körper sich weiter verhalten würde. Wie ferngesteuert befolgte ich stets seinen Rat und benutzte trotz starker Gelenkschmerzen mit ihren spürbaren Einschränkungen vorsichtig *mein Trimilin*. Vielleicht würden sich mein Körper und mein Gleichgewichtssinn durch dieses – eigentlich belastungsarme – Schwingen am Ende doch noch arrangieren.

Wenn auch diese Erstverschlimmerungen meine Startphase durchkreuzten, so wollte ich auf keinen Fall auf diese Trainingsmethode verzichten, oder gar aufgeben. Denn, was hatte ich noch zu verlieren?

Und Aloys ermutigte mich sehr, tapfer durchzuhalten. Oh ja, dieses Wort *tapfer* führte mich für einen kurzen Augenblick zum Krankheitsbeginn in meiner Kinderzeit zurück. Aber heute tat die Erinnerung mir nicht mehr weh. Nämlich, als unser Dorfpfarrer seinerzeit oft zu mir sagte: „Christa, du bist tapfer!", wie hätte ich dies alles damals verstehen können? Aber jetzt, in der Zeit meines Umbruchs und all dieser großen Geschehnisse, ja, jetzt konnte und wollte ich bewusst *tapfer* und mutig diese Herausforderungen annehmen.

Ich fühlte mich so getragen und umhüllt von einer tiefen Mitverantwortung und Liebe.

Außerdem waren mir Erstverschlimmerungen durch die Krankengymnastik aus den Kuren früherer Zeiten bekannt und somit für mich als ganz positives Zeichen zu sehen. So befreite ich mich von jeglichem Zeit- oder Leistungsdruck und schritt auf diese Weise gestärkt in meinem Vorhaben fort. Und es wurden daraus genau drei harte und schwere Wochen, in denen mein Körper sich an das Trimilin gewöhnte und danach verblasste jegliche Auflehnung.

Mein geduldiges und konsequentes Durchhalten brachte mich weiter, wenn auch ab und zu mit zusammengebissenen Lippen. Denn nur ungern wollte ich auf dieses leichte Schwingen und das dadurch ausgelöste befreiende und schöne Gefühl für meine Seele und meinem Geist verzichten.

Dann, nach drei harten Wochen der Prüfung, fand mein Körper endlich *auch* das Vertrauen zu *meiner* schon längst heiß geliebten *blauen Gesundheitsinsel.*

Darüber hinaus hatte Aloys in dieser Urlaubszeit für meine Fußreflexpunktbehandlung vorgesorgt und mir die allerwichtigsten Fußreflexpunkte auf vorgefertigten Formularen aufgezeichnet, damit mein Mann und ich schon fleißig in die Fußreflexpunkbehandlung hineinwachsen konnten. Wenn wir uns auch beide etwas überfordert fühlten, zeigte mein Mann doch großes Interesse und wie immer eine schnelle Auffassungsgabe. Denn ein ganz klein wenig hatte ich von Aloys ja auch schon gelernt. Also versuchte ich es auch meinem Mann, so gut es ging, zu vermitteln.

Ein winziges – für mich aber dennoch schon sehr großes – erstes positives Resultat zeichnete sich in meinem Befinden ab. Was wäre ich ohne Aloys mit seiner Schaffenskraft. Denn ich konnte trotz der Trimilinprobleme schon wieder kleine Spaziergänge machen.

Ach, wie waren wir erleichtert und voll des Mutes!

Wir atmeten auf und tankten in der herrlichen Umgebung eine neue Zuversicht. Wir fühlten uns so überaus dankbar, dass wir Aloys gefunden hatten. Seine große Güte und Menschlichkeit waren so wohltuend und immer auch ein Teil der Therapie, die ich durch ihn erfahren durfte. Ich bin sicher, dass mir jetzt viele, viele Menschen, die Aloys kennen gelernt haben, zustimmen und diesen Satz bestätigen und nachempfinden können!

Was wäre ich ohne diesen großen Lehrmeister?

Und nun entstanden aus meinem winzigen Gedanken des Vertrauens und des Glaubens wunderbare Erlebnisse.

Mein Herz erhob sich, und es begann ein wahrhaft gutes Jahr

Das Glück fiel mir förmlich in den Schoß, weil Aloys mich nach unserer Rückkehr, im Januar 1997, zweimal pro Woche über zwei Stunden behandelte. Zur Überprüfung und Regulierung der Fehlfunktionen des Gehirns begann er systematisch an den beiden Großzehen. Er erklärte mir: „Die Reflexzoneneinteilung gilt sowohl für die Fußsohlen wie auch für die Fußrücken, wobei die inneren Organe meist am wirksamsten an den Fußsohlen und die Nerven, Muskeln, Sehnen und Bänder meist an den Fußseiten und Fußrücken behandelt werden."

In Millimeterarbeit tastete er sich sanft über meine Fußreflexpunkte durch den ganzen Körper und verweilte mit unterschiedlicher Dauer ruhig bis zu zwei Minuten und – ganz wichtig, nicht massierend – auf den jeweiligen Schmerzpunkten. (Denn sonst könnten eventuell vorhandene Geschwüre – zum Beispiel im Magen- oder Darmbereich – zum Durchbrechen gebracht werden.) Zwischendurch erhöhte Aloys manchmal den Druck – zur Überprüfung der Schmerzempfindung. Danach wurde der Druck wieder zurückgenommen. Nach etwa zwei Minuten wechselte er zum nächsten schmerzhaften Reflexpunkt.

An dem bereits behandelten Reflexpunkt hatte Aloys den Reiz zur Aktivierung der Selbstheilungskräfte und Stärkung des Immunsystems für das entsprechende Erfolgsorgan gesetzt und der Gesundungsprozess nahm seinen Lauf. Einige Zeit später wurde der Schmerzpunkt (Stich) nochmals überprüft und behandelt.

Und folgendermaßen sah bei mir in den ersten Wochen die systematische Reihenfolge in der Fußreflexpunktnerven- und Energiebahnbehandlung aus:

Das Schema Mensch auf die Füße projiziert ergibt folgendes Bild:
Die großen Zehköpfe entsprechen je einer Gehirnhälfte:
- verlängertes Mark (Teil des Hirnstamms)
- Thalamus (Telefonzentrale des Gehirns)
- Großhirn (Annahme der Nervensignale, ihre Verarbeitung, Speicherung und ihr Ausgang)
- Hypothalamus (Koordination von Gehirn, Nerven- und Hormonsteuersystem)

- Hypophyse (Steuerung der Hormondrüsen)
- Hirnstamm (Steuerung von Puls, Blutdruck, Atmung und Verdauung)
- Kleinhirn (Gleichgewicht, Bewegung)

Zusätzlich wurden auch alle nicht benannten Flächen der Großzehköpfchen gedrückt, wodurch auch die unbekannten Reflexpunkte der übrigen Hirnbereiche erfasst und durch ihre Behandlung eventuell vorhandene Funktionsstörungen ebenfalls reguliert werden.

Nach Überprüfung und Behandlung der Reflexpunkte des gesamten Zentralnervensystems vom Gehirn weiter an den Fußinnenseiten über die Halswirbelsäule, Brustwirbelsäule, Lendenwirbelsäule, Kreuzbein bis zum Steißbein und des direkt neben der Wirbelsäule verlaufenden sympathischen Grenzstrangs mit seinen Nervensammelknoten folgte die außerordentlich wichtige Lymph- und Hormonreflexpunktbehandlung.

Reflexpunktbehandlung der Hormondrüsen:
- Hypophyse
- Schilddrüse
- Nebenschilddrüse
- Nebenniere
- Bauchspeicheldrüse
- Hypothalamus als Koordinator von Nebennieren, Hormonen und Großhirn

Lymphreflexpunktbehandlung:
- Lymphmündung in die rechte bzw. linke Schlüsselbeinvene
- Halslymphe und obere Lymphen
- Augen und Ohrreflexpunkte, die nach Erfor-

schung von Aloys (1986) auch sehr gut Gelenkbeschwerden beheben können
- Achsellymphen und Brustlymphen: zur Behebung von Stauungen und Vorbeugung von Zystenbildung in der Brust
- Lymphsee: Sammelstelle aller Lymphgefäße
von den Zehen bis zur Brust
- Leistenlymphen
- Oberschenkellymphen
- Organreflexpunkte mit ihren parasympathi-
schen Nervensammelknoten
- unwillkürliche Nervenreflexpunkte

**Mit dieser systematischen Vorgehensweise
hat Aloys (seit 1983) unzähligen kranken und
schwerstkranken Menschen dauerhaft helfen
können.**

**Prall gefüllte Aktenordner mit Dankesschrei-
ben weit über unsere Bundesländer hinaus
können das bestätigen.**

In meinem Fall waren darüber hinaus die Reflexpunkte aller Gelenke von großer Wichtigkeit. Zum
Beispiel waren zur Behandlung meiner Knie- und
Hüftgelenke gleich mehrere verschiedene Fußreflexpunkte betroffen und zu behandeln. Bisher
sind sie in keinem Lehrbuch zu finden, weil sie
nicht maßstabgetreu vom Körper auf den Fuß zu
übertragen sind.

Während der Behandlung erzählte mir Aloys,
wie er zum Beispiel bei seinen Erforschungen
zum ersten Mal die **Reflexpunkte der Kniegelenke** aufgefunden hatte:

„Etwa 1986 erforschte ich erstmalig unbeschreiblich erfolgreich die äußerst kostensparende Behandlung der Fußreflexnervenpunkte, die *nicht* maßstabgetreu vom Körper auf die Füße projiziert sind, zur schnellen und einfachen Behebung von Gelenkbeschwerden, ganz besonders von Kniegelenkbeschwerden. Diese Reflexpunkte entsprechen normalerweise Augenreflexpunkten bzw. Ohrreflexpunkten. So fand ich zum Beispiel an den Kleinzehen, dass sie nicht nur Augen- und Ohrreflexpunkte aufwiesen, sondern neben den Kniereflexpunkten auch noch ganz wichtige Hüft- und Fußgelenkreflexpunkte."

Und so fand Aloys zu dieser Entdeckung:

„Die ehemalige Sekretärin des ersten Bundeskanzlers Dr. Adenauer bat mich in München in den achtziger Jahren um den Versuch, ihre äußerst eingeschränkte Sehfähigkeit infolge von Nebel vor ihren Augen zu beheben. Dies gelang mir mit einer einzigen Behandlung an einem Augenreflexpunkt des mittleren Kleinzehs.

Als eine meiner Töchter mich einige Monate später fragte, ob ich ihr den Nebel vor ihren Augen beheben könnte, sagte ich, das hätte ich vor drei Monaten ganz schnell bei einer ehemaligen Sekretärin des Altkanzlers Adenauer geschafft.

Während der Behandlung spürte meine Tochter, wie neben dem Verschwinden des Nebels gleichzeitig ihr Knie heiß wurde. Daraufhin untersuchte ich in meiner großen Selbsthilfegruppe Patienten mit den verschiedensten Kniebeschwerden in der

Gegend dieses Augenreflexnervenpunktes. Und siehe da, an eben diesem Augenzeh erforschte ich sechs verschiedene Fußreflexnervenpunkte zur Behebung entsprechender Kniebeschwerden, hervorgerufen z.B. durch Verdrehen des Knies (Torsion), gegen Beschwerden in der Kniekehle, Kniescheibenbeschwerden (Patellabeschwerden) usw.

Die Behandlung dieser Zehenreflexpunkte war besonders erfolgreich zur Behandlung von Beschwerden beim treppab steigen, Fußball- und Tennisspielen, Bergwandern usw., die vorher teilweise schon seit 46 Jahren schulmedizinisch durch Operationen, mit Medikamenten und Gehgips oder durch andere Behandlungsverfahren nicht behoben werden konnten oder in anderen Fällen sogar vermeidbare Berufswechselausbildungen notwendig gemacht hatten."

Dr. Aloys Hoverath motiviert

Welch einem Phänomen, das seinen Optimismus nie aufgegeben hat, bin ich da *in die Hände gefallen*!

Aloys hatte längst über die vielen Jahre seines Wirkens jenen Funken zu einer Flamme, ja zu einem Flächenbrand, wie später noch zu lesen ist, gedeihen lassen. Durch meinen, wenn auch oft unsicheren, Optimismus hatte ich nun das Beste gefunden. Dies hatte zur Folge, dass ich verständlicherweise in den folgenden Wochen nur über dieses eine ganzheitliche Thema zu berichten hatte. Und etwas ganz Entscheidendes in mir machte sich frei. Ich wollte nur noch reden, mich mitteilen und über meine Erfolge berichten.

Und – natürlich – womit sollte ich sonst schon beginnen, wenn nicht mit: „mein Aloys". Er war das Thema Nummer eins, zum Beispiel, *mein Aloys* hat gesagt ..., oder *mein Aloys* erklärt das so ..., und so weiter.

Wer sonst war es, der mir den Startschuss zum Losrennen erteilt hätte? Oder wer sonst hätte mir neue Hoffnung, Vertrauen und Liebe für ein neues reiches Leben geschenkt? Lieber Gott, ich kann dir nicht dankbar genug sein!

Später in unserer Selbsthilfegruppe konnten mir viele, viele Menschen bestätigen, dass auch sie sich dabei ertappten, liebevoll fast jeden Satz mit *mein Aloys* zu beginnen. Auch für sie waren seine Behandlungsmethoden zum Thema Nummer eins geworden. Ich denke, dass dies auch verständlich ist.

Mit Aloys hatte sich mein Herz geöffnet. Und nach jeder seiner Behandlungen brach auf meinem Heimweg spontan aus tiefstem Herzen, mit meinem ganzen Geist, meiner ganzen Seele und Kraft, eine neue liebevolle Dankbarkeit auf. Ich war so glücklich. Am liebsten hätte ich es laut und aus Leibeskräften in die Welt hinaus geschrien. Tränen der Freude mischten sich dazu. Mein Herz und mein Geist öffneten sich. Plötzlich fand ich immer etwas, für das ich „Dankeschön" sagen durfte und es auch freudig tat. Meine Augen waren weit geöffnet. Die Welt stellte sich mir so bunt und wunderschön dar.

Ich erkannte, wie gesegnet ich war: Ein leichter und zufriedener Zustand, frei und voller Freude und Frieden, so durfte ich im immerwährenden Jetzt leben und mit einem freudigen Herzen agieren.

Und Mitte Januar 1997, ich war nicht ganz zwei Monate in der Behandlung von Aloys, wurde ich zum ersten Mal auf meine positive körperliche Veränderung aufmerksam. Nämlich das Druckgefühl und die unaufhaltbaren Bauchschmerzen waren wie weggeblasen. Doch für die vollständige Regulierung meines Verdauungsvorganges und Stoffwechsels drückte Aloys weiterhin die dafür zuständigen und noch hartnäckig schmerzhaften Reflexpunkte des Hirnstamms, des Solarplexus und der gemeinsamen teilblockierten Mündung von Galle und Bauchspeicheldrüse in den Zwölffingerdarm, wo die aufgenommene Nahrung und die Vitalstoffe verarbeitet und in körperverwertbare Bestandteile umgewandelt werden.

Genau wegen dieser Beschwerden hatte ich doch seinerzeit meine Internistin aufgesucht. Eine Magen- und Darmspiegelung hatte Klärung für die unaufhaltsamen Druckschmerzen und den gewölbten Bauchbereich bringen sollen. Weil mich aber unerklärliche panische Ängste immer wieder davon abhielten, hatte ich diese invasiven Untersuchungen jedoch abgelehnt.

Und es war gut so.

Wie sehr ich doch gelenkt worden war! Mein chronisches *Nein-Sagen* hat also Sinn für mich ergeben!

Während der Behandlungen fragte Aloys mich oft: „Christa, warum bist du nicht schon früher zu mir gekommen? Viele Verschlimmerungen wären ausgeblieben." Ja, er hatte Recht. Ich antwortete mit einem Achselzucken, oder: „Ich weiß es nicht.", oder: „Meine Zeit war noch nicht reif". Nun, *aus welchen Gründen auch immer*, waren dann jedes Mal meine Gedanken oder Antworten.

Und wieder bekam Aloys einen ziemlich besorgten Gesichtausdruck. Meine eingeschränkten und deformierten Hüftgelenke und der stark ausgeprägten X-Beinstellung bereiteten ihm große Sorge. Mit gleicher Intensität wurden die Reflexpunkte der *Halswirbelsäule* und der *Brustwirbelsäule* mit ihrem Morbus Bechterew *(Witwenbuckel)* und aller Organe, insbesondere auch der Niere und der Nebenniere sowie die Lymphreflexpunkte einschließlich ihrer Mündungen wegen ihrer noch stechenden oder schmerzenden Punkte, Woche für Woche gedrückt. Und mein Lymphfluss kam immer mehr in Bewegung. Auf der einen Seite durch mein fleißiges aber sanftes Trainieren auf dem Trimilin und andererseits durch die regelmäßige Fußreflexpunktnervenbehandlung und das Aufrollen und ein spezielles Ausstreichen meines Körperbindegewebes.

Nachdem der Rücken viel weicher geworden war, abgesehen vom Bechterew-Buckel im Nackenbereich, und obwohl er noch viel Kraft und Hingabe der Behandlung brauchte, folgten dann in ruhiger Ausdauer das Aufrollen meiner Ober- und Unterarme, einschließlich der geschwollenen Handgelenke, und meiner geschwollenen deformierten Finger. Aloys war außerordentlich bemüht, meinen Körper gründlichst von **Kopf bis Fuß zu entschlacken, zu reinigen und zu entgiften.**

Welch eine großartige Handarbeit! Mein gesamtes Lymphsystem, die Müllabfuhr des Körpers, kam in Fluss.

Und nach jedem Aufrollen der entsprechenden Körperteile fühlte ich mich wärmer, weicher, lockerer und lebendiger. Die dadurch hervorgerufene Anregung der Durchblutung mit ihrer Giftstoffausscheidung ließ mich auch frischer und gesünder aussehen. Die Schmerzen in den aufgerollten Körperteilen wurden tatsächlich von Mal zu Mal weniger und eines Tages wurde es nur noch schön. Und Aloys konnte mir die Haut erstmalig auf dem Rücken wie bei einem Karnickel hochziehen und später auch an Armen und Beinen die lockere weiche Haut fühlen. Im angespannten Zustand konnte ich dann stolz den gesunden und gewachsenen Muskel zeigen.

Während einer Fußreflexbehandlung stellte Aloys mir plötzlich eine, zu jenem Zeitpunkt jedoch total unfassbare Frage, nämlich: **„Christa, wie viel jünger soll ich dich machen, fünf oder zehn Jahre?"** Ich war einfach sprachlos, das kann doch gar nicht möglich sein, wie hatte er das gemeint? Und in meiner Verlegenheit wusste ich nichts Rechtes zu sagen. Doch die Verjüngung hatte längst begonnen. Die Behandlungen und Entschlackungen liefen bereits auf Hochtouren und Aloys sah und wusste, um die physische und psychische Wirksamkeit und positive Veränderung seiner ganzheitlichen Methoden. Und er war sich seinen Beobachtungen und der an mich gerichteten stets sinnvollen Fragen und seiner Antworten sehr bewusst.

Dann wiederum behandelte Aloys in tiefer Hingabe weiter, wie einfach alles, was er tut.

Nach jeder seiner Behandlungen sagte mein Mann zu mir: „Christa, du strahlst ja wieder." Irgendwie sah ich auch plötzlich die Welt in einem anderen Licht, leuchtender, strahlender. Und sofort *bestieg* ich dann auch immer wieder das Trimilin, um die von Aloys angeregten Reflexpunkte zur Versorgung der Organe und zum Abtransport der Stoffwechselabfallprodukte durch das Lymphsystem weiter in Schwung zu bringen.

Uneingeschränkt gehörte das fortwährende Hineinwachsen in die Trimilingymnastik zum ganzheitlichen Gesundwerden dazu.

Und als ob Aloys es geahnt hätte, rief er meistens auch in jenen Augenblicken an, um sich nach meinem Befinden zu erkundigen. Ich fühlte mich so selig und getragen. Unsere Teamarbeit fruchtete immer mehr und bereitete uns große Freude! Dennoch erwiesen sich mein Bechterew-Buckel und der gesamte Schultergürtel mit Hals- und Nackenbereich als äußerst hartnäckig und mussten von Aloys immer wieder entspannt, gelockert und entschlackt werden, damit durch das beharrliche Ausstreichen und Aufrollen und die entsprechenden Muskelentspannungsgriffe und Behandlung der entsprechenden Reflexpunkte auch dieser Bereich langsam nachgiebiger wurde. Als besonders problematisch erwiesen sich die stark schmerzenden Reflexpunkte der Hals- und Brustwirbelsäule. Sie bestätigten, dass dieser Bereich auch noch einige Zeit der gezielten Behandlung bedurfte.

Am Ende der dreimonatigen, intensiven Behandlungszeit befand sich noch ein Fünfmarkstück großer verhärteter Knoten im Nacken, den Aloys ebenfalls in seiner unendlichen Geduld noch kleiner und weicher machte. Niemals zuvor hatte ein Mensch mit so einer Gründlichkeit und Geduld an mir gearbeitet. ·

**Dieser Mann stellte mich
einfach auf den Kopf.**

Speziell beim Drehen meines Kopfes, insbesondere beim Autofahren, litt ich außerdem unter erheblichen Bewegungseinschränkungen. Um dieses Problem zu lösen wurden unter anderem die dafür zuständigen, ebenfalls teils stechenden, teils überempfindlich reagierenden Reflexpunkte, insbesondere die des Kopfwenders erfolgreich gedrückt. Ich war einfach sprachlos. Und immer wieder testend und probierend drehte ich meinen Kopf nach allen Seiten. Die plötzlich so leichte Kopfdrehung und Behebung ihrer Begrenzungen beim Rückwärtsdrehen, speziell beim Autofahren, ließen mein Herz pochen und mich spontan vor Begeisterung aufschreien. Das Autofahren machte wieder Spaß, vor allem das rückwärts Einparken.

Meine so ehrlichen Füße, sie sagten immer die Wahrheit und offenbarten stets meine gegenwärtige Situation. Um es nicht bei einer Symptombehandlung zu belassen, behandelte Aloys stets auch hier die Fußreflexzonen des Gehirns zur Regulierung noch vorhandener Fehlsteuerungen und im Anschluss daran das gesamte Zentralnervensystem. Immer wieder gab Aloys mir kleine Denkanstöße und Anregungen:

„Damit auch das Gehirn und der gesamte Kopfbereich nervlich richtig durchblutet und mit guter Ernährung und Sauerstoff versorgt und die Stoffwechselabfallprodukte entsprechend gut entsorgt werden können, muss vor allem auch der Schulter- und Nackenbereich gut entschlackt und im Muskelbereich entspannt werden, damit die Energiebahn durch die Verschlackung nicht behindert wird und die Nerven-, Blut- und Lymphgefäße nicht gequetscht werden und dadurch das Gehirn und der ganze Kopfbereich in jeder Beziehung zu wenig versorgt und entsorgt würden. Nur dadurch könnte die Blutprotein- und

.

die Zwischenzellverschlackung (Bindegewebs-verschlackung) vermieden werden und der zur Gesundheit erforderliche, unbelastete Zustand des Bindegewebes und die wichtige Natrium-/Kalium-Zellwandenergiepumpe zur Versorgung und Abfall-Entsorgung der Zellen funktionsfähig erhalten bleiben. Hierdurch wäre gleichzeitig eine reibungslose Versorgung der Zellen mit den nötigen Nährstoffen, Vitalstoffen und eine Fortleitung von Abfallprodukten durch die Zellwand gewährleistet." –

„Was nutzt die beste Ernährung, wenn das Zwischenzellgewebe verschlackt ist und die Nahrung mit ihren Vitalstoffen nicht durch die Zellwandenergiepumpe in die Zellen hineingebracht werden kann und die Zellabfallprodukte nicht über die Zellwandenergiepumpe entschlackt werden können und die Zellen dadurch langsam immer unwirksamer werden?"

Welch ein großartiges und immer wieder wundervolles Geschehen sich doch in unserem Körper abspielt!

Und ich wollte mich daran beteiligen, natürlich zunächst völlig unbewusst und nicht ahnend, was da auf mich zukam. Fühlte ich mich doch als ein Teil im Gesamtgetriebe.

Spielerisch nahm ich
die Herausforderung an

Und mit der herausfordernden Trimilingymnastik wollte ich ebenfalls an dem wundervollen Geschehen nicht unbeteiligt bleiben. In diesem ganzheitlichen Weiterkommen hätte das Eine ohne das Andere auch wenig Chance gehabt.

Denn „die einmaligen, gesundheitlichen Wirkungen des einfachen Trimilinhüpfens werden durch zusätzliche, dem Hüpfen angepasste, gymnastische Übungen erheblich verstärkt und unser Stützapparat stark und beweglich gemacht. Um Zerrungen zu vermeiden, dürfen alle sich anschließenden Gymnastikübungen zuerst nur ganz vorsichtig durchgeführt und Drehbewegungen, Dehnungen, oder das Drücken mit der Hand gegen den Kopf nur ganz allmählich gesteigert werden. Jede der folgenden Trimilingymnastikübungen ist sorgfältig zur Vorbeugung und, möglichst nach Rücksprache mit dem Arzt oder Therapeuten, auch zur Verminderung oder gar Beseitigung von Muskel- und Gelenkbeschwerden oder Haltungsschäden und Gleichgewichtsstörungen ausgesucht."

Damit dies besser zu erkennen ist, zeigt Aloys auf seiner Trimilin-DVD einige Übungen, die die Gelenke und die gesamte Wirbelsäule beweglich machen und möglichst viele Muskeln und Bänder entspannen, dehnen und kräftigen sollen, zunächst ohne Hüpfen.

Und immer wieder sah ich mir auf *meinem* Trimilin leicht schwingend die Übungen an und versuchte, seine sinnvoll zusammengestellte und vorgeführte Gymnastik mitzuturnen.

Da meine Schultergelenke viele Beschwerden aufwiesen, konnte ich meine Gelenke nur ganz sanft bewegen, damit die Rupturen nicht verstärkt wurden und die Muskeln sich nicht zu sehr zurück bildeten. Als ich jedoch wahrnehmen durfte, dass die Bewegungen nicht mehr so schmerzhaft waren, habe ich die Armbewegungen *langsam* immer mehr erweitert, so dass die Schultergelenke nicht überfordert wurden und die Muskeln sich langsam kräftigten, zum Beispiel durch:

- langsames Schulterrollen vorwärts und rückwärts
- Achterschulterkreisen
- abwechselnd rechte und linke Schulter hochziehen
- Hals und Kopf dabei gerade lassen oder
- Drehbewegungen in den Schultergelenken mit angewinkelten und nach außen gerichteten Armen oder Händen an Hinterkopf beziehungsweise Schulterblatt, mit Seitwärtsneigung.

Langsam folgte dann mein vorsichtiger Versuch des großen Armkreisens auch hier, wie bei allen anderen Übungen, immer wieder mit tiefem Ein- und Ausatmen, so lockerte ich langsam immer mehr meine Schultergelenke und dehnte die Brust- und Schultermuskulatur und entspannte die Brustwirbelsäule.

Und so probierte ich es auch mit allen anderen Gelenken, weil sie alle schon „ausgedehnte Gelenksveränderungen mit Deformierungen, Kontrakturen und Gelenkdestruktionen bei „Zustand nach langjähriger rheumatoider Arthritis" aufwiesen. Und nur so bekam ich über die Zeit meine Gelenke wieder etwas beweglicher und die gesamte Körperstatik stabilisierte sich.

Die ganze Christa musste sanft und behutsam runderneuert werden.

Möglichkeit und Hoffnung schenken

Aloys machte mich auch darauf aufmerksam, dass zur Vorbeugung gegen Knochenschwund, der so genannten Osteoporose, sich alle Übungen eignen, die zum Beispiel alle Muskeln anspannen und entspannen und damit alle Knochen belasten und stärken. Darum sollte ich mich zum Beispiel bei der nun beschriebenen Übung bemühen, die Schultern hoch- und zurückzuziehen, das Kinn anzuziehen und das Becken etwas vorzuschieben und die Anspannung aller Muskeln vom Kopf bis zum Fuß einzeln erfühlen. In systematischer Reihenfolge folgten auf der DVD weitere Osteoporoseübungen. Heute darf ich freudig und mit Erfolg berichten, dass mein Osteoporosewert vom unteren Grenzbereich in den mittleren Normbereich angestiegen ist.Weiterhin konnte ich beim Trimilinhüpfen gleichzeitig eine weitere ganz einfache Reflexbehandlung nutzten, indem ich zum Beispiel an den Händen zur Anregung des Lymphkreislaufs mit Daumen und Zeigefinger die Schwimmhäute oder die unteren Fingernagelecken oder andere Reflexpunkte an den Händen und Ohrmuscheln gedrückt habe. Auch hier waren anfangs schmerzhafte Punkte zu entdecken, so dass ich sie nur mit mäßigem Druck behandeln konnte.

Und jede neu zu erlernende Übung ließ mich nicht müde werden, sondern erfüllte mich eher mit Freude, aber auch Respekt. Wie gut mein Körper und mein Geist sich doch immer mehr mit der Trimilingymnastik vertraut machten. Und in vollkommenem Vertrauen lernte ich, mich vorsichtig und beobachtend vorwärts zu trainieren.

Dabei stellte ich fest, dass die anfänglichen starken und mit Geruch verbundenen Schweißausbrüche beim Hüpfen, ebenso wie die Dunkelfärbung des Urins, mit fortschreitender Zeit des Trainings, ebenso der Fußreflexpunktbehandlungen, nachzulassen begannen.

Meine Lebensqualität bekam offensichtlich einen neuen Stellenwert.

So wie ich in der Vergangenheit trotz regelmäßiger Einzelgymnastik und der begleitenden Massagen leider die Begrenzung der physikalisch therapeutischen Maßnahmen hatte erfahren müssen, so war es mir heute vergönnt, mich selbst neu zu erobern und stark zu werden. Auch hier durfte ich wieder durch die logische und systematische Zusammenstellung der Trimilingymnastik, in Aufbau und Reihenfolge, meine körperliche Umwandlung erfahren.

So erlebte ich meinen Durchbruch: Mein Sportsgeist überraschte mich mit seinen ungeahnten Fähigkeiten. Wie einfach doch letztlich alles ist. Man muss es nur versuchen und bereit sein, mit Disziplin an sich zu arbeiten. Und dann ging es *auf zu neuen Ufern.*

Längst hatte ich die Trimilingymnastik in meiner Prioritätenliste an die erste Stelle gesetzt. Und ich entwickelte eine Steigerung, die ich mir in meinen kühnsten Träumen nicht hätte vorstellen können – nicht bei *meinem* Krankheitsbild. Dadurch wuchs auch wieder das Vertrauen in meine körperliche Leistungsfähigkeit. Jede neu erlernte Übung aus dem Anfängerprogramm nahm ich dankend an, und sie trieb mich immer weiter voran. Eines Tages fiel mir auf, dass ich die Zeit, die ich auf dem Trimilin verbrachte, nicht als verloren geglaubte Zeit sehen musste. Im Gegenteil, ich konnte durch ihren Durchblutungseffekt und durch die Aktivierung meiner Lymphen, mit neu gewonnener Energie und Lebensfreude in mein Tagesgeschehen zurückkehren. Aber, diese systematisch aufgebaute Gymnastik verbarg noch einiges mehr an Können und Wirken. Ich sollte es erleben.

Wenn ich bedenke, dass ich am Anfang das Schwingen nur mit höchstens einer halben Minute schmerzerfüllt und schwankend beginnen konnte und nach drei Wochen die anfänglichen Schwierigkeiten sich langsam verabschiedeten, durfte ich mit Recht stolz sein, als die Trainingszeit mich langsam in das weitere Programm hineinführte. Während meines Wirkens schaute ich nie auf die Uhr, sondern ließ meine innere Uhr antworten.

Nachdem ich das Anfängerprogramm beherrschte, wuchs die Neugierde auf das fortgeschrittene Programm. Allerdings muss ich mir hier an dieser Stelle ehrlich eingestehen, dass ich mich doch oft sagen gehört habe: „ Jetzt ist aber

Schluss, diese Übung kann ich wirklich nicht bewältigen." Aber immer wieder packte mich ein ungeahnter Ehrgeiz.

Wieder auf meiner *kleinen geschätzten Matte* stehend, die mich längst nicht mehr an Wackelpudding erinnerte, sah ich mir die Übungen für Fortgeschrittene auf der DVD an. Irgendwie war es *die* Herausforderung schlechthin. Und schon stand ich in den Startlöchern, bereit und neugierig auf das eigentlich unmöglichste Vorhaben. Während ich in dem zehnminütigen Anfängerteil hüpfend mit dem Oberkörper und den Armen beschäftigt war, wurde ich nun aufgefordert, meine Beine im Wechsel anzuheben, wie zum Beispiel beim Joggen oder beim Hüpfen auf einem Bein usw. Da wurde mir erst recht bewusst, wie schwach meine Beinmuskulatur doch war. Dazu meine deformierten Hüftgelenke mit ihren Bewegungseinschränkungen. Wie sollte ich das nur anstellen? Es fehlte mir einfach die nötige Kraft dazu.

So gab es zum Beispiel eine weitere sinnvolle schöne Übung: im Wechsel das Bein frei nach vorne über den Randbezug des Trimilins hinaus schwingen zu lassen, oder in einer anderen Übung: die Beine seitlich über den Randbezug des Trimilins hinaus zu schwenken.

Nein, das hielt ich absolut nicht für möglich. *Leider nicht für mich*, so dachte ich. Denn ständig blieb ich erschrocken immer und immer wieder entweder nach vorne oder seitlich unter dem Randbezug stecken. „Mensch, Christa", dachte ich so viele Male, „jetzt muss es doch klappen!" Oh ja, und es kam so, wie es das Sprichwort sagt: „Übung macht den Meister", und ich schaffte am

Ende auch diese schwierigen Bewegungsabläufe, langsam durch immer wieder vorsichtiges Üben, und so gelang es endlich, zuerst einmal, dann zweimal und sogar dreimal. Hochmotiviert und voller Optimismus trainierte ich weiter und dehnte und festigte so meinen Bewegungsapparat bis zum perfekten Können.

Wie oft habe ich gedacht, jetzt ist das Maß aller Dinge aber wirklich voll!

Doch irgendwie sah ich keinen dieser erkämpften Erfolge je als Begrenzung oder Schluss an. Immer wieder verführte mich eine kleine Herausforderung zu den spielerischen Versuchen. Dieses lebhafte, aufgeweckte Kind in mir verzagte nie, denn allein schon das Hüpfen und der immer wiederkehrende, erneute Versuch und dann am Ende das Gelingen, erfüllten mich, statt gleich zu resignieren, vielmehr mit so viel Spaß und Lust. Und ich ahnte nicht, welch ein Leistungspotential darüber hinaus in mir schlummerte. Mit jeder dieser zunächst *geglaubten* körperlichen Überforderungen sollte es dennoch stets anders kommen. Ich durfte erfahren, wie sich meine geistigen und körperlichen Begrenzungen im verantwortlichen Einvernehmen überschreiten ließen.

Wie oft erreichten mich private Anrufe, natürlich fast immer, während ich auf meinem Trimilin trainierte. Teilweise klangen dann so zweideutige Bemerkungen durch wie: „Du bist schon wieder auf deinem Trimilin?", oder: „Du hüpfst schon wieder? Glaubst du wirklich, dass das für deine kaputten Gelenke gut sein kann?" Ich spürte, dass die Menschen aus meinem Bekanntenkreis mich nicht mehr verstehen konnten, obwohl sie gar nicht wussten, wovon sie sprachen, und was ich längst hatte erfahren dürfen.

Unsere Distanz wuchs.

Ja, ich begann mich zu verändern, befand mich auf einem wunderschönen neuen Weg, in eine *hüpfende* Zukunft. Eine unglaubliche Kraft und Sicherheit wurde frei und damit das Wollen, jedes Hindernis zu überwinden.

Ich begann das Wesentliche vom Unwesentlichen zu unterscheiden. Ich wollte mein so freudig erarbeitetes Körperbewusstsein, welches sich ja gerade erst in der Startphase weiter vorwärts entwickelte, nicht mehr hergeben. Für wen sollte ich das auch wieder aufgeben?

Vielmehr wünschte ich mir, die „Naserümpfenden" würden sich erst einmal genau über mein Tun informieren, dann hätten wir vielleicht eine Diskussionsgrundlage gehabt. Und am liebsten wäre es mir gewesen, sie hätten es mir gleichgetan, dann hätten wir uns an unserer gemeinsamen körperlichen und geistigen Fitness und Ertüchtigung erfreuen können. Und das Leben wäre noch einmal so schön geworden, unbelastet von Krankheiten und ersetzt durch Fröhlichkeit und geistige Freiheit. Währenddessen spürte ich in mir ein Vertrauen und eine aufsteigende Kraft, die jeder im ersten Ansatz misslungenen Übung, besonders im fortgeschrittenen Programm, schließlich doch zum ersehnten Gelingen verhalf, obwohl mir die meisten zunächst als pure Utopie erschienen waren. Doch ich traute mich und gewann das Spiel.

Als nächste Übung stand der etwas lustig anmutende „Gesäßhüpfer" auf meinem Programm. Dieser war ebenfalls die große Herausforderung schlechthin. Ach, es sieht so wunderschön und leicht und locker aus, wenn Aloys ihn auf der DVD vorführt. Schließlich hatte Aloys nach einer Wette 400 Gesäßhüpfer vorweisen können, während ich zunächst weder meine Füße vom Boden noch mein Gesäß von der Sprungmatte abheben konnte. Aber gerade diese Übung versetzte mich immer wieder in ein spontanes fröhliches und überströmendes Lachen und ließ das Kind in mir an die Oberfläche kommen. Also versuchte ich es noch einmal und setzte mich mit nach hinten geneigtem Oberkörper auf das Trimilin und begann mit Hilfe entsprechender Armbewegungen zu schwingen. Mit fortschreitendem Training neigte ich meinen Oberkörper weiter zurück, bis die Beine sich abzuheben begannen. Dann musste die Schwingung verstärkt werden, bis der ganze Körper vom Trimilin abhob. Zusätzlich, so gab Aloys es auf der DVD an, drehen wir uns dann noch nach rechts oder nach links.

Diese Übung beugt Rückenbeschwerden vor, weil dabei besonders die Bauchmuskulatur gestärkt, der Bauch zurückgezogen und damit dem Hohlkreuz entgegengewirkt wird. Gleichzeitig werden dabei die Organhalterungsmuskeln und die Wirbelsäulenhalterung im Becken gestärkt. Weiterhin wird durch diese Übung der Fluss der

Oberschenkel-, Becken- und Leistenlymphe angeregt.

„Prima, prima", feuerte ich mich selbst an: „nur
nicht verzagen!" Und wieder einmal sollte das
Sprichwort: „Übung macht den Meister" recht be-
halten.

**Stolz berichtete ich Aloys von meinen bishe-
rigen Ergebnissen.**

Und schon hörte ich ihn sagen: „Christa, nun
wage dich weiter an *mein ausgearbeitetes Kon-
ditionstraining.* Dazu eignet sich besonders zum
Beispiel das Hüpfen auf einem Bein mit gleich-
zeitiger Drehung des Unterleibs und Schwingung
des zweiten Beins in eine Richtung und Drehung
des Oberkörpers in die andere Richtung. Diese
Übung erhöht zusätzlich die Standfestigkeit und
lockert und stabilisiert die ganze Wirbelsäule, genauso wie das Seilchenspringen und die Übungen, bei denen Arme und Beine bewegt werden,
zum Beispiel: der ‚Hampelmann', die Hüftdre-
hung, das Gelenktraining, usw."

„Da die Übungen auf dem Trimilin bedeutend
weniger Sauerstoff verbrauchen, als auf dem
harten Boden, kann das Belastungstraining viel
müheloser und länger und daher mit größerem
Effekt für den Stoffwechsel, das Herz-Kreislauf-
und Lymphgefäßsystem und die Entschlackung
durchgeführt werden. Das alles verbessert das Zu-
sammenspiel aller Organe zu einer funktionellen
Einheit und führt zu vermehrter und beschleu-
nigter Produktion der jeweils benötigten Abwehrkörper und Substanzen, die den Stoffwechsel ermöglichen und beschleunigen, zum Beispiel die

Hormon- und Enzymreaktionen, durch die das Immunsystem gestärkt, jede Heilung und Regenerierung des Körpers enorm beschleunigt und körperliche und geistige Verspannungen und Angstzustände vermindert werden."

„Weiterhin werden durch den beim Trimilin-Training pulsierenden Druck und durch die erhöhte Durchflussgeschwindigkeit von Blut und Lymphe auch die entsprechenden Gefäßwände elastisch gehalten und Ablagerungen vermindert."

Ich trainierte fröhlich weiter. Aber die Übung „kreuz und quer Seilchenspringen" auf dem Trimilin war ja wohl *die Herausforderung schlechthin*. Sie wollte und wollte nicht funktionieren. Stattdessen musste ich sehr um meine Ohren bangen, die zu oft einen heftigen Streifzug abbekamen. Aber auch hier machte wieder die Übung den Meister und der Erfolg stellte sich doch noch ein.

Trotz meiner kurzzeitigen Bedenken: „Kann ich mir das zutrauen?", bestärkte mich ein innerer Antrieb und entkräftete schnell meine Zweifel. Diese ständige Auseinandersetzung mit dem Glauben an das Nicht-Können oder Können setzte sich eher auf spielerische Weise erfolgreich fort.

Zwischenzeitlich hatte Aloys mehreren Ärzten zuerst meine Röntgenaufnahmen gezeigt und ihnen dann von meinen Fortschritten und der begonnenen gesundheitlichen Stabilisierung berichtet. Sie wollten dies alles kaum glauben und waren davon überzeugt, er übertreibe. Einige äußerten spontan: „Diese Patientin mit solchen Hüftaufnahmen kann unmöglich hüpfen. Sie müsste längst neue Gelenke bekommen." Andere Kollegen wiederum gaben ihrer Überzeugung Ausdruck: „Diese Patientin sitzt bald im Rollstuhl, ihr Besserungszustand ist doch nur vorübergehend."

Weiterhin erlernte ich spezielle Übungen mit dem Flexa-Band zur Stärkung der Gelenkmuskulatur, Bänder und Sehnen, wodurch die Gelenke weniger verletzungsanfällig werden. Die Beweglichkeit meiner Arme, das Heben und Senken, sowie die Innen- und Außenrotation durch die zusätzlichen Übungen mit dem Flexa-Band auf dem Trimilin stärken die Durchblutung der Rotatorenmanschette, wodurch die Sehnen mit Sauerstoff versorgt werden. Und meine Ellbogengelenke weisen heutzutage kein Streckdefizit mehr auf.

Wohl auch aufgrund dieser in ihrer Reihenfolge und Schwierigkeit eigens von Aloys aufgebauten Gymnastik begann mein Körper sich zu verändern und zu kräftigen. Ich spürte, wie meine Beine stärker, kräftiger und sicherer auf der Trimilinmatte standen und sprangen. Dieses Aufbauprogramm entfaltet – durch die regelmäßige Anwendung – zur Erlangung der körperlichen Beweglichkeit und Erleichterung seine Wirkung.

Selbst das Wetter wird bedeutungslos. Ich kann, wie auch immer ich gerade gekleidet bin und zu welcher Zeit auch immer ich es wünsche, sofort und ohne Vorbereitungs- oder Anlaufzeit mit meiner Trimilingymnastik beginnen und auf diese Weise meine Trübsal verblassen lassen und in ein fröhliches Lachen umwandeln. Diese Therapie löst und befreit mich auch heute noch von belastenden Gedanken, filtert sie und führt mich automatisch schon in kurzer Zeit mit einer neugefassten lockeren Einstellung in meinen Tag zurück. Ja, Probleme schmelzen entweder dahin, oder aber werden ihrer Chance beraubt zu eskalieren.

Mir wurde klar, dass mich diese so sehr geschätzte und tief greifende Gymnastik auf dem Trimilin mein Leben lang begleiten würde – aber auch begleiten *müsste!* Zunächst ungeahnt habe ich meine Muskeln, Sehnen und Bänder stärken können, die nun meine deformierten Gelenke und mein Skelett stützen und hoffentlich vor weiteren Deformierungen bewahren werden. Denn einen Muskelabbau, die Gefahr einer fortschreitenden Osteoporose oder erneute Ablagerungen von Giften und Verschlackungen *kann ich mir nicht leisten!*

Schon nach zwei Monaten waren mir die 60 Übungen so vertraut und in meinen Tagesablauf eingeflossen, dass ich sie Aloys eines Tages stolz präsentierte. An der Perfektion musste ich allerdings noch herumfeilen. Ansonsten aber war er sehr, sehr zufrieden. Aloys erklärte mir dann, dass es nun an der Zeit sei, das aufgebaute Körpertraining mit dem *geistigen* Training zu ergänzen:

„Was nützt es uns, wenn der Körper sich gesund weiter entwickelt aber der Geist in seiner Aktivität nachlässt?"

„Nein, nein, das darf nicht wahr sein", dachte ich. Da erwischte er mich aber an einem wunden Punkt. Natürlich hatte ich mir die Koordinationsübungen schon längst angesehen. Nur erschienen sie mir unglaublich schwer. Darum wollte ich eigentlich unter meine bisher erreichte Leistungsfähigkeit einen Schlussstrich setzten. – Wollte ich mich etwa ausruhen? – Keine weiteren Früchte davontragen?

Jedoch zu Aloys' Gründlichkeit im ganzheitlichen Geschehen gehörte natürlich uneingeschränkt das geistige Training. Das Lernen setzte sich also immer weiter fort, immer weiter und weiter.

Dennoch, die Koordination hatte es in sich. Also sah ich mir wie gewohnt zuhause im stillen Kämmerlein die „geistige Herausforderung" immer wieder aufs Neue an. Vor dem Spiegel übte und übte ich, doch ab und zu war es auch zum Verzweifeln.

Ich lebe, um zu lernen – mein Leben lang

Wie kann zum Beispiel der rechte Arm drei- und vierteilige Übungen vorwärts und zur gleichen Zeit der linke Arm die gleichen drei- und vierteiligen Übungen rückwärts ausführen?

Doch ich sollte mich auch dieses Mal nicht unterschätzen und war erstaunt, wie auch die Koordination ihre magische Anziehung auf mich ausübte und mir durch fleißiges Üben in Fleisch und Blut überging. Diese positiv veränderte Christa versetzte mich nur noch in großes Erstaunen.

Eines Tages – es war Ende Mai und ich war auch schon ein Mitglied in· Aloys' großer Selbsthilfegruppe, kam Aloys auf die Idee und fragte mich: „Christa, was hältst du davon, wenn wir gemeinsam auf einem Trimilin Seilspringen?"

Mein großer Lehrmeister und ich – war das nicht eine Nummer zu groß für mich?

Doch gesagt getan, ohne große Schwierigkeiten und mit rutschsicheren Socken, sprangen wir gleich hundertmal zu zweit auf einem Trimilin mit dem Seil. Oh, war das schön! Hat das Spaß gemacht!

Mein Mann schenkte uns großen Beifall, aber ich sah ihm an, dass *seine* Gedanken längst einen Schritt weitergingen. Er hatte die geniale Idee, da ich nichts weiter zu tun hatte als im gleichen Rhythmus wie Aloys, den ich mit der linken Hand umfasste, zu springen, während Aloys das Springseil führte, dass wir es doch einmal mit einem aufgespannten Regenschirm versuchen sollten, den ich in der rechten Hand zu halten hatte. Gesagt getan – ein Regenschirm musste her. Aloys war Feuer und Flamme, offen und dankbar für jede neue Herausforderung. Die Idee war genial, so genial wie unser Versuch, der auch wieder auf Anhieb gelang.

Wir waren außer uns vor Freude

Und samstags in unserer Selbsthilfegruppe führten Aloys und ich unser kleines Kunststückchen vor. Großes Applaudieren schallte uns von den erstaunten und freudigen Mitgliedern entgegen. „Ihr seid reif für den Zirkus!", riefen sie uns einstimmig zu.

In mir lief alles auf Hochtouren. Wer meine Entwicklung längere Zeit nicht mitverfolgt hatte, musste sich voller Überraschung eingestehen, wie ich mich innerlich und äußerlich zu einem selbstständigeren, fröhlicheren, ja glücklichen Menschen entwickelt hatte.

Nach jeder Behandlung nahmen meine Gelenkschmerzen und Gelenkschwellungen weiterhin ab.

Mein Traum wurde Wirklichkeit

Und dann brach jener Tag an, der eine ungeahnte Freude für mich bereithielt, ein Tag, der sich mir tief ins Bewusstsein eingegraben hat, nämlich der, an dem ich meine Verwandlung im Spiegel erkannte. Nun verstand ich Aloys' Frage: „Christa, wie jung soll ich dich machen? Fünf oder zehn Jahre jünger?" Jetzt konnte ich ihm uneingeschränkt zustimmen.

Es war Ende Februar 1997, als ich schließlich zutiefst bewusst das völlig Unfassbare erleben durfte.

Als ich bei meinem morgendlichen Gang ins Bad die Tür öffnete, sah mich plötzlich in dem raumhohen Spiegel eine schön geformte Frau an. Ich träumte, so erschien es mir. Ich wollte meinen Augen nicht trauen.

Ich schaute, ich weiß nicht wie oft und wie lange, in dieses für mich wunderschöne Spiegelbild, denn was ich da sah, wollte und konnte ich nicht glauben. Und schon gar nicht, dass *ich* das sein sollte. Ein so starker und schöner Körper. Das sollte ich wirklich sein? Nein, es war ja überhaupt nicht zu fassen. Schließlich sah ich mich mehrmals immer wieder von oben bis unten an, drehte mich im Kreis, schärfte meine Blicke zu allen Seiten, um diesen schönen Traum in die Wirklichkeit zu holen.

Und so sah ich, dass es keinen Zweifel mehr gab: Dieser vor mir stehende wunderschön geformte und proportionierte Körper, das war ich, Christa, wie sie leibt und lebt. Völlig in der Gegenwart.

Ich brauchte wirklich eine geraume Zeit, um diese Offenbarung und Erkenntnis zu verkraften.

Es war unfassbar. Ich konnte meinen Blick nicht von meinem kerzengeraden Rücken abwenden. Wo war der Bechterew-Buckel? Wo war mein vorgewölbter Bauch? Alles völlig weg? Stattdessen fühlte sich meine Bauchdecke weich und locker, aber stark in der Anspannung, an. Nun stand mir mein Ebenbild schlank, rank und aufrecht gegenüber.

Ich konnte mich von meinem Spiegelbild einfach nicht trennen. Welch ein Wunder war mit mir geschehen? Dann liefen meine Gedanken sofort zu Aloys, der dieses göttliche Geschenk vollbracht hatte. Seine ausdauernden und tief greifenden Behandlungen zur ganzheitlichen Regulation meiner Funktionsstörungen und meine fleißig durchgeführte Trimilingymnastik hatten dieses so einfach erklärbare Ergebnis vollbracht.

Sanft strich ich über meinen Körper, meine Haut, alles fühlte sich so butterweich an.

Es war einfach nicht zu fassen. Was war in diesen drei Monaten nur alles geschehen? Oh Wunder, oh Wunder! Selbst meine Zellulitis – auch Orangenhaut genannt –, die meine Oberschenkel bisher geschmückt hatte, und die ich durch Bürsten und viele teure Präparate nicht hatte beheben können, wo war sie geblieben? Auch einfach weg, einfach *weggerollt und weggehüpft!*!

Ich begriff plötzlich, was mit mir geschehen war. Und völlig aus der Fassung, brachen meine Tränenkanäle auf. Heiße Tränen der Rührung und des Dankes flossen unaufhaltsam über mein Gesicht.

Lieber, lieber Gott, ist das wirklich war? Das darf *ich* sein? So schön geformt. Was hast du nur mit mir vor? Ich danke dir für deine Führung und Leitung und dafür, dass du mich in jenem Augenblick zu Aloys geführt hast, als für mich schon fast alles verloren schien. Wie traurig und leer wäre mein weiteres Leben sonst dahin geflossen!

Wieder hatte sich eine Tür der Offenbarung geöffnet. Und weil ich es bisher nicht erkannt hatte, musste mir der Spiegel zum richtigen Zeitpunkt meine Augen öffnen: „Christa, das darfst *du* sein, du bist es wirklich! Dieses Leben ist es wert zu leben."

Und fortwährend mit Tränen in den Augen rief ich: „Dankeschön, Dankesschön, für diesen neuen Tag mit seiner reichen Erkenntnis und für meinen nun neu gewonnenen Weg und die Gelegenheit, noch einmal anzufangen. Danke für deine übergroße Güte und Gnade!"

Bis zu diesem Zeitpunkt waren mir meine eigenen, äußeren Veränderungen noch gar nicht so aufgefallen, weil Aloys immer noch sehr an mir herumfeilte, während ich immer weiter meine Gymnastik absolvierte. Obwohl meine schmerzenden und stechenden Fußreflexpunkte durch ihre regelmäßige Behandlung längst ihre Linderungen erfahren durften, so galt es doch nach wie vor, den einen und anderen Fußreflexpunkt vorzunehmen, um einem eventuellen wieder Einschleichen von Funktionsstörungen vorzubeugen.

Aloys „wusch meine Füße",
die einst so sehr um mich geweint hatten

Ich war so gerührt: selbst die Hand- und Fingergelenke, die durch die chronische Polyarthritis so
stark gezeichnet waren, hatten sich durch das beharrliche und ausdauernde Aufrollen der Handgelenke, ja sogar jedes einzelnen Fingers, durch
den Einsatz von Aloys so schön verjüngt, dass ich
die Knöchel meiner Handgelenke zum ersten Mal
in meinem Leben wirklich sehen konnte. Sie waren zusehends schlanker und schöner geworden,
aber auch erstaunlich kräftig. Selbst die Haltung
meiner Hände nahm in den darauf folgenden Wochen eine normalere Form an, die ich bei anderen Menschen so sehr schätzte. Als mir das nun
zum ersten Mal auffiel, konnte ich es gar nicht
glauben. Immer wieder sah ich sie mir staunend
an. Sicherlich trug auch das Fäuste ballen und
Finger strecken, dass ich während des Hüpfens
stets übte, bedeutend dazu bei. Mein linker Mit-
telfinger, der in der Medizin als „Schwanenhals"
bezeichnet wird, und der linke Ringfinger, die in
bestimmten Bewegungsabläufen hinderlich sind,
lassen leider keine Besserung erwarten.

Die Schultergelenke hatten sich bereits trotz
bleibender schwerer Schädigungen zu einer fast
normalen und sichtbar besser werdenden guten
Haltung formiert. Drei Monate zuvor hatten sie
noch verkümmert und stark nach vorn geneigt
gewirkt. Und noch vor einigen Monaten hatte
mich eine Freundin auf meine verkrümmte Schul-
ter- und Körperhaltung aufmerksam gemacht.

Woher sollte sie wissen, dass alle meine Bemühungen bis zu diesem Zeitpunkt fehlgeschlagen
waren. Selbst die wulstigen Innenseiten meiner
Kniegelenke hatten sich durch das zuerst sehr
schmerzhafte Aufrollen und das weiterhin regelmäßige Wiederholen zurückentwickelt. Und die
X-Beinstellung zeigte eine deutliche positive Veränderung. Sie deutete schon auf eine geradere
Beinstellung hin. Obschon die dafür zuständigen
Reflexzonen auf den Behandlungsdruck noch
spürbar reagierten. Durch diese – für mich – un-
fassliche und positive Veränderung habe ich es
geschafft, meinen Körper zu akzeptieren.

**Ich empfand meinen Körper
plötzlich so *heil* und fließend.**

Ich wollte nicht einmal mehr Schmuck tragen,
sondern nur noch durch mich selbst wirken. Jetzt
brauchte ich nichts mehr zu kaschieren – konnte einfach nur *ich* sein. Körper, Geist und Seele
fanden zueinander. Fortan schwebte ich in einer
bewussten, unbeschreiblichen Harmonie durch
meinen erfüllten Tag!

Mein Körper war gereinigt und um 11 kg leichter geworden. Meine Konfektionsgröße verabschiedete sich von Größe 38 auf 36 beziehungsweise 34.

**Das Gestern liegt hinter mir,
ein neuer Tag vor mir.**

Mein längst erloschener Traum wurde Wirklichkeit und meine Vorstellungskraft hatte über ihre

Zeit doch zur Verwirklichung gefunden. – Ich wurde zu meinem eigenen Vorbild, denn nun bekam ich das Ergebnis meiner Selbstdisziplin und Ausdauer zu spüren. Wie sehr hatte ich mich vorher durch mein Erscheinungsbild beschämt gefühlt. Nun ist es identisch mit meinem *wahren Selbst*. Ich war in meiner Mitte angekommen.

> *„Alles zu bezweifeln oder alles zu glauben,*
> *das sind zwei gleichermaßen*
> *bequeme Lösungen,*
> *denn beide entheben uns des Nachdenkens."*

Henri Poincaré aus:
„La science et l'hypothèse"

Und überaus freudige Erlebnisse folgten und bereicherten von nun an meinen frohen Alltag

Wie zum Beispiel beim Einkaufen. In einem großen weiträumigen Geschäft fiel mir plötzlich auf, dass mein Blick weit über die Ladentheke in den Geschäftsraum hinausreichte, etwas, das mir sonst nie möglich gewesen war. Zuerst dachte ich mich zu irren. Da ich aber so von meinem neu gewonnen Weitblick angetan war, fragte ich die Verkäuferin, ob der Laden eine neue Theke bekommen habe. Ihre Antwort: „Nein, die ist schon sehr alt." Und bei genauerem Hinsehen konnte ich es ihr auch nur bestätigen. Es lag tatsächlich, oh Wunder, oh Wunder, an meiner aufrechten, geraden Körperhaltung, die mir den nötigen Überblick verschafft hatte. Kein nach vorn gebeugtes Gehen und Schaukeln mehr! Mein tägliches Leben war auf einmal so spannungsreich.

Fortan nahm ich mich im Umgang mit meinem Tag und meinen Mitmenschen viel leichter und liebevoller wahr. Aktiv hatte ich an mir mitarbeiten können und das Ergebnis zeigte mich nun als einen ästhetischen, aufrechten und gut proportionierten und lockeren Menschen. Die ganze Welt hätte ich umarmen können. Ich wurde Herr meines Selbst. Dank der für mich richtigen Behandlungsmethoden.

Dieses Leben wollte mich zurück haben.

Geduldig hatte Aloys sich durch meinen Irrgarten gearbeitet. Er löste über die Zeit meine Teilblockaden, regulierte meine Gehirnfunktionsstörungen und fügte alles zu der ursprünglichen, schöpferischen Einheit, die einst in mir so gut funktioniert hatte, wie ein Puzzle in seiner Ganzheit wieder zusammen. Ohne dieses Erkennen, Regulieren und Beheben von Fehlsteuerungen hätte nichts mehr in meinem Körper zu seiner natürlich geschaffenen Einheit zurückfinden können, weder durch Operationen noch durch pharmazeutische Vielfalt. Das Gestern lag hinter mir, ein neuer und herrlicher Tag lag vor mir und ich fühlte mich im Einklang mit allem Leben. Und Aloys beschenkte mich weiter.

Muskelentspannung und ihre Wirkung

Von einem weiteren, wundervollen Erlebnis zu meiner Muskelentspannung möchte ich an dieser Stelle erzählen. Über viele Jahre hinweg hatte Aloys auch bei anderen Patienten die verspannten Muskelpartien mit den Händen entkrampft und gelockert. Die Idee für die eigens dafür konstruierten Klammern wurde zur erheblichen Erleichterung. Bei mir angewandt, brachte sie in wenigen Minuten eine nicht geahnte und so unglaubliche körperliche Entkrampfung, dass ich mich beinahe zu Höhenflügen imstande sah.

Und, um den Unterschied deutlich zu machen, klammerte Aloys zuerst ein Bein, und zwar am hinteren Oberschenkel beginnend, dann nacheinander fortschreitend bis zum Unterschenkel. Die Klammerung des verkrampften Muskels wurde soweit angezogen, wie ich den Spannungsschmerz gut aushalten konnte. Nach nur wenigen Minuten ließen die Muskelverspannungen etwas nach und die Klammern konnten weiter angezogen werden, je nach Bedarf zwei- oder dreimal. Nach Entfernung der Klammern wurde das Bein zur besseren Entschlackung und Durchblutung aufgerollt und nach oben in Richtung Leistenlymphknoten mit den Fingern ausgestrichen. Dann folgte meine erste Gehprobe. Für einen Augenblick bekam ich kein Wort heraus. Auf einmal hatte ich zwei ganz unterschiedliche Beine, ein bleischweres und das behandelte, welches mich wie auf Wolken trug.

Natürlich gab es auch hierfür wieder eine logische Erklärung. Aber ich konnte es einfach nicht fassen. Vorher war das Bein noch so schwer gewesen. Und nun dieses Ergebnis. Dann erfolgte die Klammerung des anderen Beines.

Unter strahlend blauem Himmel hatte Aloys in seinem Garten die erste Klammer bei mir gesetzt. Ich weiß gar nicht, wie ich meine ersten Gehversuche beschreiben soll. Nachdem ich begriffen hatte, dass es meine neuen Beine waren, startete ich durch. Und wie ein kleines ausgelassenes nicht zu bremsendes, aufgescheuchtes Mädchen lief ich in seinem Garten auf und ab, ja noch mehr, ich rannte über Stock und Stein. Oh, welch ein Glück wurde mir wieder zuteil! Ich war von einer solchen Leichtigkeit beflügelt und schwebte wie eine Feder dahin. Völlig außer Rand und Band lief ich mit weit aufgespannten Armen nur noch fassungslos in meiner Beschwingtheit und in einer nie da gewesenen Leichtigkeit durch den Garten. Ich war dem Schreien und Jubilieren nahe. Abermals wollte ich diesen Erfolg in die Welt hinaus rufen. Meine Beine, und immer wieder meine Beine, sie trugen mich so leicht und locker in alle Richtungen dieses großen Gartens. Ich wollte es wissen. In diesem schwebenden Zustand sprang ich dann ziemlich unbeschwert, jauchzend die Treppenstufen herunter. Ohne Probleme konnte ich beim Hinaufsteigen eine Stufe überspringen. Das hatte ich noch nie erlebt und konnte es nicht genug auskosten. Denn aufgrund meiner Kniearthrose und deformierten Hüftgelenke wurde mir bei früheren Arztbesuchen dringend empfohlen, das Springen und Hüpfen zu unterlassen.

Es leuchtete mir ein, ich empfand es selbst als unangenehm, weil es auch so schmerzhaft war. Aber hier und jetzt hatte ich plötzlich keinen Schmerz, sondern ein neues Bein- und Körpergefühl, darum sprang ich auch wie ein junges Wiesel. Ich wollte immer zu nur laufen, laufen, laufen. Ein ganz, ganz großes Nachholbedürfnis erfüllte mich. Dieses Glücksgefühl konnte ich so schnell gar nicht begreifen und wollte es auch nicht bremsen. Mir wurde bewusst, dass meine deformierten Gelenke von einer starken Muskulatur, den Sehnen und Bändern aufgrund meiner beharrlichen Trimilingymnastik geschützt waren. Und ich erkannte, was eine entspannte und gut durchblutete Muskulatur bewirken kann.

Vielen Dank, du meine *geliebte Trimilingymnastik* und ganz besonders dir, du mein geschätzter und kostbarer Aloys. Dann lief ich mit meinen weit ausgebreiteten Armen und meinen federleichten Beinen zu ihm. Liebevoll, dankend und überglücklich nahmen wir uns in die Arme.

Was wäre ich ohne dich? Wo würde ich heute sein?

Ein tiefes Gefühl des Glücks und der Dankbarkeit durchströmte uns und ließ uns still werden. Hier und Jetzt. Wir spürten die göttlich liebende Kraft über allem stehen. Die Quelle aller Macht, seine Liebe, sie stärkt und stützt uns und arbeitet in uns und durch uns.

„Ich stieg wie Phönix aus der Asche"

In seinem Buch *„Forschungs-Objekt Seele"* zitiert der Autor Doucet, dass J. H. Schultz im persönlichen Gespräch die Anekdote liebt und über die erste Begegnung mit Freud berichtet.

Bei dieser Begegnung habe Freud den Besucher prüfend angesehen und gesagt: *„Sie glauben doch nicht, dass Sie heilen können?"*, worauf J. H. Schultz erwidert habe: *„Keinesfalls, aber ich meine doch, dass man wie ein Gärtner Hindernisse wegräumen kann, die der echten Eigenentwicklung im Wege stehen."* – *„Dann werden wir uns schon verstehen"*, habe Freud erklärt.

aus Dr. Friedrich W. Doucet, Forschungsobjekt Seele – eine Geschichte der Psychologie (S. 166)

In den Händen von Aloys konnte alles ohne Widerstände geschehen. In recht kurzer Zeit wurde aus einer niedergeschlagenen Christa ein strahlender und lebensfroher Mensch. Diese Veränderungsphasen geschahen ursächlich und systematisch von Dezember 1996 bis März 1997 und nahmen weiterhin ihren positiven Lauf.

Vorstellung bei „meiner" Internistin

Dann kam der für mich erwartungsvolle Zeitpunkt, mich meiner Internistin vorzustellen. Ich
hatte ihr ja im Oktober 1996 versprochen wieder-
zukommen. Jetzt war es Herbst 1997. Sie hatte
mich seit der Überweisung zum Rheumatologen
und unserem abschließenden Gespräch im Anschluss an jenen bedeutungsvollen Arztbesuch
nicht mehr gesehen, aber aus Presseberichten im
August 1997 hatte sie entnehmen können, dass ich
durch die ganzheitlichen Behandlungsmethoden
des Chemikers Dr. Aloys Hoverath in dem kurzen
Zeitraum von drei Monaten eine neue ausgezeich-
nete Lebensqualität wiedergefunden hatte.

Aloys begleitete mich. Ich war auf das Äußers-
te gespannt. Und ich sollte noch häufiger erfahren, dass ich in seiner Begleitung, zum Beispiel
wenn er zur Behandlung kranker Menschen gerufen worden war, immer eine unbeschwerte und
erfüllende, kostbare Lehrzeit von ihm geschenkt
bekam.

Doch hier sollte ich zunächst einmal erfahren,
wie bekannt Aloys überall war: schon die Sprech-
stundenhelferinnen sprachen sehr interessiert
mit Herrn Dr. Hoverath, war er doch längst durch
Presse und Fernsehen über die Stadtgrenzen hinaus eine sehr anerkannte Persönlichkeit. – Meine
Internistin kam, sah und umarmte ihn sogleich:
„Ich schätze Sie so sehr, Sie bringen ein Feuer
zum Brennen. Ich habe von Frau Knauf in der
Zeitung gelesen." Aloys strahlte und informier-
te die Ärztin im Einzelnen weiter über seine Be-

handlungsmethoden und meinen Eifer, trotz beschädigter Gelenke die Trimilingymnastik selbst mit einem Bein zu hüpfen und, dass ich außerdem das komplette Übungsprogramm beherrschte. Voller Bewunderung sagte die Ärztin immer wieder zu mir: **„Machen Sie weiter so, Sie haben Ihren Weg gefunden!"**

Womit sie nicht Unrecht hatte. Ja, sie war wirklich begeistert und so sehr von meiner Entwicklung angetan, dass sie immer wieder meine Wange streichelte und glücklich mein neues Erscheinungsbild bewunderte. Sie war von einer solch ehrlichen Begeisterung erfüllt, mich so vor sich stehen zu sehen, dass sie mich augenblicklich in ihre Arme schloss. Uns beiden standen die Tränen der Rührung in den Augen. Dann hörte ich sie sagen, dass ich an einem Wendepunkt angelangt sei und Dr. Hoverath ein hilfreicher Apostel für die Menschheit sei. Und weiterhin machte sie uns gegenüber das folgende Zugeständnis: Kaum ein Arzt könne auf diese Weise Einfluss auf seine Patienten erlangen. Dieses Geben, das den Menschen über den Körper hinaus an Herz und Seele und Geist beschenkt, gehe über die Möglichkeiten eines Arztes hinaus.

Dann bat sie uns, wir sollten beide so weiter machen und unseren Patienten helfen. Dies war eine wundervolle Wegweisung. Darüber hinaus sagte sie hocherfreut zu Aloys: „Sie entfachen einen Brand, nein", korrigierte sie sich: „Sie entfachen einen *Flächenbrand.*"

Wahnsinn, einfach ein Wahnsinn, was sich in diesen Minuten hier in meiner einst so sterilen

.

Welt abspielte. Die richtigen Vorstellungen und Gedanken, die Aloys durch seinen Geist erarbeitet und eingespeichert hatte, hatte er im vollsten Optimismus ausgeliefert, im Wissen, dass nur das Vollkommene aus diesen Vorstellungen und Gedanken hervorgehen kann.

Die Hochstimmung über meine Entwicklung konnte ich nicht verbergen. Ich war so glückselig, dass meine Erwartungen in der langen Zeit meiner Suche so stark und unverrückbar waren.

Kleine Hürde: Osteoporose und Hormon

Dann aber gab es noch eine kleine Hürde zu bewältigen, die ich schon kurz angedeutet habe. Aufgrund meiner Gebärmutterentfernung und Osteoporose hatte mein Gynäkologe mir Anfang 1995 dringend empfohlen, Hormone zu nehmen. Es sei ratsam und wichtig für mich. Ich war anschließend erstaunt, wie diese kleine Pille meine sehr unangenehmen und störenden Symptome, wie spontane Schweißausbrüche, verstärkter Augendruck, zunehmende Stimmungsschwankungen, Schwindel hatten verblassen ließen. Mir war es daraufhin tatsächlich besser ergangen. Die Einnahme wurde nach langem hin und her zur Routine.

Aloys jedoch war über diese Entscheidung sehr bekümmert. Er bat mich wegen der Gefahr von Lymphstaus mit Zystenbildung und Wasseransammlungen und sonstigen Gefahren bei einer Gynäkologin, die er vor Jahren von ihren Migränebeschwerden befreit hatte, um die notwendigen Untersuchungen.

Die Ultraschallaufnahme zeigte am rechten Eierstock eine etwa 5 cm große Zyste. Das stimmte dann doch sehr nachdenklich. Die Ärztin glaubte, durch die Fußreflexpunktnerven- und Hormonbehandlung könnte die Zyste weiter angeregt werden und wachsen, anstatt sich zurückzubilden.

Nach drei Monaten sollte an Hand einer weiteren Ultraschallaufnahme die Zyste kontrolliert und gegebenenfalls operativ entfernt werden. Jetzt wurde ich hochmotiviert, auf keinen Fall wollte ich mich operieren lassen. Dennoch, in keiner Weise leichtfertig, drängte sich mir immer mehr der Wunsch auf, die Einnahme dieser wirksamen doch nicht ungefährlichen kleinen Pille abzusetzen.

Christa, arbeite weiter an dir! – In mir wuchs die Vorstellungskraft, dass das Trimilin mit seinem ganzheitlichen Übungsprogramm und seinem starken Einfluss auf das Lymphgefäßsystem und die Knochen, in Verbindung mit einer Behandlung der entsprechenden Fußreflexpunkte für die Hormondrüsen als Hormonmedikamentersatz wirken und gleichzeitig gewiss der Osteoporose entgegenwirken könnten.

Nach reiflicher Überlegung setzte ich auf eigene Verantwortung die Hormone ab. Zu Anfang kamen die bekannten Symptome mit ihren Unannehmlichkeiten leicht zurück. Daraufhin bat ich Aloys um Überprüfung der dafür zuständigen Reflexpunkte. Aloys stellte fest, dass die Reflexpunkte der Hypophyse, der Eierstöcke und der entfernten Gebärmutter mit ihrem Störfeld sich bei mir als sehr schmerzhaft erwiesen und sogar stechend äußerten. Zur weiteren Überprüfung gehörten auch die Hauptlymphmündungen in die beiden Schlüsselbeinvenen. Sie deuteten wieder eine Teilblockierung an. Ebenso ließen mich die Schwimmhäute zwischen den einzelnen Zehen erschrocken aufschreien, was auf Lymphstaus im Schulter- und Nackenbereich hinwies. Diese Fußreflexpunkte wurden dann für ca. 20 Minuten gedrückt, danach war der Durchfluss freigegeben und die Fußreflexpunkte schmerzfrei. Bereits während der Behandlung spürte ich, wie die unangenehme Wärme und der Augendruck von mir wichen. Entspannt und erholt wirkten nun meine Augen, und mein Blick war klar. Der Lymphstau war behoben, alles konnte wieder normal fließen. Selbst die Gleichgewichtsstörungen wurden über den entsprechenden Reflexpunkt reguliert.

Ein Wohlbefinden meines Körpergefühls zeigte mir, wie richtig ich mich entschieden hatte.

Die Füße lügen nicht

Und, um den Anfängen zu wehren und die Beschwerden ursächlich zu beheben, wurde diese Behandlung in Abständen wiederholt. So oft ich konnte, hüpfte ich also mehrmals am Tag für einige Minuten mein Gymnastikprogramm, um meinen Hormonhaushalt und das Lymphgefäßsystem zu aktivieren und zu regulieren und weiterhin die Muskeln zu beleben.

Welch ein angenehmer Luxus, seinen Körper – unabhängig von Wind und Wetter oder besonderer Kleidung – zu Hause in Schwung zu bringen und so positiv zu beeinflussen. Und nach drei Monaten ergab die Kontrolluntersuchung durch Ultraschall, dass die Zyste kaum noch sichtbar war. Dieses Ergebnis beflügelte und bestärkte uns in unserer Anschauung. – Was war das für ein Freudentag!

Eigenverantwortlichkeit fördern!

Eine Tages sagte Aloys zu mir: „ Christa, du hast das Schlimmste geschafft, aber arbeite weiter an dir, denn ohne deine Mitwirkung hätte ich das alles nicht schaffen können! Die regelmäßige eigene Gesundheitsüberprüfung und Regulierung mit Hilfe der systematischen Fußreflexpunktkontrolle und erarbeiteten Trimilingymnastik, die bereits vom Kindesalter an das Auftreten vieler Krankheiten verhindern kann, ist ein wichtiger Faktor in diesem umfangreichen aber ganzheitlichem System."

Aloys hatte mich auf eine ehrliche Art und Weise zu meinem tief liegenden inneren Verständnis – zur Ursache meiner Krankheit – hingeführt, wodurch dann mein Körper Linderung und Stabilisierung erfuhr, womit Geist und Seele *heil* werden konnten.

Immer fühlbarer spürte ich, dass dieses Leben alles verlangt, was ich habe und geben kann, wenn es gelingen soll. Nun durfte ich wieder fest an mich und mein Wirken glauben.

In dem großen Respekt vor dem, was wir gemeinsam erreicht haben, weiß ich sehr wohl, dass ich diesen Behandlungsmethoden und einer bewussten Ernährung niemals untreu werden darf!

**Aus tiefsten Herzen durchströmte
mich das Glück.**

Nun hatte ich keinen Grund mehr, mich selbst als Gefangene eines irdisch begrenzten Körpers zu empfinden. Ich fühlte mich so frei und dachte: „Christa, sei wie du bist und entfalte dein wahres Ich und nichts kann dir dabei im Wege stehen."

Und wie nach dem Herbst der Winter folgte, so durchbrach ich mit dem Frühling meine Begrenztheit und legte meine „Fesseln" ab. Schmerz und die Niedergeschlagenheit in meinem Leben wandelten sich um in echte Lebensfreude. Vor mir lag ein *neuer* erfahrungsreicher und beglückender Sommer in seinem strahlenden Licht, er lockte und erhellte meinen inneren Reichtum.

Aber dann, am 9. November 1997, hatte ich einen Unfall.

Wie gewonnen so zerronnen?

Der Unfall schockte mich zutiefst. Zum ersten Mal fürchtete ich mich wieder vor dem Ungewissen. Bestürzung und Bangen um mein neu gewonnenes Leben. Einschränkungen in meiner Möglichkeit, vielleicht nie wieder mein Trimilin betreten zu können. Dann nämlich würden alle Türen und Fenster offen stehen und meine chronische Krankheit aufs Neue willkommen heißen. Wie gewonnen so zerronnen?

Oh, lieber Gott, bitte, bitte nicht!

Es geschah in einer spontanen, nicht vorgesehenen Situation. Einem Herzensimpuls folgend wollte ich einem mir sehr verbundenen, lieben Menschen wegen seiner starken Rückenschmerzen helfen. Seine sehr stark verspannte Rückenmuskulatur wollte ich durch das Ausstreichen und Aufrollen seines Rückens entspannen. Wir mussten improvisieren. Dazu kniete ich mich auf ein Kissen. Damit missachtete ich leider die Warnung von Aloys, mich wegen meiner durch die lange Krankenzeit veränderten Kniegelenke möglichst *nicht* zu knien. Nach Beendigung dieser Aktion blieb während meines Aufstehens mein rechtes Knie plötzlich im 90°-Winkel unbeweglich. Ich konnte es weder strecken noch beugen. Mein Mann überprüfte und drückte sofort alle eventuell zuständigen Kniereflexpunkte durch. Doch leider fanden wir keinen schmerzhaften Reflexpunkt.

In unserer Verzweiflung fuhren wir zu Aloys. Er überprüfte geschickt und schnell alle Reflexpunkte mit dem Ergebnis: „Kind, ich kann dir nicht helfen. Wir müssen sofort ins Krankenhaus."

Mit Aloys fuhren wir dann ins Krankenhaus. Ich wurde einem Orthopädie-Professor vorgestellt. Nach der Untersuchung kam er zu dem Ergebnis, dass unbedingt eine Operation erforderlich sei. Während ich dann die üblichen Formalitäten zur Einweisung auszufüllen hatte, tauschten Aloys und der Professor sich aus. Er war sehr interessiert an den Forschungsarbeiten von Aloys. Nach Ansicht meiner Hüftaufnahmen und meinem bis jetzt schon erreichten Zustand beglückwünschte er uns. Dann wurde er persönlicher und klagte über seine eigenen immer wiederkehrenden Rückenschmerzen. Daraufhin bat ihn Aloys, sich auf die Untersuchungsliege zu legen, auf der ich vorher gelegen hatte.

Aloys begann sein Wirken, indem er die verspannte Rückenmuskulatur durch Aufrollen und Ausstreichen löste und entspannte. Damit es nicht bei der Symptombehandlung blieb, drückte und behandelte Aloys auch die entsprechenden ebenfalls sehr schmerzhaften Fußreflexpunkte der Wirbelsäule. Nach Beendigung der Behandlung stand ein völlig schmerzfreier, lockerer, beinahe sprachloser Professor erstaunt von der Liege auf. Nun bat Aloys ihn, seine Patientin zu operieren. Der Professor lehnte die sofortige OP ab, weil er mich gleich am nächsten Morgen persönlich mit seinem erstklassigen Team operieren wollte.

In einer 1½-stündigen Operation zeigten sich die Folgen der bereits fast 40 Jahre andauernden

Polyarthritis, eine Synovialitis und ein Riss des Hinterhorns des Außenmeniskus. Nach der OP wurde ich, nach Absprache mit dem Professor, während des 14-tägigen stationären Aufenthaltes täglich von Aloys behandelt.

Vor diesem Unfall war ich in einem hervorragenden durchtrainierten und entschlackten Körper zuhause. Selbst die Fußreflexpunkte für die Kniegelenke waren durch die unzähligen Behandlungen von Aloys mittlerweile schmerzfrei.

Natürlich hatte ich das große Glück, dass Aloys alle meine Reflexpunkte von Zeit zu Zeit immer wieder überprüfte und behandelte.

Aber nun war folgendes geschehen: Meine Körperlymphödeme deuteten, wie Aloys mir erklärte, auf einen durch Schock bedingten, vermehrten Blutproteinaustritt aus den Arterienkapillaren in das Bindegewebe hinein. Meine dafür zuständigen Fußreflexpunkte waren von einem Tag auf dem anderen zu qualvollen und stechenden Schmerzherden geworden.

Aber durch das sofortige Freimachen der teilblockierten Lymphmündungen, das Quetschen der Schwimmhäute zwischen den einzelnen Fußzehen und das Aufrollen des Oberschenkels bis zum Knie konnte das Wundsekret leichter zum Abfließen gebracht werden, was ich immer wieder mit großen Erstaunen mitverfolgte. Durch die von Aloys täglich ausgeführten Behandlungen des Lymphsystems und der entsprechenden Fußreflexpunkte wurden diese von Tag zu Tag erträglicher und schließlich schmerzfrei. Das Ärzteteam und die Krankenschwestern sahen mit großem Interesse zu und waren sehr erstaunt, dass ich statt Schmerzmittel nur die Behandlung von Aloys benötigte und ich in meiner neu gewonnenen Erkenntnis alle weiteren medizinisch verordneten Medikamente ablehnte. Selbst mein freundlicher Professor hatte ja die Behandlung von Aloys dankend angenommen.

Nach meinem zweiwöchigen Klinikaufenthalt, den ich eigentlich mehr mit einem Hotelbesuch vergleichen möchte, wurde ich zu meinem Hausarzt zurück überwiesen. Jedoch die Meinung dieses Arztes war konträr zur Auffassung des Professors im Krankenhaus. Wie ich es mittlerweile gewohnt war, erwartete ich auch hier ein Miteinander in Bezug auf die ganzheitliche Fußreflexpunktnervenbehandlung von Aloys in Ergänzung zur konventionellen schulmedizinischen Anschauung, aber der Arzt wollte nichts davon wissen. Als er darüber hinaus verlangte, dass Aloys bei der Untersuchung meines Knies den Behandlungsraum verlassen sollte, verstand ich augenblicklich diese Welt nicht mehr. Ich bestand auf seinem Verbleib und bat um Zusammenarbeit mit Aloys. Nur ihm hätte ich schließlich den Stillstand meiner Juvenilen Chronischen Polyarthritis durch die Ursachenerkennung und Regulierung meiner Funktionsstörungen zu verdanken, was die Schulmedizin leider in ihren 38 Jahren nicht erreicht hatte. Ich blieb unnachgiebig und Aloys durfte bleiben. Ich war verblüfft und von mir selbst überrascht wegen meines festen Auftretens, doch ich handelte nach der gleichen Intuition, die mich schon in früheren Zeiten sicher geleitet hatte. Und wie immer, wenn ich von einer Sache überzeugt bin, kann ich es erklären und stehe total dahinter.

Die physikalische Anschlusstherapie lehnte ich höflichst ab und bestand ebenfalls auf weiteren Behandlungen durch Aloys. Selbst die wöchentlichen ärztlichen Kontrolluntersuchungen besuchten wir gemeinsam. Und bereits nach drei Wochen konnte ich mich ohne Gehhilfen mit leichter Belastung des rechten Knies bewegen und auch schon leichte Übungen auf dem Trimilin machen, was von schulmedizinischer Seite mit Kopfschütteln angezweifelt blieb.

Und nach sechs Wochen konnte ich bereits wieder mein gesamtes Gymnastikprogramm auf dem Trimilin hüpfen. Dieser sanfte Heilungsprozess durch die zuvor beschriebenen Behandlungen zur Entschlackung und zur sofortigen Regulierung der Funktionsstörungen hatten es möglich gemacht, meine Beweglichkeit in kürzester Zeit wieder zu erlangen, ohne dass in der Folgezeit Komplikationen auftraten.

Selbsthilfegruppe mit wertvollen Selbsterfahrungen

Schon im Mai 1997 wurde ich gern ein Mitglied dieser ständig wachsenden großen Selbsthilfegruppe von Aloys (bis zu ca. 430 Mitglieder). Und – für mich das größte Erlebnis – ich stehe mitten drin, locker, unbefangen, wirklich frei von Ängsten und Sorgen, aber neugierig auf die Wirkungsweise meiner neu gewonnenen Kraft und Energie. „Hilfe zur Selbsthilfe", das spiegelte sich hier im wahrsten Sinne des Wortes wieder. Durch die liebevolle Aufnahme wuchs ich schnell in diese große friedvolle, entgegenkommende und aufmerksame Selbsthilfegruppe hinein.

Und trotz des vielen gesundheitlichen Leids, das ich um mich herum erlebe, schwebte gerade in *unserer* Sporthalle – über uns wie ein unsichtbarer Schleier – ein strahlendes helles Licht. Eine selige, beschwingte und positive, ja hoffnungsvolle und begeisterungsvolle Stimmung.

Ein himmlischer Zauber umgab uns

Wir alle, selbst die Besucher, atmeten und sogen diese in sich ruhende Atmosphäre in sich auf. Hier konnten sie von ihrem spannungsreichen, gestressten Alltag Abstand nehmen. Sie waren sichtlich gerührt und erhielten Kraft und Energie für ihre neue Woche. Und einstimmig führen wir diese Stimmung an diesen Samstagen auf das starke Charisma von Aloys zurück. Wo er zugegen ist, da ist Hoffnung und Geborgenheit, da ist fühlbare Güte und Frieden.

Seine Liebe und Güte trägt das Element der Leichtigkeit dorthin, wo Hoffnungslosigkeit und Krankheit vorherrschen. Mein neu gewonnenes Bewusstsein wurde zu einer Quelle der Begeisterung, der Demut und des Willens zu lernen.

Wie oft fragte ich mich, ob sich diese Stimmung nicht nach draußen, in das Alltagsleben eines jeden, übertragen ließe? Ich glaube, dass wir alle gemäß dem humanistischen Menschenbild im Grunde unseres Herzens gut sind. Und wohnt die göttliche Liebe nicht in jedem von uns? Der eine lebt und strahlt sie so friedvoll nach außen. Bei manchem anderen steckt sie noch im Verborgenen, so tief, dass eben ab und zu ein Umgang mit ihm etwas mühevoller erscheint. Doch, umso schöner, wenn sie eines Tages spürbar wird.

Und wieder einmal war es Aloys, der mich so sicher und vertraut einführte. Um möglichst viel zu sehen und zu lernen, folgte ich Aloys wissbegierig auf den Fersen, dahin wo er kranken Menschen sein erforschtes Wissen kostenlos von früh bis spät weitergab. Er verstand es, ihnen auf die einfachste, verständlichste Art zu erklären, wo die Ursache ihrer Krankheiten im Einzelnen liegt. Seine für uns Laien gut verständlichen Lehrstunden waren eine wahre Bereicherung und gaben uns gleichzeitig die Möglichkeit, es gegenseitig auszuprobieren und zu erleben.

„Bei gesunden Menschen versucht der Körper meist, auftretende Beschwerden möglichst selbst zu beheben, was ihm aber bei falscher Ernährung, mangelnder Bewegung, falscher Atmung usw. auf Dauer nicht mehr gelingt. Aber durch unser regelmäßiges Überprüfen und Untersuchen aller Fußreflexpunkte geben diese schon im Vorfeld den Hinweis auf eine bereits im Anfangsstadium beginnende Krankheit und die Möglichkeit, einer tief greifenden systematischen Regulierung der Funktionsstörungen durch die Fußreflexpunktnervenbehandlung."

Faszinierend empfand ich immer wieder, wie sehr sich während der Behandlung die Gesichter entspannten und ihre natürliche Ausstrahlung zum Vorschein kam – ihre Augen begannen zu strahlen.

Dies sind wunderschöne und erhebende Augenblicke. Ich bekam Vertrauen in meine Fähigkeiten, bevor ich auf diese Weise helfen konnte.

Lange schaute ich Aloys über die Schultern, bis ich das unaufhaltsame, innere Bedürfnis bekam, selbst auch Füße in meinen Händen zu fühlen. Ich war völlig überrascht über mich, denn früher hätte ich nie, niemals fremde Füße in meinen Händen haben wollen. Jetzt wollte ich – voller Achtung und Ehrfurcht – diesen mir anvertrauten Füßen zuhören, was sie mir zu erzählen hatten. Ganz gleich, wie ihre Füße auch aussahen, ob jung oder alt, während der Überprüfung hatten sie doch fast alle mehr oder weniger das gleiche Vokabular wie: „Hier schmerzt es und da auch!", oder: „Das hätte ich nicht gedacht.", oder: „Oh, wie die Reflexpunkte stechen."

Und so gut es meine „körperliche" Gesundheit zuließ, half ich den mir anvertrauten Menschen. Viele Kursmitglieder behandelten ebenfalls unter der Anleitung von Aloys. Oftmals tauschten wir uns aus und erfreuten uns an unseren erreichten

Erfolgen und am fleißigen Mitwirken der gesund werdenden Menschen.

Und immer wieder und immer besser verstand ich die Sprache der Füße. **Die Füße lügen nicht.** Ich hörte von Kummer und Leid, das diese Menschen erst seit kurzem oder schon seit vielen, vielen Jahren mit sich trugen. Einige Menschen galten als medizinisch austherapiert. Schluss, aus und vorbei? Wie grausam!

Was hatten sie noch für Möglichkeiten? Zum Glück hörte der eine oder andere von Aloys. Und immer öfter dachte ich: „Hier habt ihr eine Chance, ihr seid auf dem richtigen Weg." **Natürlich ist** _**nicht alles**_ **heilbar.** Aber es gab auch Einzelfälle, bei denen wir erkannten, dass nicht für alle das Gleiche auch das Richtige ist und dass es für ihren Verstand schwer begreiflich ist, dass diese Methoden funktionieren können.

Gesundheit gibt es nicht umsonst!

Es gab auch manche, die bequemere Möglichkeiten unserer oft zeitaufwändigen, aber ganzheitlichen Behandlungsmethode und der dazu gehörenden Trimilingymnastik vorzogen.

„Christa, lerne verständnisvoll und großzügig zu denken bei allem, was an dich herangetragen wird."

Während der einzelnen Behandlungen oder nach Beendigung unseres Kurstages, war ich so von einer Zufriedenheit und Herzensruhe erfüllt, dass ich immer wieder dem Schöpfer für diesen meinen neu gewonnenen Weitblick danken musste. Besonders die auf mich Zukommenden und um meine Hilfe oder meinen Rat bittenden Menschen machten mich unbeschreiblich glücklich. Uneingeschränkt wollte ich diesen Hilfesuchenden und zu mir geführten und anvertrauten Menschenkindern nun ebenfalls eine Chance geben, in gleicher Weise, wie auch ich sie einst erfahren durfte.

Und mit dieser großen Verantwortung betrat ich eine neue Welt. Ich lernte Wichtiges vom Unwichtigen zu unterscheiden. Und Mitleid tat niemandem gut, aber mein Mitgefühl, das schenkte ich den Menschen, die mir anvertraut waren, bedingungslos.

> *„Zufall ist das Pseudonym,*
> *das Gott wählt, wenn er*
> *inkognito bleiben will"*
> Albert Schweitzer

Und immer wieder wollten die vielen neu dazu kommenden Menschen meinen Lebensweg hören und alles über meinen Behandlungsverlauf wissen. Gern war ich bereit, ihnen zu berichten und Mut zu machen. Aber respektvoll betonte ich immer wieder, dass ich persönlich auf diese Behandlungsmethoden nicht verzichten darf. Und beschwingt kam es mir dann oft über meine Lippen zu sagen: „Ich freue mich für euch, ihr habt bereits ein wesentliches Ziel erreicht, nämlich zu Aloys gefunden zu haben. Wenn ihr darüber hinaus auch noch bemüht seid, an euch selbst mitzuarbeiten, so seid ihr auf dem besten Weg, eure

Gesundheit und Lebensqualität zu erhalten oder oftmals auch wieder zu erlangen."

Aber ohne Fleiß und Ausdauer keinen Preis!

Und, wo immer Aloys und ich auch zusammen waren, wurde ich, ohne dass ich es zunächst bemerkte, kritisch von ihm beobachtet, um die bei mir selbst wieder nötig gewordenen Behandlungen, um die Muskelverspannungen und Gelenkschmerzen zu beheben, die besonders nach meinen Samstagen in der Sporthalle auftraten. Sonst wäre mir diese wundervolle Aufgabe auch nicht möglich. Ganz im Gegenteil, meine chronische Krankheit, sie würde sich wieder durchsetzen.

So gern wollte ich das schenken,
was auch ich geschenkt bekommen hatte.

Ich verspürte nur ein Bestreben, nämlich dem Hilfesuchenden aus seiner Ausweglosigkeit heraus zu helfen und – gemeinsam mit ihm – das große *Abenteuer Mensch* zu begreifen. So, wie ich es von meinem „großen Lehrmeister" gelernt und vorgelebt bekam.

Und weiterhin: wenn ich *Füße in meinen Händen* halte, trage ich die entsprechende Verantwortung, da denke ich nicht an mich. Sondern, ich darf einen von Gott geliebten und geführten Menschen in meinen Händen fühlen, ja und nun, in meinen Händen tragen und sprechen lassen.

Und „im Namen des Vaters ...", so wie meine Mutter mich einst für meinen Tag segnete, begann ich unter dieser göttlichen Führung und

Leitung. Unter diesem allerhöchsten Schutz durfte ich dem Hilfesuchenden verantwortungsvoll das geben, was für ihn vorgesehen war.

**Füße und Hände vereinen sich
zu einem ganzheitlichen Geschehen.**

Mehrfach versuchten Gäste, die in unserer Gruppe Hilfe gefunden hatten, sich mit einem Geldgeschenk zu bedanken. Diese Menschen haben einfach nicht verstehen wollen, dass wir eine nichtkommerzielle Selbsthilfegruppe sind und die Annahme von Geld *völlig indiskutabel* ist.

JA, was hatte ich für ein Glück, dass Aloys mich mitnahm zu seinen vielen Hausbesuchen kranker und schwerkranker Menschen. Oder, wenn Aloys von Patienten in die Krankenhäuser gerufen wurde, durfte ich oftmals „meinen Lehrmeister" begleiten. Es wurde ein Segen für mich.

**Liebe öffnet alle Türen – sie ist schöpferisch
– sie baut auf. Sie arbeitet *für* alles, nicht dagegen.**

Ich fühlte, wie etwas in mir sagte: „Christa, jetzt hast du Wunderbares angefangen, führe es auch zu Ende!"

**Die Liebe ist Einheit und Ganzheit. Die Liebe
kennt keine Begrenzung, keine Schranken.**

Natürlich gab es auch Unstimmigkeiten, mit denen ich nicht umzugehen wusste, und welche einen tiefen Schmerz in mir auslösten. Lernend begann ich mich damit auseinanderzusetzen. Denn mein Grundprinzip zum Geben und das, was ich durch Aloys erfahren durfte und lernen konnte, es war zu tief in mir verankert und mein Herz so weit geöffnet für die Not, um mich herum.

Ich nahm diese zwischenmenschliche Situation als eine Herausforderung an, sie wurde zu einem sehr wichtigen, fruchtbaren Lernprozess.

Offensichtlich sollten es genau diese Menschen sein, die mich zum weiteren Lernen aufforderten. Darüber konnte ich nur sehr dankbar sein.

Christa, du wächst mit deinen Aufgaben!

Dieser irgendwo einmal aufgeschnappte Satz ermutigte mich und baute mich auf. Also begann ich, zuerst zögernd, diese Menschen in meine Gebete einzubeziehen. Weiterhin las ich gerade zu diesem Zeitpunkt über eine inspirierende Idee, in jeder Bedrängnis **„göttliches Licht und göttliche Liebe"** auszusenden.

Ich versuchte es. Obwohl es mich zu Anfang wirklich große Überwindung kostete, weil mein Herz zutiefst berührt wurde. Es tat so weh. Doch ich wollte vergeben und gut sein, weil darin der Segen liegt. Wie hätte ich sonst auf der anderen Seite Menschen helfen können? Meine guten Absichten wurden jedoch von einem „inneren Quertreiber" tief in meinem Herzen erschwert, der sich immer wieder gegen meine guten Vorhaben zu stellen versuchte. Doch im entsprechenden Augenblick meines Einsseins gelang mir jener verheißungsvolle Sprung zu diesem Schenken, ihn, diesen Menschen, der mir Schmerz bereitete, in meinen

Gedanken ganz liebevoll zu segnen. Unsicher und zögernd waren meine Anfänge, besonders wenn dieser Mensch vor mir stand und ich ihm dabei auch noch in die Augen sehen wollte und meine Traurigkeit über die Enttäuschung noch nachhallte. Doch in mir war ein Antrieb, dem ich nicht mehr ausweichen konnte, auch wenn mein Herz vor Aufregung klopfte, als wollte es zerspringen.

Es wurde so spannend und fruchtbar trotz dieses quertreibenden kleinen, aber doch schwächer werdenden Teufelchens, welches immer wieder versuchte, sich mir in den Weg zu stellen, um mein *Wirken-Wollen* zu zerstören. Doch mein Vertrauen in die göttliche Liebe· und Gnade verließen mich nie. Und *ER* half mir aus dieser Verstrickung. Ich fühlte mich bestätigt. Es wirkte und brachte eine Kehrtwende, wenn auch nicht immer sofort, doch sie kam. Und diese segensreiche Anwendung brachte über die Zeit ihr positives Echo. Immer wieder durfte ich erfahren, dass das *Geben an sich* ungeahnte Freude und Glück mit sich bringt.

Ich lernte vom Unfassbaren ebenso wie vom Fassbaren zu geben. Und das verändert *alles*. Und, wenn wir von dem, was wir tun, vollkommen überzeugt sind, blüht und erstrahlt unser Herz, und die *Kräfte des Lichts* stehen hinter uns.

In einer uralten mystischen Weisheitslehre heißt es:

> *„Wir empfangen das Licht*
> *und geben es dann weiter.*
> *So heilen wir die Welt".*

Fallberichte

Eines Tages rief ich nach langer Zeit eine Freundin an. Sie erzählte traurig, dass sie gerade die von ihrer Ärztin ausgestellte Überweisung in ein Krankenhaus in ihrer Hand hielt. Ich fragte sie nach der Diagnose. Es sollte aufgrund ihrer ständigen Magen- und Bauchschmerzen eine Magen- und Darmspiegelung zur Klärung vorgenommen werden. Ich prüfte mich und überlegte. Dann machte ich ihr den Vorschlag, dass ich gern ihre Fußreflexpunkte kontrollieren möchte. „Vielleicht kann ich dir helfen", antwortete ich ihr. – „Ja, Christa, würdest du das tun? Wenn du meinst, dann komme ich gern."

Nach der systematischen Überprüfung aller Reflexpunkte stellte sich eine Funktionsstörung des Gehirns, besonders des Hirnstammbereichs mit einem Fußreflexpunkt hauptsächlich am linken Großzeh und des Sonnengeflechts und eine Teilblockierung der gemeinsamen Galle- und Bauchspeicheldrüsenmündung in den Zwölffingerdarm heraus. Zweimal in der Woche behandelte ich genau drei Wochen lang die entsprechenden Punkte und behob damit erfolgreich die Ursache ihrer Beschwerden. Meine Freundin konnte erleichtert ihre Einweisung zerreißen. Sie berichtete ihrer Ärztin, die Aloys und mich sehr gut kannte, über dieses Geschehen.

An einem Samstag im Mai 1998 kam ein fünfjähriger Junge mit seiner Mutter in unsere Selbsthilfegruppe. Die Symptome waren von der Mutter aufgeschrieben: Seit dreieinhalb Jahren sind seine Mandeln sehr vergrößert und seit ungefähr eineinhalb Jahren dreimal wöchentlich extrem harter Stuhlgang. Er isst seit einem Jahr kaum (morgens und abends je zwei Tassen Beba-Milch mit Traubenzucker und Milchzucker, halbe Scheibe Brot, kein Fleisch, wenig Gemüse, wenig Süßes), auffallend blass.

Ich bat Aloys, diesen Jungen behandeln zu dürfen. In der systematischen Überprüfung der Fußreflexpunkte waren unter anderem, wie bei meiner Freundin, die drei lebensnotwendigen Punkte in ihrer Erkennung und Behebung ursächlich zu behandeln. Aber stets auch die gesamten Gehirnreflexpunkte und das Zentrale Nervensystem. Leicht massierte ich auch den Darmbereich unter seinen Fußsohlen. Zur Behebung der Entzündung der Mandeln drückte ich die Punkte der Nebenniere, Niere und der Hauptlymphmündungen und quetschte leicht alle Schwimmhäute zwischen den Fußzehen. Während und nach der Behandlung bekam der Junge eine gut durchblutete Gesichtsfarbe und, wie seine Mutter es uns aufschrieb, ca. eine halbe Stunde später zuhause sehr guten Stuhlgang. Er hat seit dieser ersten Behandlung bis zum Donnerstag in der darauf folgenden Woche gut gegessen (wie noch nie) und weiterhin normalen Stuhlgang gehabt. Nach der zweiten Behandlung hielten der leichte gute Stuhlgang und sein Appetit weiterhin erstaunlich gut an. Nach der dritten Behandlung bekam der Junge Fieber und war sehr erschöpft und schlief zuhause schnell ein. Und am Sonntag schlief er auch noch viel. Anschließend habe er wieder auffallend gut gegessen, um nicht zu sagen, wie ausgehungert. Der gute Appetit und regelmäßiger Stuhlgang wurden wieder zur Gewohnheit. Seit der ersten Behandlung war und blieb der Junge nach Aussage der Mutter wieder ausgeglichen und wohlgestimmt.

Nun bezog ich die Mutter zum Lernen in die weiteren noch notwendigen Behandlungen mit ein. Zur Überprüfung seiner Reflexpunkte kam dieses Kind ab und zu wieder in die Sporthalle. Sein Gesundheitszustand hatte sich stabilisiert und die Fußreflexpunkte blieben schmerzfrei.

Im Jahr 2001 kam mit 48 Jahren ein Patient namens Uli zu uns in die Sporthalle. Seit 13 Jahren hatte er MS (Multiple Sklerose). Seit acht Jahren saß er bereits mit Gefühllosigkeit vom Bauchnabel bis in die Zehenspitzen und äußerst weit fortgeschrittenen Seh- und Sprachschwierigkeiten (jahrelang sogar Sprachlosigkeit) und vielen anderen unerträglichen Beschwerden im Rollstuhl. Auf Gehhilfen gestützt, konnte er nicht einmal mit Hilfe von Aloys ein Bein vor das andere setzen. Er sackte wie ein Mehlsack zusammen und stotterte: „Das haben vor Jahren die Physiotherapeuten auch schon vergeblich an mir versucht. Sie sagten, die Krankheit sei bereits zu weit fortgeschritten."

Nach Meinung der Ärzte war sein Krankheitsverlauf mit seinen Schüben nicht aufzuhalten.

Ich, die ehemals äußerst schwer polyarthritiskranke Christa, bekam von Aloys die Aufforderung, die von ihm erforschte systematische Fußreflexpunktnervenbehandlung bei Uli trotz der völligen Gefühllosigkeit vom Bauchnabel bis in die

Zehenspitzen durchzuführen. Nach mehreren Behandlungen kam plötzlich während der Behandlung des Nieren- und Nebennierenreflexpunktes eine sehr starke Fußreflexgefühlsreaktion auf, die sich dann langsam auf den ganzen Fuß und Körper ausweitete.

Zunächst konnte Uli danach aus Schmerzgründen nicht einmal mehr seine Strümpfe anziehen, geschweige denn seine viel zu engen Schuhe. Neben meiner systematischen Fußreflexpunktbehandlung, die die Funktionsstörungen im Gehirn, Nerven-, Hormon-, Lymph-, Entschlackungs- und Zellenergiesystem regulieren sollte, führte Aloys selbst bei Uli die Physiotherapie durch. Wie ein Kleinkind musste auch bei ihm das Gehen wieder neu im Gehirn aufgenommen, trainiert und gespeichert werden.

Erstaunlich war es darüber hinaus, dass Uli, der nur noch mit einem Auge 20 % schwarz/weiß sehen konnte, durch zwei Schulter-/Nackengriffe innerhalb von zwei Tagen mit diesem Auge wieder Farben sehen konnte, was vorher seit Jahren nicht möglich gewesen war.

Nach fünf Monaten wöchentlicher Behandlung in unserer Selbsthilfegruppe hatten wir es gemeinsam erreicht, dass Uli seine Zeit im Rollstuhl als Vergangenheit betrachten konnte.

Meine Fußreflexpunktbehandlung zusammen mit der Physiotherapie von Aloys und anschließender Trimilingymnastik führten bei Uli schließlich zu voller Beweglichkeit, das heißt, er konnte wieder Fahrrad fahren, an der Sprossenwand der großen Turnhalle bis unter das Dach klettern und über mehrere Minitrampoline hinweg springen, die mit einem Meter Abstand voneinander in einer Reihe aufgestellt waren.

Und wenn man Uli heutzutage auf dem für ihn seit dieser Zeit unverzichtbar gewordenen Trimilintrampolin herumhüpfen sieht und seine neu gewonnene sportliche Figur und den Muskelaufbau betrachtet, so kann man sich kaum vorstellen, dass er einst so schwer krank war.

Und dann erreichte er im Jahr 2005 das Unbegreifliche: Uli durfte mit Hilfe seines Betriebsarztes und Notars, die seinen Krankheitsverlauf und danach auch seine Gesundung miterlebt hatten, in seiner Stadt ebenfalls eine Selbsthilfegruppe gründen und den Menschen mit zwei weiteren Mitgliedern unserer Selbsthilfegruppe aus Bottrop kostenlos helfen. Und Aloys wurde zur Würdigung seines Verdienstes zum Ehrenmitglied dieser Selbsthilfegruppe ernannt.

Auch das nächste Beispiel der Patientin M., die 1941 geboren wurde, möchte ich Ihnen vor allen Dingen nicht vorenthalten, damit auch Sie erkennen, dass Sie schweren Krankheiten vielfach sogar ohne Medikamente vorbeugen können, bzw. dass Sie selbst bei schwersten Krankheiten mit Hilfe der Behandlungsmethode von Aloys, aber vielfach ganz besonders mit eigener Ausdauer und Disziplin und ebenso auch durch Selbstkontrolle und Selbstbehandlung wieder gesünder werden können – nach Möglichkeit am besten in Zusammenarbeit mit einem Facharzt für Naturheilkunde oder Heilpraktiker.

Im folgenden Abschnitt füge ich den Bericht dieser Patientin ein, damit sie Ihnen mit eigenen Worten schildern kann, wie ihr nach einem kaum zu begreifenden Krankheitsverlauf geholfen wurde.

Mit acht Jahren (1949) bekam ich meine ersten Amalgamfüllungen. Und damit begann mein Leidensweg. Mit meinem 14. Lebensjahr (1955) fing die Unruhe an, gefolgt von Angst und Herzjagen. Ich wurde von einem Internisten durch Hausbesuche betreut. 1965 (24 Jahre alt) litt ich unter Zittern und Tetanieanfällen (Verkrampfungen und Zucken der Muskeln), die immer schlimmer wurden. Daraufhin kam ich in neurologische Behandlung. 1982 (41 Jahre alt) bekam ich Jacketkronen an fünf Zähnen im Vorderbereich. Die hinteren Zähne, die mit Amalgam gefüllt waren, wurden aufgebohrt und erneut mit Amalgam gefüllt und danach leider ebenfalls überkront.

Zu diesem Zeitpunkt schwoll mein rechtes und linkes Bein abwechselnd an und viele Thrombosen folgten. Ein hinzugezogener Neurologe konnte sich nicht erklären, woher das Zittern am ganzen Körper und die Tetanieanfälle kamen, an denen ich schon viele Jahre litt. Es war fürchterlich, weil sich nun auch im Hals alles zusammenkrampfte und ich kaum sprechen konnte. Die Lähmungen an der rechten Körperseite, am rechten Arm und rechten Bein wurden immer schlimmer.

1989 (48 Jahre alt) bekamen meine Vorderzähne ein zweites Mal Jacketkronen. Ein halbes Jahr später fing es in meinen Nasennebenhöhlen an zu brennen. Ich beklagte mich immer bei dem Hals-Nasen-Ohrenarzt, dass ich ein laufendes Brennen bis in die Kieferhöhlen herauf und im Hals habe. Mehrere HNO-Ärzte konnten nichts feststellen. Meine Nase lief und lief und dieses Brennen ging über Mund und Rachen bis in die Speiseröhre hinein. Ich bekam daraufhin hoch dosiert Vitamin B12 gespritzt und für eine kurze Zeit ließ das Brennen nach, aber es begann immer und immer wieder. Dann wurde ein Allergietest gemacht und festgestellt, dass ich gegen Blüten und Tierhaare allergisch bin und dass dieses Brennen jedoch eigentlich nicht daher kommen könnte. Meine Nervosität ging immer weiter mit Kreislaufstörungen einher und ich wurde mit Beruhigungstabletten behandelt und sollte Psychopharmaka einnehmen. Ich lehnte sie ab.

Daneben ließ ich mich auch von Heilpraktikern behandeln, die es mit Naturheilmitteln und Schlangengiften versuchten.

In diesem Jahr bekam ich ständig Infusionen und suchte Neurologen auf und die Odyssee ging weiter und weiter und weiter.

Über kurze Zeit ging es einmal gut.

Im Vergleich zur CT-Schädeluntersuchung von 1987 wurde 1991 in der Radiologie eine „... kleine Defektzone mit hypodensem Charakter ohne Raumforderung in den dorso-caudalen Thalamusabschnitten rechtsseitig, zusammengesetzt aus mehreren kleineren Strukturen von jeweils ca. 4 mm Größe" festgestellt.

1993 (52 Jahre alt) bekam ich dann meinen ersten Schlaganfall. Ich war rechtsseitig gelähmt.

Durch meinen frühen Elternverlust wurde alles auf die Psyche geschoben. Nach 1½ Jahren kam ich langsam wieder auf die Beine.

Im gleichen Jahr unternahm ich meinen ersten

Suizid-Versuch, obwohl ich sonst immer ein fröhlicher Mensch war.

Es ist bekannt, dass durch Quecksilber und Palladium alle Organe gestört werden. Es sind Zell- und Nervengifte, wie ich es später in Erfahrung brachte.

1995 (54 Jahre alt) mein zweiter, leichter Schlaganfall. Und keiner konnte sich das wieder erklären. Ich konnte auffallend weniger laufen und hatte kaum Kraft in Armen und Beinen. Er war zwar nicht so schlimm wie der erste Schlaganfall, aber ich war schon wieder gravierend durch die Lähmungen im Bein und im rechten Arm eingeschränkt. Fachärztliche Äußerungen wie: „Sie sind schwerstkrank, aber die körperlichen Störungen sind nicht auf die Schlaganfälle zurückzuführen.", hörte ich zur Genüge. Oder Psychologen wie Neurologen äußerten Sätze wie zum Beispiel: „Sie haben eine chronifizierte Angstneurose mit neurotischer Depression", oder: „Ihre Psyche, ihre Psyche."

Eine Fazialislähmung, Brennen, Zittern und eine unerklärliche Hitze im ganzen Körper wurden immer schlimmer. Dann erlitt ich rechts einen Beinbruch. Dann Beinbruch links. 1995 kam ich dann abermals wieder in ein Krankenhaus, weil mein Herz total verrückt spielte und die Blutdruckwerte laufend nach ganz unten oder ganz oben schwankten. Ohne Begleitung konnte ich meine Wohnung nicht mehr verlassen. Als ich 1996 (55 Jahre alt) abermals wegen der hohen Blutdruckwerte ins Krankenhaus musste, wurde ich konsiliarisch von einem HNO-Arzt mitbetreut. Ihm vertraute ich meinen bisherigen Leidensweg *an. Daraufhin gab er mir die Adresse von einer Dame, die eine Selbsthilfegruppe für amalgamgeschädigte Patienten führte. Ich setzte mich nach meinem Krankenhausaufenthalt 1997 sofort mit ihr in Verbindung. Diese Dame führte mich auch zu Dr. H., der Strommessungen in meinem Mund vornahm, Blutuntersuchungen, Lymphozytentransformationstests machte und herausbekam, dass ich hochgradig durch Palladium, Nickel und Quecksilber vergiftet war. Der Arzt sagte mir daraufhin: „Es sieht nicht gut aus. Zunächst müssen Sie dies erst einmal abklären lassen, und dazu überweise ich Sie zu einem Arzt nach D. Ich möchte, dass dort ein Hirn-Spect gemacht wird."*

1997 wurde ein Hirn-Spect gemacht.

Die Beurteilung ergab: „Die Gesamtaufnahme des Indikators in die Großhirnrinde liegt im Vergleich mit einem Normkollektiv unter dem Sollbereich. Bei der dreidimensionalen Szintigraphie des regionalen cerebralen (im Großhirn) Blutflusses findet sich eine diffus signifikant verminderte Perfusion (Durchströmung) in der gesamten Großhirnrinde.

Eine solche Befundkonstellation ist mit einer ausgeprägten toxischen Schwermetallbelastung zu vereinbaren."

Nach diesem Befund erzählte ich diesem Arzt, dass ich seit Wochen ein fürchterliches Brennen von Kiefer, Zunge, Hals, Speiseröhre bis in den Magen verspüre. Trotz mehrerer Spiegelungen von Speiseröhre, Magen und Darm seien bisher keine auffälligen Befunde erkennbar gewesen. Daraufhin sagte mir dieser geduldig zuhörende Arzt: „Sie müssen sich alle Zähne ziehen lassen." Entgeistert schaute ich ihn an und sagte ihm, dass ich jedes Vierteljahr meine Zähne durchchecken ließe. Ich würde mir niemals meine Zähne ziehen lassen. Aufgrund meines Widerstandes sagte er mir: „Ich gebe Ihnen noch eine Woche, dann nehmen Sie sich eine Pistole und erschießen sich." Er behielt Recht.

Mein Zustand verschlimmerte sich so sehr, dass ich zu einer Bekannten, die auch schwer amalgamvergiftet war und mich begleitete, sagte: „Ich fahre mich mit dem Auto vor einen Baum. Ich nehme mir das Leben, ich halte dieses Brennen in meinem Körper nicht mehr aus." Schließlich entschloss ich mich doch zur Zahnbehandlung.

Die Jacketkronen wurden entfernt. Unter diesen Jacketkronen waren alle Zahnstummel wie ein morscher Baum. Alles schwarz.

Meine Odyssee ging weiter.

Durch die Ausleitung der Quecksilber-Palladiumvergiftung mit DMPS bekam ich schwere Herzrhythmusstörungen. Der Krankenwagen stand ständig vor meiner Tür. Ich war nicht mehr lebensfähig, konnte selbst keinen Schritt mehr tun.

Und viele weitere Krankheiten wie Osteoporose, Schmerzen, Zittern, Polyneuropathien, Arthritis, Herzinsuffizienz, Bewusstlosigkeit, Fibromyalgie, Restless Legs, Darmprobleme und Allergien wurden diagnostiziert. Weil mein Zustand nicht besser wurde, versuchte ich mir ein zweites Mal das Leben zu nehmen. Heute bin ich froh, dass ich gerettet wurde.

Danach machte mir der ausleitende Arzt einen Vorschlag: „Ich habe in meiner Praxis viele

Patienten, die auch auf das Schwerste amalgam-
geschädigt sind. Und von ihnen höre ich immer
wieder, dass ein Dr. Hoverath in Bottrop großen
Erfolg mit seinen Fußreflexpunktbehandlungen
und seiner Trimilingymnastik hat."

So kam ich nach der Zahnsanierung 1998 (57
Jahre alt) zu Aloys Hoverath.

Flehend bat ich ihn, mich anzunehmen.

Er sah sich zuerst von der Oberfläche her mei-
nen äußerst empfindlichen Körper mit dem viel
zu festen Bindegewebe und den schmerzhaf-
ten Lymphen unter den Armen, der Finger und
meiner Beine an. Als er dann auch noch all die
äußerst empfindlich stechenden Fußreflexpunk-
te fand, sagte er: „Nein, das ist so ein schweres
Krankheitsbild, dass ich nicht glaube, dass ich es
auf Dauer verbessern kann." Doch unter meinem
Weinen sagte er dann: „Ich will es versuchen."

Weil aber in der Halle an jedem Samstag so vie-
le Menschen nach Aloys und seiner Rechten Hand
Christa schrien, sagte er zu mir: „Ich kann dies
nicht mit einer Behandlung schaffen." Darauf-
hin durfte ich dreimal die Woche über ein halbes
Jahr zur Behandlung zu ihm nach Hause kom-
men. In diesem halben Jahr wurde ich von Aloys
und Christa durch Fußreflexpunktnerven- und
Energiebahnbehandlung, Ausstreichen und Auf-
rollen meines Körpers über zwei bis drei Stunden
systematisch und ganzheitlich behandelt. Diese
Behandlungsmethoden verbesserten meinen Ge-
sundheitszustand spürbar und sichtbar.

Meine Lähmungen waren teils verschwunden
und die Polyneuropathie verblasste immer mehr.
Aloys und Christa behoben durch die systema-

tische und ganzheitliche Behandlungsmethode meine Gehirnfunktionsstörungen und entgifteten und entschlackten meinen gesamten Körper. Sie drückten unter anderem jeden einzelnen Zahnreflexpunkt, und mein Oberkiefer arbeitete enorm. Der Kiefer begann zu klopfen. Ich spürte, wie sich die Stauungen lösten. Das gleiche geschah mit meinen Augen, sie tränten und die Flüssigkeit lief heraus. Die Reflexpunkte lösten sofort einen Tränenfluss aus. Immer wieder musste ich die Augen trocknen und schniefen. Immer wieder musste ich mich fragen: „Was ist denn nur mit mir los?" Gleichzeitig löste sich augenblicklich festsitzender Eiter durch das Drücken der entsprechenden Reflexpunkte von Nasen- und Stirnnebenhöhlen, Oberkiefer und Unterkiefer und der entsprechenden Lymphen des gesamten Kopfbereiches. Wie durch einen aufgedrehten Wasserhahn floss es aus allen Poren. Unzählige Papiertücher saugten meine Ausscheidungsstoffe auf.

Die beiden arbeiteten sich spürbar und sichtbar durch meinen ganzen Körper und befreiten mich immer mehr von üblen Vergiftungen und Blockaden. Drückten sie zum Beispiel die Reflexpunkte für die Axellymphen, strömte augenblicklich Wasser aus allen Poren meines Oberkörpers. Mein Gesicht war nicht mehr so aufgedunsen und meine Finger und Arme schwollen ab. Selbst meine Sehkraft wurde besser.

Darüber hinaus erwiesen sich auch die Reflexpunkte meiner Wirbelsäule an beiden Fußinnenseiten, Wirbel für Wirbel, als schmerzhaft. Blitze strömten durch meinen ganzen Körper, was ich aber als sehr angenehm empfand. Und die Be-

handlung ging weiter. Bei der Behandlung der so wichtigen Fußreflexpunkte für die Nebennieren, der Nieren und Lymphen spürte ich sofort eine angenehme Reaktion an meinen Erfolgsorganen. Und schon bald darauf musste ich Wasser lassen und daraufhin verließ ein dunkler und übel riechender Urin meinen Körper.

Meine Ausleitung lief auf Hochtouren. In Verbindung mit dem Aufrollen des Körpers schwollen meine Gelenke von Woche zu Woche sichtbar schnell ab und eine positive Veränderung nahm innerlich und äußerlich ihren Lauf. Auch durch das Aufrollen im Hals-, Nacken- und Schulterbereich liefen heiße Ströme bis ins Gehirn. Sogar die überkreuz laufenden Nerven empfinde ich an der richtigen Stelle. Meine hochgradige Sensibilität lässt kein Empfinden aus. Ursache und Wirkung nahmen hier erfolgreich ihren Lauf.

Dieses abenteuerliche Wirken durch meinen gesamten Körper über die Fußreflexpunkte ist so abenteuerlich, aber nicht unglaublich. Ich spüre einfach jeden Druckpunkt und kann sofort sagen, auf welche Stelle meines Körpers die Behandlung von Aloys und Christa zielt. Und ganz plötzlich, etwa nach 1½ Stunden Fußreflexbehandlung, schmerzte kein einziger Reflexpunkt mehr. Nach dem anschließenden Aufrollen meines Körpers und nochmaligen Überprüfen der Fußreflexpunkte konnte ich glücklich feststellen, dass nun alles in meinem Körper wieder frei geworden war und abfließen konnte.

Über ihre Hände strömt ein Fluss von Wärme, ja Hitze und Energie, ja Lebensenergie und Gesundheit in meinen Körper.

Dauerhaft wurden meine Reflexpunkte und mein Gesundheitszustand mit jeder Behandlung besser und besser. Oftmals bekam ich nach den Behandlungen Fieber oder Schüttelfrost. Aloys erklärte mir diese positiven Reaktionen. Ich konnte es gut annehmen, weil es immer mehr zur Gesundung beitrug. Gleichzeitig übte ich die Trimilingymnastik, wodurch mein Lymphfluss, um ein Vielfaches angeregt, die Entschlackung unterstützt und meine Muskeln, Sehnen und Bänder aufgebaut und gestärkt wurden.

Meinen sichtbar erstaunten Ärzten erzählte ich von Aloys. „Machen Sie so weiter!" Ja, sie waren hocherfreut.

Meine Angstzustände waren verschwunden. Das gravierende Zittern, unter dem ich mehr als dreißig Jahre gelitten hatte, löste sich. Das Brennen in meinem Körper ließ ebenfalls nach. An Medikamenten brauchte ich so gut wie gar nichts mehr. Meine Lähmungen waren verschwunden. Die Polyneuropathie war nicht mehr so schlimm. **Ich konnte wieder laufen, springen und auf dem Trimilin die Gymnastikübungen ausführen.** Bis zum Jahre 2001 (60 Jahre alt) fuhr ich regelmäßig mit Freunden jeden Samstag zu Aloys und Christa in die große Selbsthilfegruppe. Ich war so glücklich über meinen positiven Gesundheitszustand und glaubte, allein weitermachen zu können.

Fazit, wieder Krankenhausaufenthalte

Im Jahr 2002 (61 Jahre alt) machte sich mein dritter Schlaganfall bemerkbar. Ich bekam hohe Blut-

druckwerte, die dann wieder mit Medikamenten behandelt wurden. Der Blutdruck schwankte zwischen 240, 200 und 180 zu 110 bis 120 mmHG. Diagnose: Hypertensive Entgleisung bei medikamentöser Neueinstellung einer primär benignen arteriellen Hypertonie.

Und wer konnte mir mein Leben wieder lebenswert machen? Aloys und Christa!

Die Blut- und Urinuntersuchungen einschließlich der gemessenen Giftstoffe bestätigten anschließend: „... eine positive Umwandlung und Verbesserung meiner Werte."

Aber wiederum wollte ich die kostbare Zeit von Aloys und Christa nicht länger in Anspruch nehmen und glaubte, allein durch die Trimilingymnastik meinen nun wieder sehr guten Gesundheitszustand aufrechterhalten zu können.

Und wieder unterbrach ich diese für mich so lebensnotwendigen Behandlungsmethoden aus privaten Gründen, wodurch mein Gesundheitszustand sich wieder verschlechterte.

Fazit, wieder Krankenhausaufenthalte

Und in all den Jahren, die ich nicht bei Aloys und Christa in Behandlung war, war ich kein Mensch mehr. Nur in meiner allertiefsten und hoffnungslosen Not bat ich um ihre kostbare Zeit für mich.

2004 (63 Jahre alt) lag ich wieder im Krankenhaus, diesmal wegen starker Rückenprobleme. Festgestellt wurde eine Stenose der Lendenwirbel L4/L5, die Schmerzen auslöste. Die Ärzte schlugen mir eine Rückenoperation vor, die ich ablehnte. In meiner großen Angst bat ich Aloys um seine Hilfe.

Daraufhin wurde ich von Aloys und Christa im Krankenhaus fast drei Stunden über die Fußreflexpunktnerven- und Energiebahnbehandlung und das Aufrollen meines Rückens und dann des ganzen Körpers wieder behandelt. Danach war ich wie umgewandelt und fühlte mich wie neu geboren. Diese Behandlung hatte meine Körperhaltung und Körperbewegungen um 180° verändert. Beim Verabschieden der beiden kam der Arzt zur Visite. Er traute seinen Augen nicht, als er mich so aufrecht im Bett sitzen sah. Sein Blick ging in die Runde von uns dreien. **Dann fragte er: „Ist hier ein Wunder geschehen?"**

Dr. Hoverath erklärte kurz seine Behandlungsmethoden, woraufhin der Arzt seine Therapeuten aus der Physiotherapie zu ihm in den Kurs schicken wollte, um diese Methoden zu erlernen. Drei bis vier Therapeuten kamen über ein halbes Jahr zu den Samstagskursen, zu den Vorträgen von Aloys und zu den praktischen Ausführungen, um alles zu erlernen.

Sieben Monate später schwoll plötzlich mein rechtes Bein so stark durch eine Herpesinfektion an, dass die Ärzte im Krankenhaus Bedenken bekamen. Da die Rötung und Schwellung nicht nachließen, obwohl ich schon 14 Tage Medikamente bekam und die Thrombosegefahr stieg, fragte ich einen Arzt, ob es möglich sei, dass Dr. Hoverath, der mir letztlich immer geholfen hatte, ins Krankenhaus gerufen werden könne, um sich von meinem Zustand wieder ein Bild zu machen. **Dieser Arzt sagte daraufhin: „Ja, wir wissen nicht mehr weiter, Dr. Hoverath möge kommen."**

Aloys kam daraufhin mit Christa ins Kran-kenhaus. Durch die gewohnte Behandlung und das Aufrollen und Ausstreichen meines Beines in Richtung Leistenlymphe mit ihren Gift und Krankheitserreger bekämpfenden Lymphknoten war in wenigen Tagen mein Bein abgeschwollen. **Und immer wieder waren es nur Aloys und Christa, die es schafften, mich wieder auf die Beine zu stellen.**

Zur Visite kamen die Ärzte. Sie sahen sich mei-nen Zustand an und konnten gar nicht begreifen, dass man ohne Medikamente und ohne Infusio-nen, die ich ja über 14 Tage vor der Behandlung von Aloys bekommen hatte, so etwas erreichen konnte. Während vorher mein Krankheitsbild ja immer schlimmer wurde, mussten sie nach die-ser von mir so geschätzten Behandlung wieder erkennen, was mit mir geschehen war und wie diese Infektionen zurückgingen und ich wieder laufen konnte und die Schwellung des Beines, die rotblau gefärbt war, innerhalb von 11 Tagen zu-rückgegangen war.

Aber immer wieder unterbrach ich über einen längeren Zeitraum oder sogar Jahre die Behand-lungsmethoden von Aloys und Christa.

Fazit:
Ende 2004 (63 Jahre alt) vierter Schlaganfall

Durch die weiterhin bestehende Amalgamvergif-tung ohne ihre entsprechende Behandlung folg-ten wieder die bekannten Krankheitsbeschwer-den und Krankenhausaufenthalte.

Schließlich standen die Ärzte meinem Krankheitsbild total ratlos gegenüber. Einige von ihnen, die Aloys kannten und seine Erfolge sehr schätzen, sagten mir unabhängig voneinander: „Der Einzige, der Ihnen jetzt noch helfen kann, ist Dr. Hoverath. Wir wissen nicht mehr weiter, wir sind am Ende." Ein ebenfalls verzweifelter Arzt und guter Freund fragte mich: „Sagen Sie, Frau M., haben Sie einen guten Draht nach oben zum lieben Gott? Bei Ihrem Krankheitsverlauf würden andere Menschen schon 20 Jahre auf dem Friedhof liegen."

Ein weiterer guter Arzt und Freund fragte mich eindringlich nach Dr. Hoverath. Ich sagte ihm, dass ich über drei Jahre nicht mehr bei ihm und Christa gewesen sei und ich es überhaupt nicht mehr wagte, ihn anzurufen, weil ich seine Behandlungen so lange unterbrochen habe.

Doch die Empfehlung meines Arztes ermutigte mich, den beiden zu Weihnachten 2007, am heiligen Abend, Weihnachtswünsche zu schicken.

Ich fühlte selbst, so konnte es nicht mehr weitergehen. Seit meiner Entlassung ging es mir immer schlechter. Gott sei Dank kam Aloys mir zuvor. In seiner liebenswerten und großzügigen Art, als spürte er meinen Zustand, rief er mich an. Als ich ihm mein Krankheitsbild darlegte, sagte er: „Um Gotteswillen, jetzt musst du sofort vorbeikommen. Warum hast du dich nicht eher gemeldet?" Ja, dieses „warum" stand voller Verzweiflung im Raum.

Seitdem ich ab Januar 2008 (67 Jahre alt) wieder bei den beiden in Behandlung war, erregte ich großes Aufsehen bei meinen Ärzten, Apothekern, Freunden und Bekannten. Sie sagen: „Das ist kaum zu begreifen, was Sie / Du von Januar bis März für Fortschritte gemacht haben / hast."

Zwei befreundete Ärzte schauten mich nur an und sagten erstaunt: „Was ist denn jetzt für ein Wunder geschehen?" – „Was ist nur los, dass das Bein und deine rechte Körperhälfte wieder so an Kraft und Normalität gewonnen haben?"

Ja, und ich konnte nicht nur wieder gehen, sondern auch wieder laufen und sogar wieder Auto fahren. Nach drei Monaten Behandlung waren meine Palladium- und Quecksilberwerte wieder enorm heruntergegangen. Doch nach Meinung von Aloys wird die Amalgamkörperentgiftungsbehandlung wegen der über mehrere Jahrzehnte bestehenden schweren Körpervergiftung noch längere Zeit, möglichst ohne größere Unterbrechungen, nötig sein.

Mein Urologe, der selbst verwundert war, sagte: „Ich muss immer wieder sagen, Sie sind für mich ein Phänomen, wie Ihr Körper ausscheidet. Über 25 Jahre kenne ich Sie nur mit großen Infektionen in der Blase. Und nun seit Januar stelle ich keine Blasenentzündung mehr fest."

Und am Ende dieser dreimonatigen Behandlungszeit waren weder das Aufrollen meines gesamten Körpers noch beim Überprüfen irgendwelche Fußreflexpunkte schmerzhaft.

Innerlich und äußerlich war ich in einen völlig ruhigen, ausgeglichenen und von Ängsten befreiten Menschen verwandelt worden und dafür kann ich nicht dankbar genug sein.

Nun fing ich wieder an zu leben.

Doch Aloys vergewisserte sich nochmals eindringlich, ob denn auch wirklich alle mit Amal-

gam und Palladium behandelten Zähne mit äußerster Vorsichtsmaßnahme behandelt und gezogen worden seien, weil selbst Zahnbohrungen ohne Abschirmung zur Lunge und Absaugung der Zahnbohrungsgifte Amalgam oder Palladium zu schwersten weiteren Körpervergiftungen führen würden, die dann wiederum nur sehr schwer und langsam zu beseitigen wären.

Da Aloys und Christa jetzt in Anschluss für alle Menschen zur Selbstbehandlung ein Buch schreiben, baten sie mich, meine Entgiftungsbehandlung sofort nach ihrer bisherigen, ganzheitlichen Behandlungsmethode durch einen geschulten Therapeuten intensiv bis zur völligen Körperentgiftung fortzusetzen, weil die Vergiftungsfolgen andernfalls schnell wieder auftreten und das Leben wieder unerträglich machen würden."

Die Erzählung dieses Geschehens soll Ihnen ebenfalls zeigen, dass eine Schwerstkranke, die nach nahezu vierzig Krankenhausaufenthalten und dem vierten Schlaganfall von medizinischer Seite nicht mehr behandelt werden konnte und aufgegeben worden war, im Anschluss an eine Behandlungsreihe von Aloys und mir nach vier Wochen wieder *schnell* laufen und sogar Auto fahren konnte, was die meisten Ärzte überhaupt nicht verstehen konnten.

Nun muss sie jedoch noch mehrere Jahre mit ihrem bzw. ihren Therapeuten nach der Methode von Aloys wirklich intensiv weiterarbeiten, bis die Körperentgiftung vollständig durchgeführt ist.

Und wenn Sie glauben, das Buch schließt hier: Das ist nicht das Ende, sondern erst der Anfang!

Als medizinischer Laie kann ich mit gutem Recht sagen, hätte ich einst nach der mir prognostizierten Erwartung meines Krankheitsverlaufes all den gutgemeinten Ratschlägen zugestimmt, würde ich heute auf keinen Fall der Mensch sein, der ich nun sein darf, sondern ich wäre ein armseliges, abhängiges und ausgeliefertes Menschenkind. Denn außer „Aloys" konnte mir keiner die Ursache meiner chronischen Erkrankung erklären. Und noch weniger hätten meine Gehirnfunktionsstörungen, die durch den Aufprall auf meinen Kopf entstanden waren, so nebenwirkungsfrei und einfach reguliert werden können.

Wie Sie ja gelesen haben, wurde ich nach meiner inneren Bestandsaufnahme und dem Suchen nach einer Lösung, zum glücklichen Entdecker eines ganzheitlichen Körperbewusstseins. Aloys, (Dr. rer. nat. Aloys Hoverath) wurde für mich, wie für viele andere kranke Menschen auch, zu einer lebenswichtigen und kostbaren Persönlichkeit.

Unzählige und austherapierte Menschen, mit ähnlichem Schicksal, stehen hinter mir. Sie durften mit Hilfe dieser ganzheitlichen Behandlungsmethode – oft sogar spontan – Erleichterung in ihrem Leiden erfahren.

Ich weiß, dass ich mich bereits oft wiederholt habe, aber ich erwähne es gerne noch einmal: immer wieder erinnere ich mich an einen gemeinsamen Besuch mit Aloys bei „meiner" Internistin. Sie sah in Aloys eine Persönlichkeit, die jeden mit seiner liebevollen Art und charismatischen Ausstrahlung in den Bann zog. Sie schätzte Aloys sehr und bewunderte seine großen Fähigkeiten und Erfolge, die er seit 1983 auf dem Gebiet der systematischen Fußreflexpunktnervenbehandlung und Trimilingymnastik hatte und weiterhin erforschte. Dies machte ihn zu einer anerkannten Kapazität in medizinischen Kreisen. Zustimmend erklärte sie, dass kaum ein Arzt auf diese Weise Einfluss auf seine Patienten erlangen würde. Diese Gabe, die den Menschen in seiner Ganzheit erfasst, gehe häufig über die Möglichkeiten der meisten Ärzte hinaus.

Jetzt, liebe Leser, entscheiden Sie, ob Sie gewillt sind, Eigenverantwortlichkeit für Ihr gesundheitliches – sprich ganzheitliches – Körperbewusstsein zu übernehmen, oder eher dazu geneigt sind, einfach Ihre Selbstverantwortung vor der Tür abzugeben und andere über sich bestimmen zu lassen.

Sie glauben gar nicht, welch ungeahnte Fähigkeiten und Kräfte in Ihnen schlummern.
Nur Mut! Horchen Sie in sich hinein! Achten und schätzen Sie sich, das sind Sie sich doch wert. – Trauen Sie sich!

Wie viele wohlmeinende Mitmenschen wollten mir klarmachen, dass man über „die Füße" – gerade mit meiner Diagnose – doch wohl kaum etwas bewirken könnte, ganz zu schweigen mit meinen deformierten Gelenken. Und völlig unlogisch erschien es ihnen, dann auch noch an die Trimilingymnastik zu glauben, die mir in den ersten drei Wochen zunächst wirklich auch eine Erstverschlimmerung verschaffte. Doch der anschließende Erfolg bis heute gibt dieser Methode Recht und setzt neue Maßstäbe bei der Selbstheilung.

All diesen Skeptikern, die diese einfachen Behandlungsmethoden nicht einzuordnen vermochten, durfte ich zeigen, wie ich durch die Behandlung von Aloys und meiner eisernen Disziplin durchzuhalten, den rheumatischen Schüben und den fortschreitenden Gelenkdeformierungen Einhalt gebieten konnte. Und ich bin kein Einzelfall, wie Sie anhand meiner Berichte von anderen Menschen nun wissen.

Die Einfachheit und Vollständigkeit dieser natürlichen Behandlungsmethoden sind überwältigend.

Darum suchen Sie nach Möglichkeit einen geschulten Therapeuten, Naturheilpraktiker oder aufgeschlossenen Naturheilarzt und fragen Sie sie nach diesen Methoden. Sicherlich werden Sie, genau wie ich, Ihre eigenen Erfolge verzeichnen.

Trauen Sie Ihren Füßen, hören Sie, was sie Ihnen zu „erzählen" haben. Lassen Sie sich von der Prämisse leiten:

Wer heilt hat recht!

Briefe

Liebe Christa, uns verbindet ein unermessliches und großes Geschenk, wir lernten Aloys kennen und schätzen, denn mit seiner Methode gab er uns neue Lebensqualität. Die Schulmedizin konnte uns nicht mehr helfen. Du hast vor mir zu Aloys gefunden. Er hat Dir einen Weg aus Deiner schweren Krankheit gezeigt und Dich in ein neues, reiches Leben geführt. Als ich zu Aloys und Dir kam, war von Deiner Krankheit nichts zu sehen und gemeinsam habt Ihr mich (ich habe Multiple Sklerose) aus dem Rollstuhl wieder auf meine eigenen Füße gestellt. Ich möchte Dir von ganzem Herzen Danke sagen und wünsche Dir, dass Dein Buch großes Interesse findet. Ich liege wohl richtig, wenn ich sage: „Mit Deinem Buch möchtest Du Deinem Dank an Aloys Ausdruck verleihen!"

Liebe Grüße, Ulrich

Mit welch einem kostbaren Geschenk hast Du mich einst überrascht. Meine Füße lagen geborgen und in völliger Hingabe und Aufrichtigkeit in deinen Händen. Du berührtest mich und bewirktest eine tief greifende Veränderung. Ich bin dankbar und überglücklich, dass Du dieses göttliche Talent durch einen so begnadeten und kostbaren Menschen wie Aloys erhalten hast und nun teilen darfst. Ich danke Dir, dass Du in Deinen schweren Jahren nie den Mut verloren hast, um so Dein göttliches Talent sichtbar werden zu lassen.

Deine Schwester Beate

Überglücklich bin ich jedes Mal über Deinen spontanen Einsatz, liebe Christa, und dafür, dass Du mir schon mehrmals aus meiner Ausweglosigkeit geholfen hast. Durch die Fußreflexpunktnervenbehandlung hast Du meine Schmerzen im Knie behoben. Der Arzt stellte „Meniskus" fest. Durch die Fußreflexpunktbehandlung konnte ich auf eine Operation verzichten. Auch bei meinen Kopfschmerzen, die ich erfolglos von einem Neurologen untersuchen ließ, und meinen Schulterschmerzen habe ich durch Deine Hilfe erfolgreich und dauerhaft Schmerzfreiheit erlangt. Es ist gut zu wissen, dass man sich selbst so helfen kann. Ich bin begeistert von der Fußreflexpunktmethode, die ich schon vor fast 20 Jahren durch Dr. Aloys Hoverath, dessen Schülerin du warst, kennen gelernt habe.

Danke, Rita

Wie dankbar ich mich schätzen darf, liebe Christa, dass Du in all den Jahren, die wir uns kennen, an Aloys' Seite zu einer so starken und erfolgreichen Schülerin reifen konntest. Nachdem Aloys Dich aus Deiner Talsohle gehoben hatte, spürte er um Deine Fähigkeiten und förderte sie.

Dann kam ich und ihr beiden habt mich mit großer Menschlichkeit, Barmherzigkeit und ausdauernder Liebe und Geduld von den Folgen meiner Schlaganfälle mit Selbstmordgedanken wieder zu einem lebensbejahenden Menschen gemacht. Keine Stunde war Euch zuviel. Mein Körper, mein Geist und meine Seele fanden durch diese systematischen Behandlungsmethoden uneingeschränkt wieder zueinander. Christa, ich möchte Dir von ganzem Herzen Dankeschön sagen, dass Du nie zu müde warst, auch alleine an mir und den unzähligen anderen Menschen diese erfolgreichen Behandlungsmethoden auszuführen. Gottes Segen und Gottes Kraft möge Dich auf all Deinen Wegen begleiten!

Deine Margot

.

Während ich an der letzten Zusammenfassung dieses Buches arbeitete und insbesondere die Hinweise von Aloys darin berücksichtigte – verließ Aloys würdevoll diese Welt.

Nachruf

Dr. Aloys Hoverath

„Aloys", wie ihn alle nannten, war eine Persönlichkeit, die jeden mit ihrer liebevollen Art und charismatischen Ausstrahlung in den Bann zog. Über 25 Jahre setzte er sich tagtäglich und stets unentgeltlich zum Wohle anderer Menschen ein. Unvergessen bleiben seine unzähligen Erfolge, die Kranke dank seiner langjährigen Forschungen (seit 1983) und seiner heilenden Hände an deren Füßen genesen ließ. Aus anfänglichen Skeptikern wurden begeisterte Anhänger und Freunde. Aloys war ein tapferer Mensch, der nie aufgegeben hat, der gekämpft hat und allen Hindernissen des Lebens trotzte und dennoch sich selbst nie verlor. Längst wäre er einer würdevollen Auszeichnung gerecht geworden. Doch für ihn galt es mehr, ein dankbares Lächeln in die Gesichter der Geheilten zu zaubern, die anfänglich als Kranke von überall in Scharen zu ihm strömten. Er war und wird für uns immer ein Vorbild bleiben, denn er zeigte uns, wie Barmherzigkeit gelebt wird.

Danke, Aloys – im Namen aller, denen Du geholfen hast.

Selig sind die Barmherzigen, denn sie werden Barmherzigkeit erlangen (Mt. 5,7).

.